Library of
Davidson College

SOCIETY FOR NEW TESTAMENT STUDIES
MONOGRAPH SERIES

GENERAL EDITOR
MATTHEW BLACK, D.D., F.B.A.

14
DER MARKUS-STOFF BEI LUKAS

DER MARKUS-STOFF BEI LUKAS

EINE LITERARKRITISCHE UND REDAKTIONSGESCHICHTLICHE UNTERSUCHUNG

VON

TIM SCHRAMM

CAMBRIDGE
AT THE UNIVERSITY PRESS
1971

Published by the Syndics of the Cambridge University Press
Bentley House, 200 Euston Road, London N.W.1
American Branch: 32 East 57th Street, New York, N.Y.10022

© Cambridge University Press 1971

Library of Congress Catalogue Card Number: 79—96099

Standard Book Number: 521 07743 5

Printed in Hungary

Dem Andenken meines Vaters
Wilhelm Schramm
1909—1942

INHALT

		Seite	
Vorwort			ix
Abkürzungsverzeichnis			xi
I Einleitung			1
A. Literarkritik — Formgeschichte — Redaktionsgeschichte			1
B. Das Markus-Evangelium als Quelle des Lukas			4
C. Das Thomas-Evangelium			9
II Zum Redaktionsverfahren des Lukas Quellenkombination im dritten Evangelium			22
A. Die Dubletten			23
B. Markus-Einfluß außerhalb der Markus-Blöcke			32
III Zur Beurteilung des Markus-Stoffes bei Lukas in der Synoptikerforschung			52
IV Literarkritische und redaktionsgeschichtliche Analyse des Markus-Stoffes bei Lukas			70
A. Vorüberlegungen zur Methode			70
B. Analyse			85
V Ergebnis			185
Literatur			187
Register			199

VORWORT

Die vorliegende Arbeit wurde von der Evangelisch-Theologischen Fakultät der Universität Hamburg im Sommersemester 1966 als Dissertation angenommen. Sie ist für den Druck überarbeitet worden.

Herr Professor Dr. Claus-Hunno Hunzinger hat die Untersuchung angeregt und ihre Entstehung mit seinem Rat begleitet. Für die reiche Förderung und alle persönliche Anteilnahme, die er seinem Assistenten zuteil werden ließ, gilt ihm mein herzlicher Dank.

Zu danken habe ich auch den Herausgebern der Monograph Series der Society for New Testament Studies, vor allem Herrn Professor Matthew Black, D. D., für die Aufnahme meiner Arbeit, die sich der angelsächsischen Forschung besonders verpflichtet weiß, in diese Reihe. Der Cambridge University Press gebührt Dank für die sorgfältige Drucklegung des schwierigen Manuskripts, ebenso meinem Freunde Dr. Jürgen Roloff und Herrn Axel Horstmann, die mir bei der Korrektur- und Registerarbeit geholfen haben.

Hamburg, 4. Marz 1971   Tim Schramm

ABKÜRZUNGSVERZEICHNIS

AThANT	*Abhandlungen zur Theologie des Alten und Neuen Testaments*
BA	*The Biblical Archaeologist*
Beginnings	Foakes—Jackson—Lake, *The Beginnings of Christianity* I, *The Acts of the Apostles*, Bd. 1—5, 1920—1933
BEvTh	*Beiträge zur Evangelischen Theologie (Theologische Abhandlungen)*
BHTh	*Beiträge zur Historischen Theologie*
Bl.-Debr.	F. Blass/A. Debrunner, *Grammatik des neutestamentlichen Griechisch*, 10. Aufl., Göttingen 1959
BNTC	*Black's New Testament Commentaries*
BSt	*Biblische Studien*
BZ	*Biblische Zeitschrift*
BZNW	*Beihefte zur Zeitschrift für die neutestamentliche Wissenschaft und die Kunde der älteren Kirche*
EKL	*Evangelisches Kirchenlexikon*
EvTh	*Evangelische Theologie*
ExpT	*Expository Times*
FRLANT	*Forschungen zur Religion und Literatur des Alten und Neuen Testaments*
HThR	*Harvard Theological Review*
HNT	*Handbuch zum Neuen Testament*
ICC	*The International Critical Commentary*
JBL	*Journal of Biblical Literature*
JThSt	*Journal of Theological Studies*
MeyerK	*Kritisch-exegetischer Kommentar über das Neue Testament*, begründet von H. A. W. Meyer
MThZ	*Münchener Theologische Zeitschrift*
NF	Neue Folge
NovT	*Novum Testamentum* (Zeitschrift)

ABKÜRZUNGSVERZEICHNIS

NS	New Series, Nova Series
NTA	Neutestamentliche Abhandlungen
NTD	Das Neue Testament Deutsch. Neues Göttinger Bibelwerk
NTS	New Testament Studies
OSt	Studies in the Synoptic Problem by the Members of the University of Oxford, Oxford 1911
RGG	Die Religion in Geschichte und Gegenwart, 3. Auflage
RNT	Das Neue Testament, übersetzt und kurz erklärt, hersg. v. A. Wikenhauser und O. Kuss (Regensburger Neues Testament)
SNT	Die Schriften des Neuen Testaments, übersetzt und erklärt v. J. Weiß u. a.
SNTS	Studiorum Novi Testamenti Societas
StANT	Studien zum Alten und Neuen Testament
StEv	Studia Evangelica
StTh	Studia Theologica
StUNT	Studien zur Umwelt des Neuen Testaments
ThF	Theologische Forschung, Wissenschaftliche Beiträge zur kirchlich-evangelischen Lehre
ThHK	Theologischer Handkommentar zum Neuen Testament
ThLZ	Theologische Literaturzeitung
ThR	Theologische Rundschau
ThSt	Theologische Studien
ThStKr	Theologische Studien und Kritiken, Eine Zeitschrift für das gesamte Gebiet der Theologie
ThW	Theologisches Wörterbuch zum Neuen Testament
ThZ	Theologische Zeitschrift (Basel)
TU	Texte und Untersuchungen zur Geschichte der altchristlichen Literatur
Untersuchungen	H. Schürmann, Traditionsgeschichtliche Untersuchungen zu den synoptischen Evangelien (Kommentare und Beiträge zum Alten und Neuen Testament), Düsseldorf 1968
VC	Vigiliae Christianae
VF	Verkündigung und Forschung

ABKÜRZUNGSVERZEICHNIS

WMANT	*Wissenschaftliche Monographien zum Alten und Neuen Testament*
WUNT	*Wissenschaftliche Untersuchungen zum Neuen Testament*
Zeit und Geschichte	*Zeit und Geschichte. Dankesgabe an Rudolf Bultmann zum 80. Geburtstag*, hrsg. v. E. Dinkler, Tübingen 1964
ZKTh	*Zeitschrift für katholische Theologie*
ZNW	*Zeitschrift für die neutestamentliche Wissenschaft und die Kunde der älteren Kirche*
ZSTh	*Zeitschrift für systematische Theologie*
ZThK	*Zeitschrift für Theologie und Kirche*

I EINLEITUNG

A. LITERARKRITIK — FORMGESCHICHTE — REDAKTIONSGESCHICHTE

Die Frage nach den Quellen und Vorlagen der Evangelisten spielt in der gegenwärtigen, besonders unter redaktionsgeschichtlichen Gesichtspunkten stehenden Arbeit an den synoptischen Evangelien ebenso eine entschieden untergeordnete Rolle[1] wie schon in der von der formgeschichtlichen Methode bestimmten Forschung.[2] Die Zweiquellentheorie wird grundlegend vorausgesetzt, ansonsten sind literarkritische Erwägungen weitgehend ausgeklammert.[3] Das mochte bei

---

[1] In den Einleitungen redaktionsgeschichtlicher Arbeiten wird gern auf die Notwendigkeit der Quellenanalyse hingewiesen, vgl. nur H. Conzelmann, *Die Mitte der Zeit*, 1964, S. 1; W. Marxsen, *Der Evangelist Markus*, 1959, S. 7ff. Das hindert die Verfasser allerdings nicht, literarkritische Einsichten bei der eigentlichen Analyse sehr schnell abzutun oder auch ganz zu ignorieren.

[2] Vgl. etwa K. Grobel, *Formgeschichte und synoptische Quellenanalyse*, 1937, S. 105: Die Formgeschichte erwartet 'nicht viel Neues' von der literarkritischen Methode. S. 120: 'Die Arbeit will gezeigt haben, daß weitere Quellenanalyse eine Sackgasse ist, die uns nicht weiter in das Verständnis der Evangelien führen kann.' S. auch R. Bultmann, *Die Geschichte der synoptischen Tradition*, 1961, S. 347f.

[3] Diesem Sachverhalt wird zu einem guten Teil durch die literarkritischen Arbeiten selbst Vorschub geleistet. Diese beschränken sich nämlich selten auf das aus den Texten wirklich Beweisbare; zudem reduzieren sie — ganz im Gegensatz zur Redaktionsgeschichte — die Eigenständigkeit der Verfasser der synoptischen Evangelien auf ein Minimum; schließlich sind sie eigentlich ohne Ausnahme von dem Motiv geleitet, eine möglichst frühe 'Quelle' als historisch besonders zuverlässiges Zeugnis von Jesus zu eruieren, wobei die Einsichten der Formgeschichte meist unberücksichtigt bleiben. Das alles macht die Ablehnung relativ leicht; diese sollte allerdings die Rezeption wichtiger Einzelbeobachtungen nicht verhindern. Vgl. dazu J. Schniewind, Zur Synoptiker-Exegese, *ThR* NF 2, 1930, S. 151.

der formgeschichtlichen Analyse, die das in den ersten drei Evangelien vorliegende 'Sammelgut' auf die kleinsten wahrnehmbaren Formen der Überlieferung zurückführen wollte, methodisch gerechtfertigt sein.[1] Wo 'die Analyse der "kleinsten Einheiten" zum Arbeitsgrundsatz' erhoben wurde,[2] wo es 'die hinter den synoptischen Evangelien liegende Geschichte der evangelischen Tradition zu erforschen'[3] und in den Bereich der mündlichen Tradition zurückzugelangen galt, da konnte die Frage nach den Quellen weithin außer acht gelassen werden. Das ist aber nicht möglich, wenn sich das Interesse wieder[4] unter Berücksichtigung der Ergebnisse der formgeschichtlichen Arbeit den Evangelien als ganzen und hier besonders der schriftstellerischen Leistung der Verfasser und den sie bestimmenden Motiven zuwendet. Will man klären, inwieweit die Evangelisten[5] selbständige Autoren, inwieweit sie nur 'Sammler' und 'Tradenten' waren, dann ist es unerläßlich, möglichst genau zu ermitteln, was ihnen an vorgeprägtem Material und an Quellen zur Verfügung stand. So richtig es ist, daß 'sowohl in der Auswahl wie in der Komposition wie auch in den kleineren redaktionellen Eingriffen in den Text sich die theologische Konzeption des jeweiligen Evangelisten' kundtun kann,[6] so wichtig ist es auch, die genannten Faktoren nicht für sich, losgelöst von erkennbaren literarkritischen Sachverhalten, zu beurteilen. Die Auswahl ist nämlich nicht unabhängig vom vorgegebenen Quellenmaterial, die Anordnung des Stoffes erweist sich oft als von

---

[1] M. Dibelius, *Die Formgeschichte des Evangeliums*, 1961, S. 19 und 75.

[2] Dibelius, *Formgeschichte* S. 5.

[3] R. Bultmann, *Die Erforschung der synoptischen Evangelien*, 1961, S. 52f.

[4] Daß die gegenwärtige redaktionsgeschichtliche Forschung an zahlreiche frühere Arbeiten anknüpfen kann und in vielem eine alte Fragestellung wieder aufnimmt, ist deutlich. Vgl. neben Marxsen, *Markus* S. 11f. bes. J. Rohde, *Die redaktionsgeschichtliche Methode*, 1966, S. 31ff. und M. Rese, Zur Lukas-Diskussion seit 1950, *Wort und Dienst, Jahrbuch der Theologischen Schule Bethel* NF 9, 1967, S. 62f.

[5] Hier und im folgenden auf die Synoptiker beschränkt.

[6] W. Grundmann, *Das Evangelium nach Markus*, 1959, S. 22.

der Vorlage an die Hand gegeben, und auch 'kleinere redaktionelle Eingriffe' wird man nicht immer ohne weiteres dem Endverfasser zuschreiben dürfen.

Die Endredaktion,[1] die individuelle schriftstellerische Leistung, das dem jeweiligen Referenten spezifisch Eigene kann überzeugend nur bei ausführlicher Berücksichtigung der Literarkritik und ihrer Ergebnisse vom Vorgegebenen, von der Tradition und den Quellen abgehoben werden. Das heißt: die Frage nach den Vorlagen der Synoptiker ist für die Redaktionsgeschichte unentbehrlich, wenn die unzulässige Vereinfachung vermieden werden soll, die darin bestehen würde, daß nicht genau zwischen der Endredaktion durch die Evangelisten Mt, Mk und Lk — nur diese ist für die Frage nach der spezifischen theologischen Ausrichtung der betreffenden Verfasser relevant — und den für uns anonymen Redaktionsleistungen, die schon in den Quellen enthalten waren, geschieden wird.[2] *M. a. W.: Literarkritik und Redaktionsgeschichte sind aufeinander bezogen und nie unabhängig*

---

[1] Der Begriff 'Redaktion' ist bewußt sehr weit gefaßt und meint stilistische Überarbeitung, Erweiterungen, Kürzungen, die Verknüpfung verschiedener Traditionen, Quellenkombinationen u. a. m., d. h. schriftstellerische Komposition und theologische Konzeption, das Redaktionsverfahren im umfassenden Sinn.

[2] Die Formgeschichte war dieser Frage gegenüber sehr großzügig; so konnte z. B. Bultmann *(Tradition* S. 347f.) bewußt darauf verzichten, mit weiteren Quellen neben Mk und Q als festen Größen zu rechnen, 'da im Grunde nicht viel daran liegt, ob dieser oder jener redaktionelle Vorgang, der der schriftlichen Überlieferung eigen ist, schon vor oder erst in unseren Evangelien stattgefunden hat'. In der redaktionsgeschichtlichen Forschung ist dagegen die Abgrenzung gerade der Endredaktion entscheidend; das muß sehr behutsam geschehen, vor allem darf nicht übersehen werden, daß die Redaktion oft einfach in einer besonderen Akzentuierung vorgegebener Traditionen bestehen kann. Lediglich die Betonung eines bestimmten Motivs wäre dann die Leistung des Endverfassers, das Motiv als solches wäre als vorgegeben der Tradition zuzuweisen. Vgl. dazu H. J. Held, Matthäus als Interpret der Wundergeschichten, in: *Überlieferung und Auslegung im Matthäusevangelium*, 1960, bes. S. 284—287; W. Trilling, *Das wahre Israel*, 1964, S. 3f.

voneinander zu betreiben. Die Literarkritik ist notwendiges Korrektiv der Redaktionsgeschichte.[1]

Diese Ausführungen mögen hier zur grundsätzlichen Rechtfertigung literarkritischer Arbeit und zur Begründung ihrer Funktion in der redaktionsgeschichtlichen Forschung genügen. Die folgende Untersuchung wird der literarkritischen Fragestellung besonderes Gewicht beimessen. Eine redaktionsgeschichtliche Untersuchung ist nur in soweit angestrebt, als es darum geht, das Redaktionsverfahren des Lk genauer zu erfassen und bestimmte literarkritische Prämissen der redaktionsgeschichtlichen Forschung zu überprüfen.

B. DAS MARKUS-EVANGELIUM ALS QUELLE DES LUKAS

Lk hat, wie er in seinem literarischen Ansprüchen genügenden Prolog[2] zum Ev (Lk 1,1—4) betont, zahlreiche ($πολλοί$)[3] Vorgänger in der Aufzeichnung der 'Ereignisse, die sich unter uns zugetragen haben' (Lk 1,1), d. h. er kann auf beträcht-

[1] Vgl. H. Schürmann, Protolukanische Spracheigentümlichkeiten? Zu F. Rehkopf, Die lukanische Sonderquelle. Ihr Umfang und Sprachgebrauch, *BZ* NF 5, 1962, S. 266ff. (= *Untersuchungen* S. 209ff.; hiernach zitiert) S. 209; R. Bultmann, Zur Frage nach den Quellen der Apostelgeschichte, in: *New Testament Essays. Studies in Memory of T. W. Manson*, 1959, S. 68ff.

[2] Zum Prolog ist neben den Kommentaren bes. H. J. Cadbury, Commentary on the Preface of Luke, in: *Beginnings* II S. 489ff. zu vergleichen. S. auch Dibelius, *Formgeschichte* S. 10ff; P. Feine—J. Behm—W. G. Kümmel, *Einleitung in das Neue Testament*, 1965, S. 76ff.; E. Lohse, Lukas als Theologe der Heilsgeschichte, *EvTh* 14, 1954, S. 256ff.; G. Klein, Lukas 1,1—4 als theologisches Programm, in: *Zeit und Geschichte* S. 193ff.

[3] Mit dem Hinweis darauf, daß das Prooemium in Stil und Wortwahl in 'konventionellen Formen' gehalten sei, wird auch das $πολλοί$ Lk 1,1 immer wieder in erstaunlichem Maße eingeschränkt, vgl. nur die in der vorstehenden Anmerkung genannten Arbeiten. Daß Lk nur die greifbaren Quellen Mk und Q benutzt haben sollte, ist im Blick auf die Fülle an Stoff über diese Quellen hinaus und nach allem, was über die Arbeitsweise des Lk ausgemacht werden kann, höchst unwahrscheinlich. Die Tatsache, daß die Vorrede Lk 1,1—4 von der Literarkritik oft überschätzt worden ist (vgl. Grobel, *Quellenanalyse* S. 119f.), darf nicht zu dem anderen Extrem führen. Die Erkenntnis, daß der 'Vorgang der Entstehung unserer Synoptiker sicher kompli-

liches Quellenmaterial[1] zurückgreifen, als er es unternimmt, sein Ev zu schreiben. Als eine seiner Hauptquellen steht ihm das Mk-Ev — und zwar in der Gestalt, in der es auch uns vorliegt,[2] — zur Verfügung. Dieses nimmt er bei der Komposition des eigenen Werkes zu etwa 7/10 in mehreren großen Blöcken auf. Gleiche Akoluthie und weitgehende wörtliche Übereinstimmungen mit den entsprechenden Mk-Partien weisen folgende Teile des dritten Ev als Mk-Stoff im engeren Sinne[3] aus:

1. Lk 4,31 — 6,11[4] = Mk 1,21 — 3,6
   6,12 — 6,16[5] = 3,13 — 3,19
   6,17 — 6,19 = 3,7 — 3,11a

---

zierter war, als es die vereinfachende Abstraktion der Zweiquellentheorie darstellt' (E. Schweizer, Eine hebraisierende Sonderquelle des Lk?, *ThZ* 6, 1950, S. 161), fordert u. a. auch eine weniger enge Auffassung des πολλοί. Vgl. dazu auch Schniewind, Synoptiker-Exegese S. 149.

[1] Dabei ist u. a. auch an Teilquellen zu denken, wie sie vielleicht die 'vormarkinischen Zyklen' Mk 2,1—3,6; Mk 4; Mk 9,33—50; Mk 13 darstellen, an verschiedene Ausprägungen der Leidensgeschichte, an Testimoniensammlungen u. a. m. Vgl. dazu B. H. Streeter, *The Four Gospels. A Study of Origins*, 1926, S. 493; T. W. Manson, *The Sayings of Jesus*, 1954, S. 325; R. Glover, The Didache's Quotations and the Synoptic Gospels, *NTS* 5, 1958/59, S. 21f.

[2] Das ist gegen alle Variationen der Ur-Mk-Hypothese zu betonen. 'Reminiszenzen' (vgl. dazu Kapitel II B.) beweisen, daß Lk auch die Teile des Mk-Ev gelesen hat, die er nicht aufnahm. Die Divergenzen zwischen dem kanonischen Mk und dem Mk-Stoff bei Lk (bzw. Mt) sind z. T. von der quellenkombinatorischen Arbeitsweise des dritten (bzw. des ersten) Evangelisten her zu erklären (vgl. Kapitel II A.).

[3] Vgl. J. Jeremias, *Die Abendmahlsworte Jesu*, 1960, S. 92; F. Rehkopf, *Die lukanische Sonderquelle. Ihr Umfang und Sprachgebrauch*, 1959, S. 88. — Die Blocktheorie gilt in jedem Fall, auch da, wo man, wie etwa Kümmel, *Einleitung* S. 78, die Ur-Lk-Hypothese ablehnt. Zur Frage, inwieweit die Passionsgeschichte des Lk-Ev Mk-Stoff aufnimmt, auch zum Problem des Mk-Einflusses auf Partien, die vorwiegend aus Nicht-Mk-Quellen gespeist sind, vgl. unten Kapitel II B.

[4] Ausgenommen Lk 5,1—11.

[5] Vgl. J. Jeremias, Perikopenumstellungen bei Lukas?, *NTS* 4, 1957/58, S. 116.

2. Lk 8,4 [1] — 9,50   = Mk 4,1 — 4,25
                                3,31 — 3,35
                                4,35 — 6,44
                                8,27 — 9,40
3. Lk 18,15 — 18,43   = Mk 10,13 — 10,52
4. Lk 19,29 — 22,13 [2] = Mk 11,1 — 14,16

Es ergibt sich so eine für die Erforschung des Lk-Ev sehr günstige Ausgangsposition.[3] Neben dem luk überarbeiteten Mk (= Mk-Stoff bei Lk) liegt auch die Quelle Mk (= kanonisches Mk-Ev) vor. Der Vergleich beider 'Fassungen' erlaubt, so scheint es, präzise Trennung des vorgegebenen Materials von den spezifisch luk Elementen, Rückschlüsse von größtmöglicher Sicherheit bei redaktionsgeschichtlicher Analyse, Aufschluß für die Frage nach dem Redaktionsverfahren des Lk.

Der Mk-Stoff bei Lk gewinnt damit *exemplarische Bedeutung:* hier lassen sich Kriterien gewinnen auch für die Teile des luk Werkes, für die nur aus dem Nebeneinander der Fassungen bei Mt und Lk eine schriftliche Quelle[4] erschlossen werden kann, ebenso für das luk Sondergut. Wieweit man mit Bearbeitung zu rechnen hat, in welchem Maße man getreue

---

[1] Die sogenannte 'kleine Einschaltung' ist u. U. nicht mit Lk 8,3, sondern erst mit Lk 8,8 abzuschließen, s. unten S. 117 Anm. 5.

[2] Ausgenommen Lk 19,39 (bzw. 37)—44; 21,34—36. 37f. entsprechend Mk 12,28—34; 14,3—9; s. dazu unten S. 145ff. und S. 181f.; vgl. auch Rehkopf, *Sonderquelle* S. 1 Anm. 2 und S. 90 Anm. 4.

[3] Das Gleiche gilt mutatis mutandis auch für das Mt-Ev.

[4] Daß der Logienstoff den Großevangelisten nicht schriftlich vorgelegen haben soll, — so u. a. Th. Soiron, *Die Logia Jesu*, 1916; J. Jeremias, Zur Hypothese einer schriftlichen Logienquelle Q, *ZNW* 29, 1930, S. 147ff.; G. Lindeskog, Logia-Studien, *StTh* 4, 1950, S. 129ff.; H.-Th. Wrege, *Die Überlieferungsgeschichte der Bergpredigt*, 1968 — erscheint bei den weitgehenden, z. T. genauen Entsprechungen im griechischen Wortlaut und in der Anordnung des Stoffes in den Mt-Lk-Parallelen als ausgeschlossen, vgl. Kümmel, *Einleitung* S. 32ff. Die Argumentation gegen ein schriftliches 'Q' beruft sich zu unrecht auf das Phänomen 'Stichwortverbindungen'; diese sind zwar typisches Kennzeichen der mündlichen Überlieferung, sie können natürlich aber auch bei schriftlicher Fixierung erhalten bleiben; man vgl. nur Mk 4,21f. parr.

DAS MK-EV ALS QUELLE DES LK

Wiedergabe der Quellen erwarten darf, all dieses wird weitgehend auf dem Hintergrund der 'kontrollierbaren' Behandlung des Mk-Stoffes durch Lk beurteilt.[1] Die damit skizzierte Auffassung, die erhebliche Konsequenzen nicht zuletzt für die Bestimmung sprachlicher und stilistischer Besonderheiten des Lk hat, scheint heute, soweit man nicht einen Ur-Mk annimmt, communis opinio zu sein. Das kann die Art, in der Conzelmann — konsequent redaktionsgeschichtlich orientiert — jede Abweichung vom Mk-Ev im Mk-Stoff des Lk als spezifische Redaktionsleistung auf Lk selbst zurückführt,[2] ebenso belegen wie etwa die — literarkritisch ausgerichteten — Untersuchungen Schürmanns.[3] Die dahinter stehende Einschätzung des Mk-Stoffes bei Lk entspricht der, die das folgende Zitat pointiert zum Ausdruck bringt:

In the following pages it is assumed that the author of the third Gospel used the Gospel of Mark practically in its extant form, and also that where he does thus follow Mark he had no other source available. The differences between Luke and Mark in these parallel narratives are consequently regarded as due to the literary manner of the later writer, in a word, to his style and methods of writing history, not to fresh independent information.[4]

Die Härten dieses Urteils werden deutlich, wenn man danach

---

[1] Das ist weithin selbstverständliche Voraussetzung. Da die älteren (u. a. Hawkins, Cadbury, Antoniadis) und neueren (etwa Schürmann und Rehkopf) statistischen Analysen zur Ermittlung luk Stileigentümlichkeiten ebenfalls — ohne innerhalb des Mk-Stoffes literarkritische Differenzierungen ins Auge zu fassen — davon ausgehen, bestimmt diese Auffasung einen Großteil der Lk-Literatur.

[2] Vgl. Conzelmann, *Mitte* passim; ders., Zur Lukas-Analyse, *ZThK* 49, 1952, S. 16ff.; Rohde, *Redaktionsgeschichtliche Methode* S. 29.

[3] Vgl. die im Literaturverzeichnis genannten Arbeiten von Schürmann.

[4] F. C. Burkitt, The Use of Mark in the Gospel according to Luke, in: *Beginnings* II S. 107; vgl. auch H. J. Cadbury, *The Style and Literary Method of Luke*, 1920, S. 73; Schweizer, Sonderquelle S. 162 Anm. 5. — Die Abwehr aller Versuche, im luk Mk-Stoff 'fresh independent information' finden zu wollen, wird von der Frontstellung gegen die ältere Literarkritik her verständlich (vgl. unten Kapitel III Ende). Die Fahndung nach historisch möglichst zuverlässigen Referaten und authentischen Berichten ist als methodisch unhaltbar erkannt.

fragt, wie man sich das Arbeitsverfahren des Lk zu denken habe. Sieht man einmal von durchweg zu beobachtender stilistischer Glättung im Lk-Ev ab,[1] so bleibt doch der, so scheint es, unmotivierte Wechsel von engster Anlehnung und erheblicher Freiheit im Umgang mit der Quelle. Exakter 'Kopie' steht 'willkürliche' Neuformulierung gegenüber. Daß Lk verschiedene Quellen verschieden behandelt haben könnte, leuchtet durchaus ein; daß er, wo er angeblich nur einer Vorlage folgt, in dieser Weise uneinheitlich zu Werke gegangen sein sollte, ist dagegen schwerlich überzeugend.[2] Besonders die Stellen sind hier zu nennen, an denen der redaktionelle Eingriff weder auf ein erkennbares theologisches Motiv zurückzuführen ist noch stilistische oder inhaltliche Verbesserung bedeutet. Es liegt nahe, für diese Fälle von außen kommende Beweggründe, d. h. den Einfluß von Nebenquellen, zu vermuten und nicht nur individuelle Motive wie Stilempfinden oder theologische Konzeption verantwortlich zu machen. *Das unterschiedliche Maß an Quellenbearbeitung dürfte weithin Auswirkung je verschiedener literarkritischer Sachverhalte sein.*

Diese Sicht der Dinge wird heute nur hier und da in Ansätzen vertreten.[3] Sie ist im einzelnen zu prüfen und zu präzisieren. Ihr Recht soll anhand einer literarkritischen Untersuchung des luk Mk-Stoffes erwiesen werden. Dabei wird die starre Mk-Hypothese (s. oben), die als Quelle des Mk-Stoffes bei Lk ausschließlich das kanonische Mk-Ev in Anschlag bringt, zu korrigieren sein. Erst wenn das geschehen ist, und nur bei Berücksichtigung der sich dabei ergebenden Einschränkungen darf der Mk-Stoff als Modellfall des luk Redaktionsverfahrens ausgewertet werden, nur unter dieser Voraussetzung darf sich weitere Arbeit am dritten Ev auf das Beispiel 'Mk-Stoff' berufen.

[1] Vgl. P. Wernle, *Die synoptische Frage*, 1899, S. 10ff.; Cadbury, *Style* passim; E. Klostermann, *Das Lukasevangelium*, 1929, S. 234ff.; W. Grundmann, *Das Evangelium nach Lukas*, 1961, S. 7ff.; Kümmel, *Einleitung* S. 84.
[2] Vgl. dazu A. Schlatter, *Das Evangelium des Lukas aus seinen Quellen erklärt*, 1931, Vorbemerkung S. 5f.
[3] Vgl. unten Kapitel III.

Dazu sei mit Nachdruck betont, daß es in der folgenden Untersuchung nicht darum gehen soll, den zahlreichen Hypothesen zum synoptischen Problem eine neue hinzuzufügen. Gründliche literarkritische Arbeit speziell am dritten Ev hat deutlich gemacht, daß es schwerlich gelingen kann, größere zusammenhängende schriftliche Sonderquellen — abgesehen vielleicht von der Vorgeschichte und von dem Passionsbericht — neben Mk und Q aus dem dritten Ev zu erheben und überzeugend nachzuweisen.[1] Es soll in der vorliegenden Arbeit keine bestimmte neue Quelle kreiert werden. Vielmehr geht es um die Frage, ob im luk Mk-Stoff zusätzlicher Einfluß von vorgeprägtem Material neben der Quelle Mk nachweisbar ist. In welcher Form Lk dieses Material vorgelegen hat, ob als schriftliche Quelle oder öfter wahrscheinlich als fest geprägtes mündliches Gut, kann dabei offen bleiben. Der Nachweis, daß der Endverfasser neben Mk vorformulierte Paralleltradition zur Hand hatte, ist entscheidend, wenn versucht werden soll, zu weit gehende Folgerungen der Redaktionsgeschichte einzuschränken und bestimmte Wörter, Wendungen und Vorstellungen der Redaktion letzter Hand, der man sie zu unrecht zugeordnet hat, zu bestreiten und auf das Gebiet vorluk Gemeindetradition zu verweisen. Wenn daher im folgenden von Quellen (bzw. Nebenquellen) die Rede ist, so ist damit in dem hier beschriebenen Sinn festgeprägtes schriftliches oder mündliches Gut gemeint, das man auch als Paralleltradition, Überlieferungsvariante oder Sonderüberlieferung bezeichnen könnte.

C. DAS THOMAS-EVANGELIUM

Die bisherigen Ausführungen haben die Notwendigkeit einer literarkritischen und redaktionsgeschichtlichen Untersuchung zum Mk-Stoff des Lk-Ev aufzuzeigen versucht. Die Möglichkeiten dazu sind bereichert durch die Entdeckung des koptischen Th-Ev, das als Repräsentant eines von den synopti-

---

[1] Vgl. nur Kümmel, *Einleitung* S. 82.

schen Evangelien unabhängigen Traditionsstranges die Trennung traditioneller und redaktioneller Elemente auch bei synoptischen Texten erleichtert. Soweit es Parallelen zum Mk-Stoff bei Lk enthält, wird es daher in die Untersuchung einbezogen. Die damit vertretene Beurteilung des Th-Ev ist nicht unbestritten. Sie soll im folgenden Exkurs begründet werden.[1]

Exkurs: Das Thomas-Evangelium und die synoptischen Evangelien

Mit dem Th-Ev, das — neben anderen koptisch-gnostischen Schriften Bestandteil einer gnostischen Bibliothek — im Jahre 1945 (1946?) bei Nag-Hamadi in Oberägypten entdeckt wurde,[2] ist ein auch für die Erforschung der synoptischen Evangelien wichtiges Dokument bekanntgeworden.[3] Bedeutung kommt der Schrift in unserem Zusammenhang vor allem

---

[1] Dazu sei ausdrücklich bemerkt: Die Argumentation in der literarkritischen Analyse des Mk-Stoffes bei Lk (Kapitel IV B.) macht nicht in der Weise vom Th-Ev Gebrauch, daß die Ergebnisse mit dem Urteil über das Verhältnis des Th-Ev zu den synoptischen Ev stehen und fallen. Die Thomas-Parallelen liefern lediglich eine zusätzliche — m. E. überzeugende, aber durchaus nicht unabdingbare — Bestätigung der Analyse.
[2] Vgl. dazu u. a. J. Leipoldt, Ein neues Evangelium?, *ThLZ* 83, 1958, Sp. 481ff.; O. Cullmann, Das Thomasevangelium und die Frage nach dem Alter der in ihm enthaltenen Tradition, *ThLZ* 85, 1960, Sp. 321ff., bes. 323—326 (Fundbericht und erste Veröffentlichungen); S. Schulz, Die Bedeutung neuer Gnosisfunde für die neutestamentliche Wissenschaft, *ThR* NF 26, 1960/61, S. 237ff., bes. 252—258.
[3] So auch Kümmel, *Einleitung* S. 41; vgl. dazu E. Haenchen, Literatur zum Thomasevangelium, *ThR* NF 27, 1961, S. 147ff. und 306ff. — Als Text liegt zugrunde: J. Leipoldt—H. M. Schenke, *Koptisch-gnostische Schriften aus den Papyrus-Codices von Nag-Hamadi*, 1960. Die Zählung dieser Ausgabe wird hier verwandt. Eine 'synoptische' Tafel bei R. Kasser, *L'Évangile selon Thomas*, 1961, S. 157—160 orientiert über die unterschiedliche Zählung der verschiedenen Ausgaben.

deshalb zu, weil sie nicht als genuin gnostische Schöpfung verstanden werden kann, sondern auf Überlieferungen zurückgreift, die dem entsprechen, was uns aus den synoptischen Evangelien bekannt ist. Die sich damit ergebende zentrale Frage ist die nach den Quellen des Th-Ev, die sich, da und soweit es sich um 'synoptischen' Stoff handelt, als Frage nach dem Verhältnis zu den kanonischen, speziell zu den synoptischen Evangelien formulieren läßt: Aus welchen Quellen hat das Th-Ev seinen — später wie auch immer gnostisch verstandenen bzw. überarbeiteten — Stoff geschöpft? Hat es die kanonischen Evangelien gekannt und benutzt? Oder kann es auf außer- bzw. vorsynoptisches Traditionsgut zurückgreifen? In den zahlreichen seit 1956 erschienenen Arbeiten zum Th-Ev erfahren diese Fragen sehr unterschiedliche Beantwortung:[1]

1. Mit E. Haenchen[2] und W. Schrage[3] urteilen viele Forscher, daß die kanonischen Evangelien von dem Verfasser des Th-Ev als Quellen benutzt worden seien. Man argumentiert ganz entschieden von der Jetztgestalt des Th-Ev her. Dieses ist zweifellos stark gnostisch. Die Frage nach dem traditionsgeschichtlichen Ort des synoptischen Stoffes kommt m. E. allerdings zu kurz, wenn hier alle Schwierigkeiten von den gnostischen Voraussetzungen her gelöst werden.

(a) Das Th-Ev reiht Logien aneinander. Die aus den synoptischen Ev vertraute Rahmung und erzählender Text fehlen so gut wie ganz. Das habe 'ganz ohne Frage spezifisch gnostische Gründe'. Die Isolierung der Logien sei in diesem Falle

---

[1] Vgl. dazu Haenchen, Literatur zum Thomasevangelium S. 162—178 ('Quellenprobleme'), auch E. Haenchen, *Die Botschaft des Thomasevangeliums*, 1961, S. 9—12; Cullmann, Thomasevangelium Sp. 326ff.; ein ausführlicher Überblick über die kontroverse Forschungslage jetzt auch bei W. Schrage, *Das Verhältnis des Thomas-Evangeliums zur synoptischen Tradition und zu den koptischen Evangelienübersetzungen*, 1964, S. 2ff.

[2] Vgl. Haenchen, Literatur zum Thomasevangelium; ders., *Botschaft*.

[3] Schrage, *Th-Ev*, besonders S. 1—27.

kein Zeichen alter Tradition, sondern nachträglicher Redaktionsarbeit.[1]

(b) Etwa die Hälfte der Logien des Th-Ev hat nähere oder fernere Parallelen in der synoptischen Tradition. Wenn man die Bekanntschaft des Th mit den kanonischen Ev annimmt, muß man eine Erklärung für das Prinzip seiner Stoffauswahl geben und begründen, warum gerade diese Stoffe aufgenommen, andere aber übergangen worden sind. Haenchen gibt

---

[1] Schrage, *Th-Ev* S. 7. Schrage versucht, die Abhängigkeitshypothese mit Hilfe des Vergleichs des Th-Ev mit den koptischen Übersetzungen der kanonischen Ev zu erweisen (S. 11ff.). Er sieht zwar, daß 'durch den Vergleich von sa (scil.: sahidische Bibelübersetzung) und Th nur die Abhängigkeit des koptischen (!) Th vom NT' zu erhärten ist. Schon von K. H. Kuhn, Some Observations on the Coptic Gospel According to Thomas, *Le Muséon* 73, 1960, S. 317ff., bes. S. 320, war erwogen worden, daß der Übersetzer der griechischen Logiensammlung bei seiner Übersetzung ins Koptische die sahidische Fassung der kanonischen Ev im Ohr gehabt haben könnte. Das ist nicht ausgeschlossen, besagt über die Herkunft und den traditionsgeschichtlichen Ort der hinter der koptischen Fassung des Th-Ev stehenden Tradition aber noch gar nichts. Auch das gibt Schrage zu: 'Ob auch der dem koptischen Text zugrundeliegende griechische Text vom NT abhängt, ist durch den innerkoptischen Vergleich nicht gleichzeitig schon mitbeantwortet.' (S. 15) Daraus sollte man die Konsequenz ziehen, daß der innerkoptische Vergleich für die Frage nach den Quellen des Th-Ev eben nicht weiterführt. Schrage hilft sich mit einem 'Trotzdem': 'Trotzdem werden wir im allgemeinen von der Voraussetzung ausgehen, daß dort, wo sich die koptische Fassung von sa/bo abhängig erweist, solche Abhängigkeit auch für den zugrundeliegenden griechischen Text vorliegt.' (S. 15 Anm. 46) Die Fortsetzung kann schwerlich als Argument gelten: 'Auch die Verfechter der Unabhängigkeit des Th von der synoptischen Tradition müssen ja vom koptischen Text ausgehen, wollen sie sich nicht im Bereich der Spekulation bewegen.' — Aufgrund dieses, wie mir scheint, methodisch nicht haltbaren Ansatzes kommt Schrage zu seinen Traditions-, Form- und Redaktionsgeschichte auf den Kopf stellenden Ergebnissen. Dazu ist mit H. Koester, *ΓΝΩΜΑΙ ΔΙΑΦΟΡΟΙ*: The Origin and Nature of Diversification in the History of Early Christianity, *HThR* 58, 1965, S. 279ff.; (jetzt auch 'mit geringfügigen Veränderungen' *ZThK* 65, 1968, S. 160ff.); S. 294 Anm. 45 zu sagen: 'The wisdom of the methodological procedure of the latest publication on this question (scil.: Schrage, *Th-Ev*) is beyond my comprehension.' S. dazu weiter unten S. 20 Anm. 2.

folgende Lösung: 'Die gnostische Voraussetzung', die den Verfasser bei seiner Arbeit bestimmte, habe 'wie ein Sieb gewirkt.' 'Die Wundergeschichten ... fielen sozusagen von selbst aus. Sie waren ebenso wie die Passionsgeschichte unwichtig.'[1]

(c) Was Anordnung und Akoluthie des Stoffes betrifft, so weicht Th stark von den synoptischen Ev ab. Auf dem Boden der Abhängigkeitshypothese hat man vorgeschlagen, das auf die Absicht des Verfassers, seine Leser zu mystifizieren, zurückzuführen.[2]

(d) Daß zahlreiche Th-Logien den vergleichbaren synoptischen Parallelen gegenüber größere Ursprünglichkeit beanspruchen können, ist allgemein anerkannt, hat aber nach Auffassung von Haenchen, Schrage u. a. für die Quellenfrage keine Bedeutung. Es gelte vielmehr: 'Auch die bisweilen größere Ursprünglichkeit des Th ist eine durch die Bekanntschaft mit den Synoptikern gefilterte. Sie ist nicht durch den direkten Rückgriff auf vorsynoptische Überlieferungsformen zu erklären, sondern dadurch, daß die Veränderungen am synoptischen Gut durch Th in ihren Ergebnissen zuweilen mit vorsynoptischen Formen zusammentreffen.'[3] Aus dem Fehlen redaktioneller Ausdeutungen allegorischer Art z. B. sei nur der Schluß zu ziehen, daß Th sie wieder rückgängig gemacht habe. Das sei umso wahrscheinlicher, als Th keineswegs dieselben theologischen Anschauungen habe wie die Synoptiker.[4]

Bei diesem Lösungsversuch zum Quellenproblem des Th-Ev bleiben zahlreiche Fragen offen, das 'Zustandekommen' vieler Texte kann nicht überzeugend verständlich gemacht werden,

---

[1] Vgl. Haenchen, *Botschaft* S. 11; Literatur zum Thomasevangelium S. 174. 313.

[2] So R. M. Grant — D. N. Freedman, *Geheime Worte Jesu, das Thomasevangelium*, 1960, vgl. dazu Haenchen, *Botschaft* S. 10. Zu Punkt (a)—(c) insgesamt vgl. Haenchen, Literatur zum Thomasevangelium S. 306ff. (Die Probleme der Komposition).

[3] Schrage, *Th-Ev* S. 8; ganz ähnlich Haenchen, Literatur zum Thomasevangelium S. 174.

[4] Schrage, *Th-Ev* S. 8.

zudem wird dem Verfasser und seinem Arbeitsverfahren m. E. zuviel zugemutet.[1]

2. Schon J. Leipoldt hat bei der ersten Veröffentlichung des deutschen Textes 1958 die Vermutung geäußert, daß dem Th-Ev 'eine selbständige Überlieferung synoptischer Art zu Grunde' liege.[2] Neben anderen[3] hat C.-H. Hunzinger diesen Gedanken weitergeführt und begründet. Die Argumentation stützt sich dabei auf überlieferungs- und formgeschichtliche Erwägungen im Blick auf das Th-Ev als ganzes (a—c) und vor allem auf den Vergleich der einzelnen Logien mit den entsprechenden synoptischen Parallelen (d).[4]

(a) Das Th-Ev repräsentiert als Logiensammlung ein Stadium des Traditionsprozesses, das nach den Ergebnissen der

---

[1] Vgl. Cullmann, Thomasevangelium Sp. 326ff.

[2] Vgl. Leipoldt, Ein neues Evangelium? Sp. 494; Th gewährt nach Leipoldt 'einen Einblick in einen Strom synoptischer Überlieferung, der von den neutestamentlichen Evangelien unabhängig ist: es scheint möglich, daß er uns in einzelnen Fällen zur ältesten Überlieferung zurückführt.' (Sp. 496).

[3] Cullmann, Thomasevangelium Sp. 330; H. K. McArthur, The Gospel According to Thomas, in: *NT-Sidelights, Essays in Honor of A. C. Purdy*, 1960, S. 43ff.; F. V. Filson, New Greek and Coptic Manuscripts, *BA* 24, 1961, S. 16ff.; R. Haardt, Das koptische Thomasevangelium und die außerbiblischen Herrenworte, in: K. Schubert, *Der historische Jesus und der Christus unseres Glaubens*, 1962, S. 275ff.; G. Quispel, Some Remarks on the Gospel of Thomas, *NTS* 5, 1958/59, S. 276ff.; bes. H. Montefiore, A Comparison of the Parables of the Gospel According to Thomas and of the Synoptic Gospels, *NTS* 7, 1960/61, S. 220ff. (wieder abgedruckt in: H. E. W. Turner—H. Montefiore, *Thomas and the Evangelists*, 1962, S. 40ff.) u. a. m.; jetzt mit Nachdruck auch Koester, Early Christianity S. 293ff. (= *ZThK* 65, 1968, S. 173ff.).

[4] Vgl. 1. Außersynoptisches Traditionsgut im Thomas-Evangelium, *ThLZ* 85, 1960, Sp. 843ff.; 2. Unbekannte Gleichnisse Jesu aus dem Thomas-Evangelium, in: *Judentum, Urchristentum, Kirche. Festschrift für J. Jeremias*, 1964, S. 209ff. — Vollständigkeit ist bei dem Referat der Argumente nicht erstrebt; eine weitere Überprüfung dieser Beurteilung des Th-Ev erfolgte in dem Seminar 'Synoptische Texte im Th-Ev', das Professor C.-H. Hunzinger im Wintersemester 1963/64 am Neutestamentlichen Seminar der Universität Hamburg abhielt.

formgeschichtlichen Arbeit zeitlich vor dem der entwickelteren Form der Evangelienschriften zu suchen ist. Die für die Quelle Q bisher nur erschlossene Form — die Aneinanderreihung von Jesusworten ohne die weithin als sekundär erwiesenen Rahmen- und Überleitungsstücke — ist hier belegt.[1] Diese Erklärung wird dem Sachverhalt ohne Zwang gerecht und hat alle Wahrscheinlichkeit für sich. Es ist dagegen ja alles andere als einleuchtend, daß der Verfasser, wenn er die kanonischen Ev gekannt hätte, eine völlig außerhalb des Horizontes seiner 'Quellen' liegende literarische Form gewählt haben sollte.

(b) Zum Problem der Stoffauswahl ist folgendes zu bedenken: Die gnostischen Voraussetzungen mögen das Fehlen der Wundergeschichten und der Passionsgeschichte bewirkt haben. Unmotiviert bleibt, daß Th sich einerseits geeignetes synoptisches Material hätte entgehen lassen,[2] daß er sich andererseits sein Material so ausgewählt hätte, daß er genötigt war, durch mannigfache Umprägungen den Stoff gnostischer Deutung überhaupt erst fügsam zu machen.[3] Beide Gesichtspunkte sprechen entschieden dafür, daß dem Th-Ev eine von den kanonischen Ev unabhängige Sammlung synoptischen Stoffes zugrundeliegt.

(c) Th weicht in der Anordnung des Stoffes so sehr von den synoptischen Evangelien ab, daß auch dieser Tatbestand sicher einleuchtender erklärt wird, wenn man damit rechnet, daß der Verfasser auf einen von den Synoptikern unabhängi-

[1] Hunzinger, Außersynoptisches Traditionsgut Sp. 844; vgl. auch J. M. Robinson, ΛΟΓΟΙ ΣΟΦΩΝ. Zur Gattung der Spruchquelle Q, in: *Zeit und Geschichte* S. 77ff., der (S. 90) mit Nachdruck den Logienquellencharakter des Th-Ev betont; Koester, Early Christianity S. 298f.; jetzt auch Ph. Vielhauer, Einleitung in das Neue Testament, *ThR* NF 31, 1966, bes. S. 123: 'Die einst so energisch aufgestellte Behauptung, eine Logienquelle als literarische Gattung habe es nie gegeben, sondern immer nur Evangelienschriften mit Passions- und Ostergeschichten, ist durch das Thomas-Evangelium endgültig widerlegt.'

[2] Vgl. nur das auffällige Fehlen von Mt 11,27 par Lk 10,22 oder den 'Verzicht' auf das Gleichnis vom verlorenen Sohn und vom verlorenen Groschen.

[3] Vgl. die zahlreichen sekundären gnostischen Elemente im synoptischen Stoff.

gen Traditionsstrang zurückgreift, der ihm diese Anordnung an die Hand gab, als wenn hier eine traditionsgeschichtlichen Gesetzen zuwiderlaufende, bewußt die synoptische Ordnung zerstörende 'Arbeitsweise' in Anschlag gebracht wird.

(*d*) Zu dem Einzelvergleich zwischen Th-Logien und parallelen synoptischen Fassungen kann hier auf die besonders signifikanten Beispiele verwiesen werden. Traditionsstücke wie das Gleichnis vom großen Abendmahl (Th-Ev 65, Lk 14,16ff., Mt 22,1ff.) oder das von der Perle (Th-Ev 77, Mt 13,45f.) sind in der Form, wie sie Th bietet, aus den Synoptikern schlechterdings nicht ableitbar, weisen sich vielmehr zwingend als außersynoptisches Traditionsgut aus.[1] Hier und in zahlreichen anderen Texten kann Th nicht als gleichsam kritische Redaktion synoptischer Parallelen verstanden werden; denn eine kritische Redaktion liegt genau genommen gar nicht vor. Th ist zwar frei von den die kanonischen Parallelfassungen charakterisierenden sekundären Elementen, aber durchaus nicht frei von sekundären Elementen überhaupt. Vielmehr sind in dem koptischen Ev ganz deutlich all die Tendenzen am Werke, die auch das Werden der synoptischen Tradition mitbestimmt haben. Auch das Th-Ev ist — ebenso wie der uns bekannte Stoff — von traditionsgeschichtlichen Gesetzmäßigkeiten geprägt.[2]

---

[1] Zur Einzelanalyse vgl. Hunzinger, Außersynoptisches Traditionsgut. — Als weiteres Beispiel wäre das Gleichnis von den bösen Winzern (Th-Ev 66) zu nennen; vgl. dazu ausführlich unten Kapitel IV B. zu Lk 20,9—19 parr.

[2] Das braucht hier nicht an dem gesamten Material des Th-Ev belegt zu werden. Einige Beispiele mögen genügen. Zum Ganzen vgl. J. Jeremias, *Die Gleichnisse Jesu*, 1962, S. 19ff.

1. Steigerungen und Ausschmückungen begegnen z. B. bei Th in den Logien 8; 65 und 106.

2. Bei den Synoptikern (vgl. Cadbury, *Style* S. 127ff.) wie bei Th gibt es innerhalb bestimmter Traditionskomplexe Abbreviaturen. Man vgl. etwa Lk 14, 16ff. mit Mt 22,1ff.; aus dem Th-Ev sind die Logien 58; 64 und 95 zu nennen: Die Vernachlässigung erzählerischer Details beeinträchtigt hier Anschaulichkeit und Verständlichkeit. Vgl. dazu bes. Montefiore, Parables S. 220ff.

3. Die 'Einwirkung des Alten Testaments und volkstümlicher Erzählungsmotive' (vgl. Jeremias, *Gleichnisse* S. 26ff.) ist im Th-Ev

Unter diesem Gesichtspunkt ist es als schwerwiegende Instanz gegen die Abhängigkeitshypothese anzusehen, daß bei prinzipiell gleichem Vorgang einerseits die sekundären sehr viel seltener nachzuweisen als in den kanonischen Ev, gleichwohl fehlt sie nicht völlig. Logion 108 ist ein deutliches Beispiel.

4. Einen traditionsgeschichtlich bedeutsamen Vorgang, die Umadressierung bestimmter Stücke der Jesusüberlieferung in der Urkirche, den 'Wechsel der Hörerschaft', hat Jeremias, *Gleichnisse* S. 29ff., besonders herausgearbeitet. So sind z. B. aus ursprünglich an Gegner oder an die Menge gerichteten Gleichnissen durch sekundäre Rahmung Jüngergleichnisse geworden. Dieser Tendenz kann man bei Th, da Rahmung weithin überhaupt fehlt, naturgemäß nur selten begegnen, aber auch sie läßt sich belegen: a) Falls man davon ausgehen darf, daß in Logion 5 und 103 Traditionen zugrundeliegen, die auch in Mk 2, 18ff. zur Sprache kommen, und dazu mit gutem Recht annimmt, daß die Gestaltung dieses Traditionsstückes als Anfrage der Gegner in den kanonischen Ev Ursprünglichkeit beanspruchen darf, — die Fastenfrage ist Angriff und Kritik, Ausdruck einer Polemik, wie sie auch aus dem Wort vom Fresser und Weinsäufer (Mt 11,19; Lk 7,34) spricht, — dann hat man in Logion 5 des Th-Ev eine Umadressierung zu sehen: Hier fragen die Jünger selbst, Jesu Antwort ist nicht Rechtfertigung seines und seiner Jünger Verhalten gegenüber Kritikern, sondern Paränese. b) Das Gleichnis vom Senfkorn dürfte seinen ursprünglichen 'historischen Ort' wohl ebenfalls in einer Diskussion mit Zweiflern und Gegnern gehabt haben (vgl. Jeremias, *Gleichnisse* S. 148). Th (Logion 20) läßt es an die Jünger gerichtet sein, die es zudem durch ihre Frage 'provozieren'. Das Gleichnis wird damit zur unpolemischen Jüngerbelehrung umgestaltet.

5. Die formgeschichtliche Analyse hat u. a. erbracht, daß die Rahmung der synoptischen Überlieferung vielfach sekundär erfolgte. Auf die zahlreichen Möglichkeiten solcher Rahmung braucht hier nicht eingegangen zu werden. Das Th-Ev bietet nun durchaus nicht nur nackten Logienstoff, sondern zeigt ebenfalls Ansätze zu Rahmung bzw. überliefert gerahmte Logien. Dabei begegnet bevorzugt Rahmung durch Dialogisierung. Zu vergleichen sind die Logien 5; 11; 20f.; 23; 25; 38; 44; 52—54; 60; 62; 73; 80; 92; 98; 99; 103; 112 und 113. Diese Beispiele zeigen mehr oder weniger deutlich, daß das Bedürfnis nach Rahmung bestand. Da kein vorgegebener Rahmen, etwa der synoptische, zur Verfügung stand, wurde ein solcher aus den Logien selbst heraus entwickelt, vgl. bes. die Logien 23 und 99, — auch dies ein Indiz dafür, daß Th die Synoptiker nicht kannte.

6. Paränetische Anwendungen (vgl. Dibelius, *Formgeschichte* S. 247ff.; Jeremias, *Gleichnisse* S. 40) finden sich auch bei Th. Logion

Elemente bei Th so viel seltener sind — ein Hinweis auf das hohe Alter der Überlieferung —, und andererseits die sekundären Elemente bei Th nicht die gleichen sind wie in den synoptischen Evangelien — ein Hinweis auf voneinander unabhängige Traditionswege. Nach einem Stück gemeinsamen Weges, so wird man folgern, haben die Traditionsstücke sich auf verschiedenen Bahnen unabhängig in je verschiedener Weise weiterentwickelt, ein Phänomen, das auch innerhalb der synoptischen Evangelien in dem Nebeneinander von Mk- und Q-Parallelen beobachtet werden kann.

Bevor die Konsequenz formuliert wird, die sich aus dieser Beurteilung des Th-Ev für die Arbeit an den synoptischen Evangelien im allgemeinen, für die Beurteilung des Mk-Stoffes bei Lk im Rahmen dieser Arbeit im besonderen ergibt, sind noch zwei grundsätzliche Gedanken zu äußern:
1. Die Diskussion der Quellenfrage des Th-Ev, im weiteren Sinne der synoptischen Frage überhaupt, würde gewinnen, wenn (a) die begründete Annahme, daß die Jesus-Überlieferung der urchristlichen Gemeinden wesentlich umfangreicher gewesen ist als der in den synoptischen Evangelien über-

---

22a formuliert in mehreren Imperativen paränetische Konsequenzen; die Dublette dazu, Logion 102, kennt diese Anwendung nicht. In Logion 77 führt die Kombination des Gleichnisses von der Perle mit einem imperativischen Wort (vgl. Mt 6,20 par) ebenfalls zu einer Akzentverschiebung; vgl. auch Logion 40.
   7. Die Allegorisierung, eines der Mittel, mit denen die Urkirche Gleichnisse auf ihre veränderte Situation umdeutete (vgl. Jeremias, *Gleichnisse* S. 64ff.), ist auch dem Th-Ev bekannt: Logion 22b bringt die gnostisch-allegorische Deutung zu 22a.
   8. Die tradierende Gemeinde stellte Gleichnisse in Sammlungen zusammen; analog dazu gibt es auch bei Th Gleichnisgruppen: Logion 7 und 8; 20,21 und 22; 64, 65 und 66; 95, 96 und 97.
   9. Zum Schluß sei noch hingewiesen auf die sekundären Schlußformeln. Fünf der Th-Gleichnisse werden mit dem Weckruf 'Wer Ohren hat (zu hören), der höre!' abgeschlossen (7; 21; 64; 66; 95; s. auch 24; vgl. Mk 4, 9; 7, 16 (Reichstext und westlicher Text); Mt 11, 15; 13, 9. 43; Lk 8, 8; 14, 35).
   Die Belege zeigen hinreichend deutlich, daß das Th-Ev unter den gleichen traditionsgeschichtlichen Gesetzmäßigkeiten steht, die auch am synoptischen Stoff wirksam waren.

lieferte Stoff,[1] größere Berücksichtigung fände, und wenn (b) mit einer größeren Vielfalt von Traditionsströmen gerechnet würde.[2]

Ein Blick auf das Sondergut der Großevangelisten kann das erstere bestätigen. Wenn z. B. Lk nicht bekannt wäre, so wäre umfangreiches Material 'verloren'. Die zweite Auffassung stützt sich auf die Überlegung, daß jede urchristliche Gemeinde ihren ganz bestimmten Anteil an dem Gesamtstrom der Überlieferung hatte, wobei zentrale Stücke besonders verbreitet gewesen sein dürften, andere vielleicht nur in einzelnen Gemeinden 'gepflegt' wurden. Da man nun davon ausgehen muß, daß die Gemeinden das überkommene Gut nicht konservierten, sondern benutzten und unter den sie bewegenden Gesichtspunkten und Tendenzen tradierten, d. h. aber, daß die Benutzer auch 'Mehrer und Bearbeiter' waren,[3] ist — solange eine endgültige schriftliche Verfestigung Abwandlungen noch nicht verhinderte[4] — für jede Gemeinde prinzipiell die Möglichkeit der Herausbildung eines eigenen Traditionsstranges anzusetzen. In den verschiedenen Traditionszentren entwickeln sich verschiedene Ausprägungen des vorliegenden Materials, wobei das Maß der Differenzen den Grad an Sonderentwicklung anzeigt.[5]

[1] In diesem Sinne kann Dibelius, *Formgeschichte* S. 264f., die apokryphen Evangelien als Auffangbecken 'noch nicht gebuchter Traditionen' bezeichnen.

[2] Vgl. Schniewind, Synoptiker-Exegese S. 142.

[3] Dibelius, *Formgeschichte* S. 255; B. W. Bacon, *Studies in Matthew*, 1930, S. XIII; C. H. Dodd, *The Apostolic Preaching and its Developments*, 1944, S. 47; G. D. Kilpatrick, *The Origins of the Gospel According to St. Matthew*, 1946, S. 2.

[4] Die Grenze ist fließend: '. . . der Beginn der schriftlichen Fixierung . . . überschneidet sich mit dem Weiterbestehen mündlicher Überlieferung.' Vgl. Schniewind, Synoptiker-Exegese S. 142; H. Koester, *Synoptische Überlieferung bei den Apostolischen Vätern*, 1957, S. 3.

[5] Vgl. J. Moffatt, *An Introduction to the Literature of the NT*, 1918, S. 205f., wo es im Zusammenhang synoptischer Quellenprobleme heißt: 'Sayings of Jesus, such as come into question here, must have been circulating in many directions; . . . it is contrary to all probabilities that they were drawn into the single channel or canal of Q, so

In dieses Bild des 'vielfältig sich verzweigenden Stroms'[1] urkirchlicher Überlieferung fügt sich das Th-Ev mit seinem zusätzlichen Material synoptischen Typs und als Repräsentant eines von den kanonischen Evangelien unabhängigen Traditionsstranges gut ein.

2. Der Beweis einer literarischen Abhängigkeit wäre erst erbracht, wenn ein sicher auf die Hand der Evangelisten zurückzuführendes, d. h. ein endredaktionelles Element bei Th nachgewiesen werden könnte. Das ist bisher nicht gelungen.[2] Dabei enthält das Th-Ev, wie oben ausgeführt, zahlreiche sekundäre Elemente. Daß Übereinstimmungen in der Formulierung kurzer prägnanter Worte, daß auch gemeinsame Traditionskerne bei je verschiedener sekundärer Erwei-

---

that any other writer had to derive them from this source.' Dasselbe gilt — mutatis mutandis — für das Quellenproblem des Th-Ev. Die Richtigkeit dieses Urteils wird bestätigt durch die Untersuchungen zur synoptischen Überlieferung außerhalb des Kanons. Vgl. Koester, *Apostolische Väter*, bes. S. 2 und S. 257ff.: 'Dagegen dürften die "Apostolischen Väter" noch mitten in der lebendigen Geschichte der Tradition stehen. Sie entnehmen für ihre Bedürfnisse den synoptischen Stoff z. T. den gleichen Quellen, aus denen auch die synoptischen Evangelien schöpften. Sie sind also nicht von den Evangelien abhängig, sondern stehen neben ihnen.' S. auch Glover, Didache's Quotations S. 12—19; J. P. Audet, *La Didache: Instructions des Apôtres*, 1958; E. Wright, *Alterations of the Words of Jesus as quoted in the Literature of the Second Century*, 1952.

[1] Hunzinger, Außersynoptisches Traditionsgut Sp. 843.

[2] Dieses Urteil gilt auch für die sehr gründliche Behandlung der Th-Parallelen zum Lk-Sondergut, die H. Schürmann, Das Thomas-Evangelium und das lukanische Sondergut, *BZ* NF 7, 1963, S. 236ff. (= *Untersuchungen* S. 228ff.; hiernach zitiert), durchgeführt hat. Ebenso gilt es für Schrages Untersuchung, auf deren methodische Mängel bereits (vgl. oben S. 12 Anm. 1) hingewiesen wurde. Gegen Schrage, *Th-Ev* passim, ist hier noch folgendes zu bemerken: Wenn man von der starren Mk-Hypothese ausgeht und alle Zusätze zum Mk-Text bei Mt und Lk für spezifisch mat bzw. luk hält, fällt es natürlich weniger schwer, die Abhängigkeit des Th-Ev von den Großevangelien zu 'beweisen'. Aber selbst dafür gibt es nur vereinzelte Belege. Mit der Einsicht in die Unhaltbarkeit der starren Mk-Hypothese wird diese Voraussetzung vollends hinfällig.

terung literarische Abhängigkeit nicht beweisen können, liegt auf der Hand.[1]

Als Ergebnis läßt sich abschließend formulieren: Das Th-Ev enthält Traditionsgut synoptischer Art, ohne von den synoptischen Evangelien abhängig zu sein. Es darf daher neben die Synoptiker gestellt und beim kritischen Vergleich als 'gleichberechtigt' betrachtet werden. Damit ergibt sich für die Arbeit an den Evangelien eine völlig neue Situation: Teile der synoptischen Tradition können jetzt an einer unabhängigen Parallelgröße gemessen und von daher beurteilt werden.[2] Traditions- und Formgeschichte, aber auch literarkritische und redaktionsgeschichtliche Arbeit haben das Th-Ev zu berücksichtigen. Gerade auch für die Abgrenzung von traditionellen und redaktionellen Elementen in den einzelnen Perikopen sind von dem neuen Dokument wichtige Aufschlüsse zu erwarten.[3]

---

[1] Gegen Schrage, *Th-Ev* S. 8; wie man Parallelität, die lediglich die Traditionskerne von Th und den Synoptikern gemeinsamen Logien betrifft, als Beweis für die Abhängigkeit des ersteren ansehen kann, ist mir nicht verständlich.

[2] So Hunzinger, Außersynoptisches Traditionsgut Sp. 844ff. — Die Frage, ob das Th-Ev hier und da authentische Jesusüberlieferung enthalten könnte, braucht uns nicht zu beschäftigen; vgl. dazu Hunzinger, Unbekannte Gleichnisse Jesu. Das Sich-Sträuben gegen diese Möglichkeit scheint oft einer unbefangenen Auswertung im Wege zu stehen. Im Rahmen dieser Arbeit wird das Th-Ev lediglich unter traditionsgeschichtlicher Fragestellung herangezogen, als Dokument, das von den kanonischen Ev unabhängige Varianten zu auch aus den Synoptikern bekannten Traditionsstücken enthält und damit hilft, 'die Geschichte der Überlieferung klarer zu sehen'. [W. G. Kümmel, in: M. Dibelius—W. G. Kümmel, *Jesus* (Sammlung Göschen 1130), 1960, S. 123.]

[3] Vgl. Quispel, *Remarks* S. 280f.: Beobachtungen am Th-Ev führen den Verfasser zu einer literarkritischen Differenzierung innerhalb des Mk-Stoffes bei Lk. 'When Luke copies Mark, he sometimes adds some words to his source which are not to be found elsewhere ... And yet it would seem that Luke's differences are not due to his work as a redactor, but must be considered as having been borrowed from a different source.' Vgl. dazu unten Kapitel IV A. 2 (Lk-Sonderelemente im Mk-Stoff bei Lk) und Kapitel IV B. jeweils unter 2.

II ZUM REDAKTIONSVERFAHREN DES LUKAS
QUELLENKOMBINATION IM DRITTEN EVANGELIUM

Am Anfang der eigentlichen Untersuchung steht zweckmäßigerweise die Frage nach einem für die spätere Analyse des Mk-Stoffes wichtigen Teilaspekt des Redaktionsverfahrens des Lk. Für den Verfasser des dritten Ev, der sein Buch aus umfangreichem Quellenmaterial 'kompilierte', stellte sich das Problem, da, wo ihm aus verschiedenen Traditionskanälen unterschiedliche Ausprägungen des gleichen Stoffes zuflossen, auszuwählen. Nur so konnte er Wiederholungen und Überschneidungen vermeiden. Wenn ihm die Wahl zwischen Mk und Q bzw. Sondergut möglich war, hat er sich gern für die beiden letzteren entschieden. D. h. er ist wiederholt nicht auf die ihm von Mk gebotene Fassung angewiesen. Das Neben- bzw. Gegeneinander von Quellen kann, so möchte man meinen, nicht ohne Einfluß geblieben sein. Es ist zu fragen: Hat Lk die Traditionsstränge, die er in seine Schrift einmünden läßt, bewußt und konsequent voneinander geschieden und rein erhalten, oder kann ihm Quellenkombination nachgewiesen werden? Schreibt er mechanisch ab, ohne Nebenquellen zu berücksichtigen, oder kennt er Umgestaltungen, die sich an zusätzlichen Quellen orientieren?[1]

Zur Beantwortung dieser Frage führen wir im folgenden einige Texte vor, die sicher beweisen, daß Lk Quellen kombi-

---

[1] Dabei muß die genaue Berücksichtigung der Textzeugen Fehlschlüsse soweit wie möglich ausschließen. Der Eindruck der Quellenkombination entsteht ja nicht nur da, wo vom Verfasser selbst mehrere Quellen benutzt werden, sondern auch da, wo im Laufe der handschriftlichen Überlieferung Harmonisierungstendenzen am Werke waren. Vgl. dazu Kümmel, *Einleitung* S. 23f.

niert hat. Wir beginnen mit einer Reihe besonders schlagender Beispiele aus dem Bereich der Dubletten des dritten Ev; denn da ist die Arbeitsweise des Lk unmittelbar zu kontrollieren (A.). In einem zweiten Abschnitt (B.) werden dann mehrere der Mk parallelen Perikopen des Nicht-Mk-Stoffes unter derselben Fragestellung zu mustern sein.

A. DIE DUBLETTEN[1]

1. Lk 8,16f. parr

(a) Lk 8,16—Mk 4,21;[2] Lk 11,33—Mt 5,15 (Th 34b): Das Bildwort von der Lampe findet sich im Lk-Ev zweimal, d. h. als Dublette, und zwar erstens in einem Mk-Block (Lk 8,16), zweitens im Nicht-Mk-Stoff (Lk 11,33). Quelle für 8,16 ist Mk 4,21. Eine bei Mt 5,15 begegnende Form des Wortes zeigt große Nähe zu Lk 11,33 und weist damit auf eine zweite Quelle hin.[3] Als Kern dürfte hinter den vorliegenden Fassungen (Mk und MtLk) folgender dreiteiliger Satz gestanden haben: Man zündet eine Lampe nicht an, um sie unter den Scheffel zu stellen, sondern man stellt sie auf den Leuchter.[4] Hier interessiert besonders Lk 8,16. Daß Lk die Mk-Parallele

---

[1] Die Dubletten sind oft behandelt worden. Zugrundegelegt ist hier die Dublettenliste von J. C. Hawkins, *Horae Synopticae. Contributions to the Study of the Synoptic Problem*, 1909, S. 80ff. Alle wichtige Literatur zur Sache findet sich in zwei neueren Aufsätzen von H. Schürmann: 1. Die Dubletten im Lukasevangelium, *ZKTh* 75, 1953, S. 338ff. (= *Untersuchungen* S. 272ff.; hiernach zitiert); 2. Die Dublettenvermeidungen im Lukasevangelium, *ZKTh* 76, 1954, S. 83ff. (= *Untersuchungen* S. 279ff.; hiernach zitiert).

[2] Vgl. neben den in der vorstehenden Anm. genannten Arbeiten besonders noch B. Weiß, *Die Quellen des Lukasevangeliums*, 1907, S. 30ff.; Soiron, *Logia* S. 52ff.; J. Jeremias, Die Lampe unter dem Scheffel, *ZNW* 39, 1940, S. 237ff.; Wrege, *Bergpredigt* S. 32f.

[3] Vgl. A. Harnack, *Sprüche und Reden Jesu. Die zweite Quelle des Matthäus und Lukas*, 1907, S. 42; B. S. Easton, *The Gospel According to St. Luke*, 1926, S. 116; Grundmann, *Lk* S. 178.

[4] Jeremias, *ZNW* 39, S. 237.

gelesen hat — er folgt ihr im Kontext Perikope für Perikope —, ist evident. Abgesehen von einer neuen Einleitung bei Mk *(καὶ ἔλεγεν αὐτοῖς)*, die Lk wie sonst öfter übergeht,[1] sind folgende Unterschiede zu nennen: Mk 4,21 formuliert das Wort als Frage. ʽΟ λύχνος (mit Artikel) ist Subjekt des ganzen Gefüges. Im ersten ἵνα-Satz werden zwei durch ἤ verbundene Beispiele unsinnigen Gebrauchs der Lampe genannt: ...ὑπὸ τὸν μόδιον ... ἤ ὑπὸ τὴν κλίνην. Diese Alternative ist besonderes Kennzeichen der mk Fassung. Die positive Forderung — die Lampe ist auf den Leuchter zu stellen — ist in einem zweiten, ebenfalls fragenden ἵνα-Satz ausgedrückt.

Lk dagegen hat 8,16 einen indikativischen Aussagesatz, der durch das betont am Anfang stehende οὐδείς, durch das Partizip ἅψας und durch ἀλλά klar gegliedert ist. Λύχνον ist hier (ohne Artikel) Objekt, das in αὐτόν wieder aufgenommen wird. Der erste Teil des Verses zeigt — im Formalen (Aufnahme der Alternativform) an Mk angelehnt — Abweichungen im Wortlaut. Anstelle des ...ὑπὸ τὸν μόδιον schreibt Lk καλύπτει αὐτὸν σκεύει, eine Abwandlung, die aus der luk Abneigung gegen Fremdwörter, hier μόδιος, zu erklären sein dürfte.[2]

Die Auswechslung des Wortes μόδιος durch σκεῦος konnte leicht auch eine Änderung des Verbums nach sich ziehen. Was durch den Gebrauch des weniger konkreten σκεῦος dem Bild an Präzision verlorengeht,[3] wird durch das genauere Verb καλύπτειν wieder ausgeglichen. Das Bestreben, stilistisch zu glätten, bestimmt die abweichende Wortwahl; die Aussage bleibt dieselbe. Die hier dem Lk selbst zuzuschreibende Änderung führt nicht zu inhaltlicher Erweiterung.

Neben diesen Unterschieden fällt vor allem das bei Lk über Mk hinaus gebotene ἵνα οἱ εἰσπορευόμενοι βλέπωσιν τὸ φῶς

---

[1] Vgl. etwa Lk 8, 4. 11. 18; Lk setzt δέ (8, 16), οὖν (8, 18) — e contrario ein Hinweis darauf, daß er die mk Einleitungsformel gelesen, dann verworfen und bewußt durch diese Partikel ersetzt hat, er will verknüpfen.

[2] Vgl. die Zusammenstellung bei W. Larfeld, *Die neutestamentlichen Evangelien nach ihrer Eigenart und Abhängigkeit*, 1925, S. 21ff.

[3] Dazu Cadbury, *Style* S. 116.

(16c) auf. Dieses überschüssige Element, das einen zusätzlichen Gedanken einführt, ist nicht von der stilistischen Bearbeitung des Lk her zu erklären. Die Dublette in Lk 11,33 bietet Aufschluß. Lk 8,16 entspricht nämlich da, wo die Mk-Vorlage verlassen wird, weitgehend Lk 11,33,[1] und zwar in der Struktur des Satzes, in der Wortwahl und vor allem in dem Element, das bei Mk ohne Entsprechung ist. Für unseren Zusammenhang ist besonders wichtig, daß Lk den Nachsatz in 8,16 aus der Nebenquelle entnommen hat. Daß dieser Nachsatz Traditionselement ist, beweist Mt 5,15, beweist auch Th 34b. Die Mk-Vorlage ist in Lk 8,16 nach einer hinter Lk 11,33 sichtbaren zweiten Quelle bearbeitet. Daß es sich aber auch nicht um mehr als um korrigierende und auffüllende Bearbeitung handelt, zeigt neben der schon erwähnten Stellung des Verses in einem Mk-Block auch die Tatsache, daß Lk 8,16 in der Reihenfolge der einzelnen Satzteile, in der Partikel ἤ und vor allem in dem ὑποκάτω κλίνης Elemente enthält, die nur aus Mk 4,21 abzuleiten sind.

Ergebnis: Lk 8,16 ist als Quellenkombination anzusprechen. Die Traditionsvariante Lk 11,33 hat auf die Wiedergabe der unmittelbaren Quelle Mk 4,21 eingewirkt.

(*b*) Lk 8,17—Mk 4,22; Lk 12,2—Mt 10,26 (Th 4 und 5): Ein weiteres Beispiel desselben Verfahrens liegt im folgenden Vers Lk 8,17 par Mk 4,22 vor. Lk, der hier in der Wortfolge und auch im Wortbestand, von geringfügigen Abweichungen abgesehen,[2] Mk folgt, durchbricht in V 17b den ihm von Mk an die Hand gegebenen synonymen Parallelismus,[3] indem er γνωσθῇ einfügt und dann mit καί das zweite Prädikat nach

---

[1] In Lk 11, 33 ist mit p[45], p[75], L, Ξ, 0124, λ, 700, al, sy[s], sa οὐδὲ ὑπὸ τὸν μόδιον zu streichen. Neben den z. T. gewichtigen Textzeugen spricht dafür die Überlegung, daß auch hier mit der Scheu des Lk vor Fremdwörtern zu rechnen ist. Οὐδὲ ὑπὸ τὸν μόδιον ist späterer Nachtrag gegen die stilistischen Absichten des Lk. Lk 11,33 wird damit ebenfalls zum Zeugen für die Fassung der Mt-Lk-Tradition, die negativ durch das Fehlen der Alternative und positiv durch den Nachsatz charakterisiert ist; anders Jeremias, *ZNW* 39, S. 237.

[2] Mk: ἐὰν μὴ ἵνα; Lk: ὃ οὐ (μή), vgl. dazu M. Black, *An Aramaic Approach to the Gospels and Acts*, 1967, S. 76f.

[3] Vgl. C. F. Burney, *The Poetry of our Lord*, 1925, S. 65.

Mk anschließt. Die Kenntnis einer weiteren Quelle, greifbar in Lk 12,2 par Mt 10,26, aus der das eingefügte Element stammt, führte zu der tautologischen Ausdrucksweise in 8,17b, veranlaßte u. U. auch die Tempusänderung in V 17a.

Ergebnis: Wie in 8,16 ist auch hier die Divergenz von der Mk-Vorlage auf den Einfluß einer zusätzlichen Quelle zurückzuführen. Lk überarbeitet nicht willkürlich und frei, sondern gebunden an die abweichende Ausprägung einer Traditionsvariante.

2. Lk 9,1ff.—Mk 6,6ff.; Lk 10,1ff.—Mt 9,35ff.: 'Missionsinstruktionen'[1] überliefert Lk am Anfang des neunten Kapitels im Anschluß an Mk 6,6ff. und im zehnten Kapitel (10,1ff.). Daß es sich dabei einmal um die Aussendung der Zwölf, dann um die der 70 (72)[2] handelt, kann nicht darüber hinwegtäuschen, daß der Sache nach eine Dublette vorliegt.[3] Auch hier läßt sich die gebundene Arbeitsweise beobachten: Die Mk-Fassung wird nicht ohne Korrektur übernommen; diese Korrektur aber ist an der Nebenquelle orientiert. Vergleicht man Lk 9,3—5 mit der Vorlage Mk 6,8—11, so bemerkt man erstaunliche Nähe (Lk 9,3a. 4b. 5a = Mk 6,8a. 10b. 11a) neben erheblichen formalen und inhaltlichen Unterschieden. Lk, der sonst wiederholt die direkten Redestücke des Mk

---

[1] Vgl. Bultmann, *Tradition* S. 351; zum Ganzen neben den Kommentaren B. Weiß, *Quellen* S. 124ff.; K. L. Schmidt, *Der Rahmen der Geschichte Jesu*, 1919, S. 162ff.; E. Hirsch, *Frühgeschichte des Evangeliums*, Bd. II, 1951, S. 51ff.; H. Schürmann, Mt 10,5b—6 und die Vorgeschichte des synoptischen Aussendungsberichtes, in: *Neutestamentliche Aufsätze, Festschrift für J. Schmid*, 1963, S. 270ff. (= *Untersuchungen* S. 137ff.; hiernach zitiert); F. Hahn, *Das Verständnis der Mission im Neuen Testament*, 1963, S. 33ff. (Analyse der Aussendungsreden).

[2] Die Überlieferung ist geteilt, vgl. B. M. Metzger, *The Text of the New Testament*, Oxford 1964, S. 243.

[3] Mt 9,37f.; 10,5ff. kombiniert die Mk- und die in Lk 10,2ff. weitgehend rein erhaltene Q-Fassung der Aussendungsrede, d. h. die vier Aussendungsreden der Synoptiker sind überlieferungsgeschichtlich auf zwei Formen zurückzuführen.

abhängig macht, bietet in 9,3 gegen Mk 6,8 die oratio recta.¹ Diese untypische Bearbeitung hat ihren Grund darin, daß Lk, an der zweiten Aussendungstradition (Lk 10,1ff.) orientiert, aus den Einzelvorschriften bei Mk — das mk καὶ ἔλεγεν αὐτοῖς (6,10) wird getilgt — eine Rede gestaltet. Im Anschluß an 10,4, worauf in 22,35 *(ἀπέστειλα ὑμᾶς ἄτερ βαλλαντίου καὶ πήρας καὶ ὑποδημάτων)* mit den gleichen Vokabeln und in der gleichen Reihenfolge offenbar Bezug genommen ist,² enthält auch Lk 9,3 nur Verbotsvorschriften, ein generelles Verbot, von Ausnahmen ist keine Rede. Das εἰ μὴ ῥάβδον bei Mk wird zu μήτε ῥάβδον umgewandelt, das mit dem μὴ ὑποδήματα von Lk 10,4 nicht zu vereinbarende ἀλλὰ ὑποδεδεμένους σανδάλια wird Lk 9 übergangen, das μὴ εἰς τὴν ζώνην χαλκόν wird, u. U. ebenfalls in Anlehnung an die Art, wie Lk 10,4 Substantive ohne weitere Angaben prägnant nebeneinanderstellt, zu μήτε ἀργύριον abgewandelt und verkürzt.

Von der engen Berührung zwischen Mk 6,10 und Lk 9,4 war bereits die Rede. Deutliche Spuren von Bearbeitung sind wieder in V 5 par Mk 6,11 zu bemerken. τόπος wird gestrichen, damit wird persönliche Konstruktion und formaler Anschluß an die pluralische Formulierung δέχωνται ὑμᾶς (Lk 10, 8.10) der zweiten Quelle möglich. Indem Lk das μηδὲ ἀκούσωσιν ὑμῶν (Mk 6,11) streicht, übergeht er ein Element, das bei Mk nicht sonderlich paßt — eine Notiz über das κηρύσσειν der Jünger fehlt bisher im Mk-Kontext und wird erst in 6,12 nachgetragen —, das aber auch, hier dürfte der eigentliche Grund für die Auslassung liegen, in Lk 10 keine Entsprechung hat. Daß dann in V 5b das mk ἐκεῖθεν durch ἀπὸ τῆς πόλεως ἐκείνης interpretierend ersetzt ist, muß als unvermittelt empfunden werden. Im Kontext, auch in der Vorlage bei Mk, taucht πόλις bisher nicht auf, als Reminiszenz an die zweite

---

[1] Vgl. Bl.-Debr. § 470; H. Schürmann, *Der Paschamahlbericht Lk 22, (7—14). 15—18*, 1953, S. 31.

[2] Im Selbstzitat greift Lk bezeichnenderweise den Nicht-Mk-Stoff auf.

Quelle, wo Lk es wiederholt gelesen hat (Lk 10,1.8.10.11.12),[1] ist es dagegen leicht verständlich. Auch das Folgende stützt die Annahme einer Mk-Korrektur im Blick auf die Nebenquelle Q. Das Objekt τὸν κονιορτόν stellt die zweite Quelle (Lk 10,11), das Verbum lehnt sich als Kompositum von τινάσσω und in der Form des Imperativs der 2. Pers. plur. an die Mk-Vorlage an. Schließlich ist noch auf Lk 9,2 aufmerksam zu machen. Hier wird man Einfluß von Lk 10,9, d. h. von Elementen, die durch die Mt-Parallele (Mt 10,7f.) als Traditionsgut ausgewiesen sind, vermuten. Das nachhängende ἰᾶσθαι (9,2), das nach 9,1 eigentlich überflüssig ist, legt das ebenfalls nahe. Lk 9,2 wäre demnach als Referat dessen, was in 10,9 etwas ausführlicher ausgesprochen ist, zu werten.

Lk 9,1ff. wird so zu einem Beispiel dafür, daß bei der gebundenen Arbeitsweise das Nebeneinander verschiedener Quellen nicht nur zu Bereicherung und Auffüllung — so analog Lk 8,16.17 Lk 9,2 —, sondern auch zu ausgesprochener Korrektur — aus εἰ μή ῥάβδον wird μήτε ῥάβδον Lk 9,3 — führen kann. Darüberhinaus zeigt sich, daß die Kürzungen, die Lk in 9,1ff. an seiner Quelle Mk 6,6ff. vornimmt, nicht willkürlich sind, sondern unter dem Einfluß einer zweiten Quelle stehen. Gestrichen und ausgelassen werden vor allem die Elemente, die zur zweiten Quelle nicht passen oder die diese nicht kennt.[2] Die Korrekturen, die Lk in 9,1ff. an Mk 6,6ff. vornimmt, werden damit in gewisser Weise zum Zeugen für die in Lk 10 sichtbare Tradition.

Bei der Erklärung von Streichungen, die man vielfach dem Gestaltungswillen der Verfasser zuschreibt und dann als Aus-

---

[1] Vgl. Lk 10,1: πόλις καὶ τόπος; weder die Mt-Parallele noch Lk 10,2ff. kennen das Wort τόπος, u. U. ist hier ein Mk-Element, das Lk in der Mk-Wiedergabe zwar getilgt hat, als 'Reminiszenz' eingedrungen. Vgl. dazu Larfeld, *Evangelien* S. 177; H. Schürmann, Sprachliche Reminiszenzen an abgeänderte oder ausgelassene Bestandteile der Spruchsammlung im Lukas- und Matthäusevangelium, *NTS* 6, 1959/60, S. 193ff. (= *Untersuchungen* S. 111ff.; hiernach zitiert), S. 114 Anm. 10.

[2] Das ist Quellenkombination, erst in zweiter Linie Gestaltung 'nach stilistischen und theologischen Gesichtspunkten' (Grundmann, *Lk* S. 184).

druck ihrer besonderen Theologie auswertet,[1] ist also methodisch grundsätzlich auch mit der hier beobachteten Möglichkeit zu rechnen: Kürzungen können durch die abweichende Ausprägung desselben Traditionsstückes veranlaßt und damit gleichsam vorgegeben sein. Wo sich dieses Phänomen wie hier auch in anderen Perikopen des Mk-Stoffes bei Lk nachweisen läßt, sind Rückschlüsse auf zusätzliche Quellen und auf deren besondere Gestalt möglich. Die luk Mk-Stoff-Bearbeitung kann, so ist zu schließen, in bestimmten Fällen zum Spiegel nicht-mk Traditionen werden.

3. Lk 11,43—Lk 20,46 parr: Lk 20,46 ist deutlich von der Dublette Lk 11,43 beeinflußt. Um das Zeugma Mk 12,38 zu umgehen, schreibt Lk . . . τῶν θελόντων . . . καὶ φιλούντων . . . , wobei in dem für Lk ungewöhnlichen φιλεῖν[2] der ursprüngliche Wortlaut der Nicht-Mk-Tradition durchklingen dürfte, den Lk in 11,43 durch das geläufigere ἀγαπᾶν abgewandelt hat. Diese Vermutung wird durch Mt 23,6f. (Kombination aus Mk- und Nicht-Mk-Stoff) bestätigt. Auch der Hebraismus προσέχετε ἀπό (diff Mk βλέπετε ἀπό)[3] in Lk 20,46a dürfte hier — wo nachweislich Nebenquelleneinfluß vorliegt — aus eben dieser Nebenquelle stammen.[4]

[1] Vgl. nur Conzelmann, Lukas-Analyse S. 16ff. passim; ders., *Mitte* S. 70.

[2] Außer an unserer Stelle nur noch Lk 22, 47, da aber in der Bedeutung 'küssen', nicht in den Act.

[3] S. unten S. 49f. Anm. 1 zu Lk 12, 1. — Zu Mt 23,6 f. vgl. E. Haenchen, Matthäus 23, *ZThK* 48, 1951, S. 38ff., bes. S. 42: es mag richtig sein, daß die MtLk-Gemeinsamkeiten nicht genügen, 'um eine Q-Fassung des Wortes zu sichern', daß diese aber auf eine — wie auch immer näher zu bestimmende — Nicht-Mk-Tradition zurückgehen, ist (gegen Haenchen) nicht zu bestreiten.

[4] Es ist nicht nötig, alle Dubletten des dritten Ev in extenso zu behandeln. Es geht hier lediglich um die grundsätzliche Frage, ob man im Lk-Ev mit Quellenkombinationen rechnen muß, — und diese Frage ist durch die behandelten Texte bereits mit einem klaren Ja beantwortet.
Die Untersuchung der Logiengruppe Lk 9, 23ff. etwa könnte weitere Belege für das (an 'Nebenquellen') gebundene Redaktionsverfahren des Lk erbringen. Die Logien, die in Mk 8,34—9,1 unter

Bevor die an den Dubletten des Lk-Ev gewonnenen Ergebnisse zusammengefaßt werden, mag ein Blick auf das Mt-Ev zeigen, daß das bei Lk zu beobachtende Verfahren nicht ohne Parallele ist. Abzusehen ist dabei von den mit einiger Sicherheit der Hand des Mt zuzuschreibenden Konformationen und Parallelisierungen;[1] beiseite zu lassen sind auch die der Systematisierung des Stoffes dienenden Quellenkombinationen,[2] ebenso alle sich oft wiederholenden stereotypen Formeln.[3] Daneben begegnet aber eine Reihe von Fällen, die für Mt das gebundene Redaktionsverfahren erweisen. Einige Beispiele seien genannt:

(*a*) Mt 5,29 f. gewinnt Einfluß auf die Formulierung von Mt 18,8f. gegen Mk 9,43ff.[4]

(*b*) Falls die Unzuchtsklausel in Mt 5,32 bereits von der Tradition vorgegeben war und nicht als spezifische Redaktionsleistung des Mt bewertet werden muß, dann hätte sich in Mt 19,9 diese Tradition gegen Mk 10,11 f. durchgesetzt.[5]

---

dem übergreifenden Gesichtspunkt der Leidensnachfolge der Jünger zusammengestellt sind, werden von Lk (9,23—27) und Mt (16, 24—28) in relativ enger Anlehnung an Mk übernommen. Ein Teil der Worte ist den beiden Großevangelisten aber nicht nur aus Mk, sondern zusätzlich aus einem anderen Traditionsstrom bekannt. Das zeigen die Dubletten. So erscheint das Wort vom Kreuztragen noch in Lk 14,27 und in Mt 10,38. Eine abweichende Ausprägung des Logions Mk 8,35 parr findet sich Mt 10,39 und Lk 17,33. Lk 12,9 und Mt 10,33 schließlich enthalten Parallelversionen zu Mk 8,38. Im Blick auf den Mk-Stoff bei Lk bedeutet das: Lk kann sich wiederum vielfach auf zusätzliche Informationen stützen. Die Kenntnis einer Parallelüberlieferung ('Nebenquelle') beeinflußt auch hier die Wiedergabe der Primärquelle.

[1] Vgl. etwa Mt 3,2 und 4,17; 4,23 und 9,35; 9,13 und 12,7; 9,27—31 und 20,29—34; 9,32—34 und 12,22—24; 12,38f. und 16,1f.; 13,12 und 25,29; 16, 19 und 18,18.

[2] Die aus Mk, Q und Sondertraditionen gespeisten Redekompositionen z. B.

[3] S. Hawkins, *Horae* S. 168. 170ff.; Kümmel, *Einleitung* S. 66.

[4] Vgl. Wrege, *Bergpredigt* S. 64f.

[5] Dazu Wrege, *Bergpredigt* S. 66ff. (mit ausführlichen Angaben zur Diskussion der Frage der mat bzw. vormat Herkunft der sogen. Unzuchtsklausel).

(c) Im Zusammenhang der Zeichenforderung der Pharisäer ist der Hinweis auf das Jona-Zeichen ursprünglich nur in der Q-Überlieferung verankert (Mt 12,39; Lk 11,29). Mt überarbeitet seinen Mk-Stoff im Sinne dieser Tradition (Mt 16,4).

(d) Schließlich sei noch auf die mat Fassung des Senfkorngleichnisses verwiesen. Q — repräsentiert durch Lk 13,18f. — und Mk-Tradition sind in Mt 13,31f. kombiniert.[1]

Ergebnis: Die vorgeführten Beispiele haben gezeigt, daß Lk Quellenkombinationen kennt. Die Wiedergabe seiner Primärquelle Mk erwies sich als nicht unbeeinflußt von abweichenden Ausprägungen desselben Stoffes.[2] Zusätzliche Information, nicht spezifisch luk Redaktion hat zu den 'Eingriffen' geführt. In redaktionsgeschichtlichen Arbeiten wird dieser Unterschied oft in unzulässiger Weise nivelliert. Es sei letztlich belanglos, welche literarkritischen Sachverhalte im einzelnen für die Arbeit des Lk anzunehmen, aus welchen Quellen die verschiedenen Elemente geflossen bzw. nach welchen andere gestrichen seien, da Auswahl, Auffüllung und Streichung eben doch Ergebnis eines kritischen Bearbeitungsvorganges seien, der in jedem Falle als spezifische Redaktionsleistung betrachtet und ausgewertet werden müsse.[3] Dagegen ist folgendes geltend zu machen: Man muß voraussetzen, daß dem Verfasser des dritten Ev bestimmte Traditionen besser und länger bekannt und damit vertrauter waren als andere, die er nur als literarische Größen rezipierte, die ihm aber nicht aus der lebendigen Übung seiner Gemeinde geläufig

---

[1] Vgl. auch Mt 10,9—13; 10,39f.; 12,22—32; 18,6—9; 23, 2a. 5b—7a; 24,42; dazu J. Schmid, *Matthäus und Lukas. Eine Untersuchung des Verhältnisses ihrer Evangelien*, 1930, S. 260ff.; 282; 289—297 u. ö.; H. Schürmann, *Der Einsetzungsbericht Lk 22, 19—20*, 1955, S. 2f.

[2] Dabei ergeben sich folgende Möglichkeiten: 1. Quelle A (z. B. Mk) wird von Quelle B (z. B. Q) her bereichert und aufgefüllt; 2. aus Quelle A vorgegebene Elemente werden im Blick auf Quelle B abgewandelt; 3. die abweichende Ausprägung eines Traditionsstückes in Quelle B veranlaßt Kürzungen und Auslassungen bei der Bearbeitung von Quelle A.

[3] Vgl. unten S. 180 Anm. 1.

waren. Die Bevorzugung des Q- und Sondergutes vor den
Mk-Parallelen ist u. U. so zu erklären, auch die Tatsache, daß
die oben behandelten Dubletten im wesentlichen Q-Einfluß
auf Mk-Stoff widerspiegeln, kaum umgekehrt. Es ist also
durchaus denkbar — bes. für Einzellogien und feste Traditionskomplexe wie Gleichnisse etwa —, daß Lk bei der
'Reproduktion' einer ihm weniger vertrauten Quelle andere
Versionen, die er gleichsam im Ohr hatte, Einfluß gewinnen
ließ. Das kann ein ausgesprochen unkritischer, u. U. bisweilen
sogar unbewußter Vorgang sein, der — da theologisch unreflektiert — redaktionsgeschichtlich kaum, traditionsgeschichtlich und literarkritisch dagegen, als Reflex divergierender
Überlieferungsströme, sehr wohl ausgewertet werden darf.[1]

B. MARKUS-EINFLUSS AUSSERHALB DER MARKUS-BLÖCKE

Im folgenden wird der Nachweis geführt, daß Quellenkombinationen, wie sie an den Dubletten beobachtet werden konnten, auch sonst im Lk-Ev begegnen. Es ist zu zeigen, daß
Erinnerungen an bestimmte Mk-Perikopen Formulierung und
Gestaltung entsprechender (bzw. verwandter) Q- und S-Gut-
Stoffe beeinflußt haben. Bei den Dubletten ging es im wesentlichen um Nicht-Mk-Einfluß auf Mk-Stoff, jetzt steht die
Einwirkung von Mk-Stoff auf Nicht-Mk-Perikopen zur Diskussion: hier wie da liegt Quellenkombination vor.

Man könnte auch noch wechselseitiger Beeinflussung zwischen Q- und S-Stoffen nachspüren; dabei ist allerdings wegen

---

[1] Vgl. J. Weiß, Die Verteidigung Jesu gegen den Vorwurf des
Bündnisses mit Beelzebul, *ThStKr* 63, 1890, S. 555ff.; bes. S. 556
Anm. 1: 'Es ist psychologisch vorstellbar, daß einem Schriftsteller,
der im allgemeinen nach einer Quelle A arbeitet, hin und wieder
Einzelheiten aus einer Quelle B, die er kennt, in die Feder kommen,
weil sie ihm im Kopf oder Ohr liegen.' Ähnlich Hawkins, *Horae* S.
88: 'Such transferences (scil.: die an den Dubletten beobachteten)
are exactly such as would be made *naturally* and *unconsciously* in
the course of oral teaching, or even by copyists familiar with the substance of both documents.' Vgl. weiter Schniewind, Synoptiker-
Exegese S. 141ff. und Kümmel, *Einleitung* S. 26.

mangelnder Kontrollmöglichkeit über Vermutungen nicht hinauszukommen. Überhaupt ist zu den unten zu nennenden Beispielen einschränkend zu sagen, daß nicht immer mit letzter Sicherheit entschieden werden kann, ob die jeweils vorliegende Quellenkombination spezifisch luk Redaktionsleistung ist und damit als Phänomen zur Klärung der luk Arbeitsweise ausgewertet werden darf, oder ob der Verfasser des dritten Ev nicht bisweilen vorgefundene, d. h. vorlukanische Kombinationen einfach übernommen hat.

Zahlreiche Fälle (wo nämlich Mt-Parallelen Kontrollmöglichkeiten bieten) werden aber von diesen Bedenken nicht betroffen, sind somit unter dem entfalteten Gesichtspunkt der gebundenen Arbeitsweise bei Lk einzuordnen. Die folgenden Beispiele sollen denn auch vor allem dem Ziel dienen, dieses Verfahren an weiterem Material zu illustrieren.

Daneben ergeben sich Aspekte, die im Rahmen des Gesamtthemas interessieren und darum kurz genannt seien: Soweit es sich hier nachweislich um Einfluß von Mk-Stoff auf Nicht-Mk-Traditionen handelt, sind die 'Mk-Einsprengsel' auch als 'Mk-Stoff bei Lk' zu berücksichtigen. Dabei zeigt sich, daß Mk-Stoff nicht nur in den Mk-Blöcken, sondern auch in überwiegend von anderen Traditionen bestimmten Teilen des dritten Ev präsent ist, — Beobachtungen, die gegen die Proto-Lukas-Hypothese sprechen.[1] Diese verliert an Wahrscheinlichkeit, wenn mit dem Nachweis von Mk-Elementen in und Mk-Einflüssen auf Q- und S-Traditionen gezeigt werden kann, daß die Komposition des vorliegenden Ev doch wohl in einem Arbeitsgang erfolgte. Die Annahme einer nachträglichen mehr oder minder schematischen Einarbeitung des Mk-Stoffes in das im übrigen abgeschlossene Kurzevangelium (Ur-Lukas) dürfte dann kaum zu halten sein. Die Mk-Elemente außerhalb der Mk-Blöcke wären jedenfalls nicht erklärt. Im Anschluß an die durch das Lk-Ev vorgegebene Abfolge sind jetzt folgende Beispiele zu nennen:

---

[1] Vgl. die ausführliche Darstellung und Kritik dieser Hypothese bei Grobel, *Quellenanalyse;* s. auch Schürmann, Protolukanische Spracheigentümlichkeiten?, S. 209ff.

1. Mk-Einfluß in Lk 3,1—4,15: Es ist sicher richtig, daß Mk 1,1ff. schwerlich als Vorlage für Lk 3,1ff., den Bericht vom Auftreten des Täufers und der Taufe Jesu, betrachtet werden kann. Abweichender Wortlaut, Unterschiede in der Anordnung und ein erhebliches Plus an Material bei Lk verbieten diese Annahme. Die besonders im Redegut weitgehende Übereinstimmung mit Mt führt vielmehr zu dem Schluß, daß Lk wie Mt die ihnen gemeinsame Quelle dem Bericht von Johannes dem Täufer als Hauptvorlage zugrundelegen, die nun allerdings weder von Mt noch von Lk einfach kopiert wird. Es bestätigt unsere an den Dubletten gewonnenen Ergebnisse, daß Lk auch hier bearbeitet, dieses aber wiederum nicht willkürlich, sondern im Blick auf eine Nebenquelle tut.

(a) *Lk 3,3b f.:* Die Vermutung, daß der sechsfache Synchronismus Lk 3,1.2a von dem dritten Evangelisten in dem Bestreben, das mk ἀρχή τοῦ εὐαγγελίου Ἰησοῦ Χριστοῦ (1,1) zeitlich näher zu bestimmen, bewußt und in Kenntnis des Mk-Ev an diese Stelle gesetzt worden sei,[1] gewinnt an Wahrscheinlichkeit, wenn sich zeigen läßt, daß auch der Kontext bei Lk Mk 1,1ff. voraussetzt. Das ist der Fall: Lk 3,2b—3a ist als luk Stilisierung vorgegebener Q-Elemente im Sinne alttestamentlicher Prophetenberufungen[2] anzusehen. Dabei hat Lk dadurch, daß er πᾶσα ἡ περίχωρος τοῦ Ἰορδάνου nicht 'metonymisch' — wie Mt 3,5 —, sondern 'im eigentlichen Sinne, d. h. lokal, versteht',[3] zwischen der Berufung in der Wüste (= Mt) und der Wirksamkeit des Täufers in der ganzen 'Umgebung des Jordans' unsachgemäß unterschieden. Für unseren Zusammenhang ist wichtig, daß — wie aus dem eben Ausgeführten hervorgeht — 3,1 ff. deutlich die neubildende bzw. umgestaltende Hand des Lk erkennen läßt, der hier offensichtlich nicht einfach übernimmt, sondern 'kombiniert', so daß es nicht überrascht, wenn in 3,3bf. auch Mk-Elemente

---

[1] Vgl. Hirsch, *Frühgeschichte* II S. 31.
[2] Vgl. die Kommentare z. St., auch Streeter, *Gospels* S. 209.
[3] Schmid, *Mt und Lk* S. 82.

begegnen: Lk 3,3b ist identisch mit Mk 1,4b.[1] Die Einführung eines Zitates durch *(ὡς) γέγραπται* V 4 ist Lk so geläufig[2] — da auch Mt die Q-Fassung bearbeitet haben dürfte, ist über die Formulierung der Vorlage nichts auszumachen —, daß Mk-Einfluß nicht beweisbar ist. In der nur hier bei Lk begegnenden Ausdrucksweise ἐν βίβλῳ λόγων ʼΗσαΐου τοῦ προφήτου sind dagegen u. U. Mk- und Q-Fassung kombiniert. Aus Mk 1,2 ... ἐν τῷ ʼΗσαΐᾳ und Mt 3,2 (= Q) ... διὰ ʼΗσαΐου τοῦ προφήτου λέγοντος könnte eventuell das ungewöhnliche ʽim Buche der Worte des Prophetenʼ entstanden sein.

Das Maleachi-Zitat (Mal 3,1) fehlt im Anschluß an Q bei Mt und Lk, die es in anderem Zusammenhang (Mt 11,10; Lk 7,27) überliefern. Jes 40,3 bringen die Seitenreferenten dann Wort für Wort identisch mit Mk 1,3. Mk ist ihre Vorlage, wie besonders daraus erhellt, daß sie auch in einem sekundären Element, der Umprägung des at.lichen Textes, mit ihm übereinstimmen. Aus dem τοῦ θεοῦ ἡμῶν am Schluß des Zitates (LXX) wird αὐτοῦ. Die Auffüllung Lk 3,5f. diff Mk und Mt ist Lk selbst zuzuweisen.[3] Die Formulierung in V 7 gibt einen weiteren Anhaltspunkt für die Annahme, daß dem Verfasser Mk 1,1ff. vorlag, als er diese Verse schrieb. Die bei Lk relativ seltene Vokabel ἐκπορεύεσθαι[4] dürfte am besten als Reminiszenz an Mk 1,5 erklärt sein.

(b) *Lk 3,16:* In Lk 3,16 liegt ein weiterer Fall von Quellenkombination vor. Ab V 16c folgt Lk ausschließlich der Logienquelle, im ersten Teil des V 16 dagegen verbindet er eindeutig Mk und Q. Lk spricht im Anschluß an Mk 1,7[5] vom Lösen

---

[1] Zur Formulierung vgl. Lk 24,47; Act 5,31; auch Lk 1,77; Act 2,38; 13,24; 19,4; s. H. Thyen, *BAΠTIΣMA METANOIAΣ EIΣ AΦEΣIN AMAPTIΩN*, in: *Zeit und Geschichte* S. 93ff., bes. S. 97f.
[2] Vgl. z. B. Lk 2,23; 4.4.8.10; Act 1,20; 7,42; 13,33; 23,5.
[3] Zur Begründung s. die Kommentare z. St.
[4] Lk 3×, Act 3×, Mt 5× (+1×?), Mk 11×: Wo Lk das mk ἐκπορεύεσθαι nicht völlig übergeht, ersetzt er es durch ἐξέρχεσθαι (vgl. Lk 9,5; 21,37). Lk 4,22 erklärt sich als Anklang an eine biblische Formulierung, gleichsam ein Zitat (vgl. Mt 4,4); auffällig ist allerdings Lk 4,37.
[5] S. auch Joh 1,27; Act 13,24f.

des Sandalenriemens, während bei Mt vom Nachtragen der Sandalen die Rede ist. Mit Mt stimmt er aber in der Reihenfolge der Aussagen, sicher im Anschluß an Q, gegen Mk überein: Nach dem kurzen Wort des Täufers über sich selbst (Lk 3,16a = Mt 3,11a) folgen diff Mk zusammenhängend (Lk 3,16b. c. 17 = Mt 3,11b. c. 12) die Aussagen über den Kommenden. Lk 3,16 ist also seiner Struktur nach und vor allem im Schluß (Geist- und Feuertaufe) durch Q, im Mittelteil dagegen durch Mk bestimmt.[1]

(c) *Lk 4,1f.:* Die Einleitung zur Versuchungsgeschichte (bei Mt und Lk in ausführlicher Schilderung aus Q) hat Lk in Anlehnung an Mk 1,12f. aufgefüllt.[2] Die Quelle (Q) dürfte wie Mt 4,1f. von der Versuchung nach Ablauf der vierzig Tage gesprochen haben. Dafür spricht die enge Verbindung zwischen dem Abschluß der Einleitung *(ὕστερον ἐπείνασεν)* und der ersten Versuchung, die mit einer langen 'Fastenzeit' rechnet. Durch den Einfluß des Mk-Textes in Lk 4,1b.2a[3] wird im dritten Ev diese für die Fortsetzung im Grunde notwendige Trennung der versuchungsfreien Zeit des Fastens (Lk: 'nicht essen')[4] und der Zeit der Versuchung nach den vierzig Tagen verwischt. Mit Mk denkt Lk an eine Versuchung während der vierzig Tage, mit Q (= Mt) an eine solche nach Ablauf dieser Zeit. Die Spannung zwischen der Einleitung und dem Folgenden zeigt, daß Lk ursprünglich nicht Zusammengehöriges verbunden hat. Allein angesichts des jetzigen luk Kontextes, ohne den bestätigenden synoptischen Vergleich, würde man hier auf Quellenkombination schließen.

---

[1] Gegen Streeter, *Gospels* S. 205; zu Lk 3,21f. vgl. J. V. Bartlet, The Sources of St. Luke's Gospel, in: *OSt* S. 313ff., bes. S. 319; H. Schürmann, Der 'Bericht vom Anfang', Ein Rekonstruktionsversuch auf Grund von Lk 4,14—16, in: *StEv* II, S. 242ff. (= *Untersuchungen* S. 69ff.; hiernach zitiert), bes. S. 69 und 71.

[2] E. Schweizer, Eine hebraisierende Sonderquelle des Lk? *ThZ* 6, 1950, S. 161ff., bes. S. 171.

[3] Vgl. Mk 1,13: *καὶ ἦν ἐν τῇ ἐρήμῳ τεσσαράκοντα ἡμέρας πειραζόμενος ὑπὸ τοῦ σατανᾶ* ... Lk 4,1b. 2a: *καὶ ἤγετο* ... *ἐν τῇ ἐρήμῳ ἡμέρας τεσσαράκοντα πειραζόμενος ὑπὸ τοῦ διαβόλου.*

[4] S. unten S. 106 Anm. 2.

2. Lk 4,16—30: Im Zusammenhang der Fragestellung dieses Kapitels ist die Nazarethperikope nicht zu nennen. Sie gehört weder zum eigentlichen Mk-Stoff — Lk ersetzt Mk 6,1—6 durch ein entsprechendes Stück seines Sonderguts[1] — noch zu den Beispielen von Mk-Einfluß auf Nicht-Mk-Traditionen.[2]

3. Lk 5,1—11: Mk 1,16—20 wird von Lk übergangen. Der Verfasser unterbricht die Wiedergabe des Mk-Berichtes und

[1] So zu recht F. Hahn, *Christologische Hoheitstitel*, 1963, S. 394ff. gegen Bultmann, *Tradition* S. 30ff. + *Ergänzungsheft*, 1962, S. 9f.; Conzelmann, *Mitte* S. 29f. u. a.: Conzelmann wertet Lk 4,16ff. redaktionsgeschichtlich aus, ohne die literarkritische Frage wirklich ernst zu nehmen. Vgl. jetzt auch noch P. Stuhlmacher, *Das paulinische Evangelium* I, 1968, S. 225ff.

[2] Eine Einwirkung von Mk 6,1ff. auf Lk 4,16ff. läßt sich nicht nachweisen. Es ist daher zu folgern, daß Lk seine 'Quellen' (= die ihm zufließenden Traditionsvarianten) hier scharf getrennt hat. Auch in V 24, wo man noch am ehesten Mk-Reminiszenzen annehmen könnte (so u. a. Schmidt, *Rahmen* S. 40f.; Grundmann, *Lk* S. 122), liegen solche nicht vor. Die von Mk abweichende Einleitung zum Prophetenwort 'ἀμὴν λέγω ὑμῖν ὅτι' kann unmöglich luk Paraphrase von Mk 6,4 sein. Lk hätte weder in ἀμήν von sich aus ein Wort in den Mk-Text eingefügt, das er gewöhnlich ausläßt oder doch ersetzt (vgl. Cadbury, *Style* S. 157), das übrigens bezeichnenderweise in den Act nicht vorkommt, noch auch das ὅτι recitativum zur Einführung der direkten Rede beibehalten (vgl. dazu Cadbury, *Style* S. 139f.). Ebensowenig kann die luk Fassung des Prophetenwortes selbst Mk-Einfluß auf Lk 4,16ff. beweisen. Unterschiede in Wortbestand und Wortstellung trennen Mk 6,4a *(οὐκ ἔστιν προφήτης ἄτιμος εἰ μὴ ἐν τῇ πατρίδι αὐτοῦ)* und Lk 4,24b *(οὐδεὶς προφήτης δεκτός ἐστιν ἐν τῇ πατρίδι αὐτοῦ)* voneinander. Weder inhaltliche noch formal-sprachliche Motive können für die Abwandlung auf seiten des Lk geltend gemacht werden. Daß die luk Version aus einem Nicht-Mk-Traditionskanal geflossen ist, zeigt darüber hinaus ihre Nähe zu Logion 32 des Th-Ev, das wie Lk vom προφήτης δεκτός spricht und dessen zweiter Teil, der Jesus die Heilkraft in Nazareth abspricht, bei Lk in V 23 deutlich (mit wörtlichem Anklang!) seine Spuren hinterlassen hat. Zu Th-Logion 32 vgl. die durch den Oxyrhynchus-Papyrus 1,6 belegte griechische Fassung, dazu jetzt Koester, *Early Christianity* S. 294 Anm. 45 (bzw. *ZThK* 65, 1968, S. 176ff.) mit berechtigter Polemik gegen Schrage, *Th-Ev* S. 75—77, der behauptet, Thomas habe das Prophetenwort 'aus seiner historischen Situation, die ihm die Synoptiker zuweisen, gelöst und wieder zu einem "freien Logion" gemacht'.

schaltet eine Sonderüberlieferung ein; diese wird ganz eindeutig unter Mk-Einfluß ausgestaltet.[1]

(a) Die Erzählung dürfte von Haus aus lediglich an der Gestalt des Simon (Petrus) interessiert gewesen sein und auch nur von diesem mit Namen gesprochen haben. Das zeigt die Exposition 5,3ff., das zeigt auch die Antwort Jesu V 10b, die sich nur an diesen Jünger wendet. V 10a ist schon daher als sekundär verdächtig. Andere Gründe kommen hinzu. Ὁμοίως δὲ καί, die Einleitung in V 10a, sieht ganz nach einem Nachtrag aus,[2] der Anschluß an V 9 ist nicht glatt. Gleichsam epexegetisch werden jetzt einige der bereits Genannten (πάντες V 9) mit Namen versehen. Zudem schiebt sich V 10a störend zwischen das Bekenntnis des Petrus V 8 und Jesu Erwiderung V 10b,[3] die den Nachtrag 10a deutlich nicht voraussetzt.[4] In dem Bestreben, seine Sondertradition 'zum vollwertigen Ersatz' des entsprechenden Mk-Berichtes auszugestalten,[5] hat Lk in den Text eingegriffen. Er ist dabei vor allem von Mk 1,16—20 beeinflußt: die erste Berufung galt mehreren Jüngern. Im Unterschied zu Mk 1,16 ff. fehlt allerdings der Name des Andreas. Auch das mag auf Mk-Einfluß zurückgehen: Die drei genannten Jünger sind Lk aus Mk als 'besonderer Kreis' vertraut (vgl. 8,51; 9,28 par Mk),[6] als Kern des Jüngerkreises werden sie auch gemeinsam berufen.

(b) Auch der erweiterte Rahmen der Geschichte in V 2f. gibt sich als von Mk beeinflußt zu erkennen:

Die beiden Verse sind für die ursprüngliche Berufungsgeschichte, die Petrus wahrscheinlich als einen der Zuhörer Jesu einführte, durchaus entbehrlich. V 4 könnte vor der luk Überarbeitung direkt an V 1 angeschlossen haben.

Das Motiv der Seepredigt, das durch die Einleitung der

---

[1] Vgl. die Kommentare z. St.; dazu Kümmel, *Einleitung* S. 80 und J. Schniewind, *Die Parallelperikopen bei Lukas und Johannes*, 1914, S. 11ff.; G. Klein, Die Berufung des Petrus, *ZNW* 58, 1967, S. 1ff.
[2] Hawkins, *Horae* S. 17 und 21.
[3] Vgl. Hirsch, *Frühgeschichte* II S. 41.
[4] D schreibt glättend: ὁ δὲ εἶπεν αὐτοῖς· δεῦτε...
[5] Dibelius, *Formgeschichte* S. 109; Schmidt, *Rahmen* S. 43ff.
[6] Grundmann, *Lk* S. 126.

S-Tradition (5,1) vorgegeben war, wird im Anschluß an Mk 3,9 und 4,1 ausgebaut. Jesus lehrt vom Schiff aus, eine szenische Anmerkung, die bei Mk jeweils ausdrücklich motiviert ist: Mk 3,9: Jesus bittet um das Boot διὰ τὸν ὄχλον, ἵνα μὴ θλίβωσιν αὐτόν; ähnlich 4,1: die Menge ist so groß, daß er genötigt ist, vom Schiff aus zu lehren. Bei Lk dagegen fehlt eine explizite Begründung; er hat aus Mk entlehnt, ohne auf Vollständigkeit bedacht zu sein. Die Mk eigene pragmatische Begründung ist übergangen. V 1 und 2 f. stehen so mehr nebeneinander als daß sie sich logisch auseinander ergäben, auch dies ein Indiz sekundärer Kombination.

Die Formulierung der Verse 2 und 3 im einzelnen schließlich beweist direkte Mk-Abhängigkeit: Nur hier (V 2) verwendet Lk das Deminutivum πλοιάριον, offensichtlich in Anlehnung an Mk 3,9. Eine andere Erklärung ist schwerlich möglich, wenn man bedenkt, daß der Verfasser des dritten Ev die bei Mk zahlreich begegnenden Deminutiva zum großen Teil beseitigt[1] und auch in 5,2ff. sofort wieder, durchgängigem Gebrauch der Act entsprechend, zu dem ihm geläufigen πλοῖον zurückkehrt. Ob die Wendung ἐμβὰς δὲ εἰς ἕν τῶν πλοίων ... Lk 5,3a durch Mk 4,1 *(ὥστε αὐτὸν εἰς πλοῖον ἐμβάντα ...)* veranlaßt ist, läßt sich nicht sicher entscheiden, ist allerdings durch 3b: καθίσας δέ als Variation zu Mk 4,1: καθῆσθαι naheliegend. Das Adverb ὀλίγον 5,3b schließlich ist sehr wahrscheinlich Reminiszenz an Mk 1,19.[2] Die Aversion des Lk gegen Adverbien dieser Art[3] macht den Schluß auf Mk-Einfluß in diesem Fall besonders zwingend: Dem Verfasser gerät ein Wort in den Text, das den sonst von ihm befolgten stilistischen Gesetzen nicht entspricht. Das geschieht unbewußt, die Nebenquelle verrät sich unmittelbar.[4]

---

[1] Vgl. Cadbury, *Style* S. 186; Larfeld, *Evangelien* S. 199ff.
[2] Schürmann, Reminiszenzen S. 113.
[3] Cadbury, *Style* S. 199f.
[4] Wenn diese Analyse richtig ist, so hieße das, daß Lk die Strandszenerie bewußt in die Perikope eingetragen und damit in spezifischer Redaktion eine Lehrszene am See ausdrücklich erst geschaffen hätte. Daß Jesus lehrt, wird entschieden betont (5,3). Da Lk sich nun auch in der Formulierung eng an Mk anlehnt, so liegt doch offenbar keine grundsätzlich andere Wertung des Sees vor als im zweiten Ev. Auch

(c) Lk 5,11 ist Sachparallele zu Mk 1,18 und 20. Direkte literarische Abhängigkeit von Mk 1,18 ist angesichts gleicher Wortwahl und Wortstellung sehr wahrscheinlich. Geringfügige Abwandlungen sind für Lk bezeichnend: Aus καὶ εὐθὺς ἀφέντες τὰ δίκτυα ἠκολούθησαν αὐτῷ (Mk 1,18) wird ἀφέντες πάντα ἠκολούθησαν αὐτῷ (Lk 5,11b). Daß εὐθύς entfällt, ist selbstverständlich,[1] τὰ δίκτυα wird im Sinne absoluter Nachfolge durch πάντα ersetzt, auch das ist typisch.[2]

Ergebnis: Aus dem allen geht hervor: Lk 5,1—11 ist ein typisches Beispiel gebundener Arbeitsweise des Lk. Die Sondertradition ist mit Mk 1,16—20; 3,9 und 4,1 kombiniert.

4. Lk 7,1—10: Daß auch in Lk 7,1—10 Quellenkombination vorliegt, ist evident.[3] In den Versen 6c—9, die bis in Einzelheiten mit Mt 8,8—10 übereinstimmen, ist ein Grundbericht greifbar, der vom παῖς (Lk 7,7; Mt 8,6. 8.13) des Centurio erzählte. Lk 7,1—6b und 10 dagegen sind durch terminolo-

---

für Lk kann der See sehr wohl zum Ort des Lehrens Jesu werden, er ist nicht nur 'Ort der Epiphanien, welche die Macht Jesu erweisen' (gegen Conzelmann, *Mitte* S. 36). Richtig ist, daß das Seemotiv bei Lk seltener als bei Mk begegnet, aber nur in 5,27 hat Lk es von sich aus übergangen wie übrigens auch — weil für die Geschichte unerheblich — Mt 9,9ff., während die von Mk abweichende Rahmung in 6,17 und 8,4 (s. unten S. 118 Anm. 1) den Einfluß von Traditionsvarianten widerspiegeln dürfte. Auch hier zeigt sich: Literarkritische Erwägungen führen zur Einschränkung und Korrektur redaktionsgeschichtlicher 'Ergebnisse'. — Ganz ähnlich verhält es sich mit Conzelmanns Behauptung, nur die Ebene sei bei Lk der Ort der Begegnung Jesu mit dem Volk (S. 38. 52), vgl. dazu Rohde, *Redaktionsgeschichtliche Methode* S. 132 und 143f.; W. C. Robinson, *Der Weg des Herrn*, 1964, S. 35f.

[1] Mk ca. 40×; Lk 1×; Act 1×.
[2] Vgl. Lk 5,28; 14,33; 18,22.28; 21,3f.; Act 2,45; 4,34; 5,1ff.; zur Sache vgl. Mk 12,44 und Mt 13,44f. im Gegensatz zu Th-Ev Logion 77; s. auch H.-J. Degenhardt, *Lukas — Evangelist der Armen*, Stuttgart 1965, passim, bes. S. 217f.
[3] Vgl. J. Wellhausen, *Das Evangelium Lucae*, 1904, S. 26f.; B. Weiß, *Quellen* S. 242f.; Schlatter, *Lk* S. 250ff.; Schniewind, *Parallelperikopen* S. 16ff.; Schmid, *Mt und Lk* S. 250ff.; Hirsch, *Frühgeschichte* II S. 88ff.; Grundmann, *Lk* S. 154ff.; Bultmann, *Tradition* S. 39; E. Haenchen, Johanneische Probleme, *ZThK* 56, 1959, S. 19ff., bes. S. 23ff.

gische[1] — hier ist durchweg vom δοῦλος des Hauptmanns die Rede — und inhaltliche[2] Charakteristika von diesem Grundbericht unterschieden und als Teil einer abweichenden Ausprägung der Geschichte ausgewiesen. Die Perikope ist demnach näher als Kombination aus Q und LkS zu bestimmen. Handelt es sich dabei um eine bereits vorlukanische Kombination, oder ist Lk selbst für die Verschmelzung der Quellen verantwortlich? Das ist umstritten.[3] Wenn man davon ausgehen darf, daß Q, LkS und Mk-Stoff erst in der Hand des Lk zusammengeflossen sind, könnte der Nachweis von Mk-Stoff-Elementen in Lk 7,1ff. in dieser Frage weiterhelfen.

Mk-Einfluß ist nun in der Tat nachzuweisen,[4] und zwar bezeichnenderweise an der Nahtstelle zwischen S-Gut und Grundbericht aus Q. Besonderes Kennzeichen der 7,1—6b. 10

---

[1] Vgl. nur noch 7,1 — durch Mt 7,28a als Traditionselement erwiesen (dazu Schmid, *Mt und Lk* S. 250ff.) — und 7,6 *(ἤδη δὲ) αὐτοῦ (οὐ) μακρὰν ἀπέχοντος* ... — durch Lk 15,20 als Wendung des Lk-Sondergutes belegt (dazu B. Weiß, *Quellen* S. 243; Schlatter, *Lk* S. 252f.). In einer neuen Untersuchung hat H. J. Cadbury (Four Features of Lucan Style, in: *Studies in Luke-Acts*, hrsg. von L. E. Keck und J. L. Martyn, New York 1966, S. 87ff.) wieder, vgl. u. a. Cadbury, *Style* passim, darauf hingewiesen, daß neben 'Distribution and Concentration' vor allem 'Repetition and Variation' zu den Eigentümlichkeiten des spezifisch luk Stils zu rechnen seien. In deutlicher Frontstellung gegen eine literarkritische Auswertung besonders der 'Variation' wird betont, daß 'variety ... almost studied variation of phrase and exchange of synonyms, is a distinct feature of the style of this author.' (S. 92) Darin wird man dem Verfasser weithin zustimmen, etwa wenn er sich gegen eine Quellenscheidung mit Hilfe des wechselnden 'Ιερουσαλήμ und 'Ιεροσόλυμα wendet; allein, nicht alle beigebrachten Belege sind überzeugend: das Nebeneinander von δοῦλος und παῖς (Lk 7,1ff.) jedenfalls gehört sicher nicht hierher (S. 94), ebensowenig der Wechsel von ἰκμάς zu ῥίζα oder der von ἀπέπνιξαν zu συμπνίγονται (Lk 8,6f. 13f.; vgl. dazu Kapitel IV B. z. St.).

[2] Zum stark judenchristlichen Charakter dieser Verse s. Hirsch, *Frühgeschichte* II S. 89; Grundmann, *Lk* S. 155.

[3] Schlatter, Hirsch, Grundmann u. a. postulieren eine vorluk Einheit, bei Klostermann (*Lk* S. 85) bleibt die Frage offen, B. Weiß macht Lk selbst für die Kombination von Q und LkS verantwortlich.

[4] So Wellhausen, *Lk* S. 27; B. Weiß, *Quellen* S. 243 Anm. 1; Klostermann, *Lk* S. 85.

vorliegenden Lk-S-Fassung war der indirekte Verkehr zwischen Jesus und dem Hauptmann. Die jüdischen Ältesten erbitten die Hilfe (V 3), Freunde wehren Jesu Kommen ab (V 6b). Lk läßt sie sich dabei des Wortes bedienen, das nach dem Grundbericht der Hauptmann selbst spricht (Mt 8,8f.).[1] Um die mit diesem Personenwechsel sich ergebenden Härten zu mildern, fügt er V 6c *μὴ σκύλλου* ein,[2] ein Motiv, das ihm nach Inhalt und Formulierung aus Mk 5,35 (par Lk 8,49) vertraut war. Die Übernahme aus der Jairusgeschichte lag nahe. Hier wie dort handelt es sich um eine mit Botenbericht ausgestattete Wundergeschichte. Nach dem Imperativ wird dann das Wort des Hauptmanns als Begründung mit *γάρ* angeschlossen. Es folgt ganz der an Mt kontrollierbaren Q-Fassung, bis auf einige unbedeutende Verbesserungen[3] und den Zusatz V 7a: *διὸ οὐδὲ ἐμαυτὸν ἠξίωσα πρὸς σὲ ἐλθεῖν*, der der Verklammerung[4] der hier kombinierten Varianten dient. Er ist, wie der Sprachgebrauch zeigt,[5] von Lk selbst formuliert.

[1] Zu dem Phänomen 'Words differently applied' vgl. Hawkins, *Horae* S. 67ff., dessen Liste von Cadbury, *Style* S. 99ff. korrigiert und ergänzt wird.
[2] Im NT nur hier und Mk 5,35 par Lk 8,49; partizipial noch Mt 9,36.
[3] Vgl. B. Weiß, *Quellen* S. 243 Anm. 1.
[4] *ἠξίωσα* nimmt das *ἄξιος* aus V 4 betont auf.
[5] *διό*: Mt 1×, Mk —, Lk außer 7,7 noch 1,35; Act 8×, und zwar gehäuft im zweiten Teil der Apgsch und durchweg (bis auf 24,26) in Reden: damit sicher spezifisch luk. *ἐμαυτόν*: Mt 1×, Mk —, Lk außer 7,7 nur 7,8 par Mt 8,9; Act 4×: 20,24; 24,10; 26,2.9; d. h. nur im zweiten Teil und nur in Reden. *ἀξιόω*: Mt —, Mk —, Lk nur hier, offenbar durch *ἄξιος* V 4 veranlaßt;Act 2×; zur ganzen Wendung vgl. Act 26,2 : *ἥγημαι ἐμαυτὸν μακάριον ...; ἔρχεσθαι πρός* + Pers.: Lk 9×, Act 6× (4,23; 17,15; 20,6; 21,11; 22,13; 28,23): wie die Act, wiederum bes. die zweite Hälfte, zeigen, schätzt Lk diese Formulierung. Daß er von den 10 Mk-Stoff-Belegen nur 2 (bzw. 3) beibehält (8,35 par Mk 5,15; 18,16 par Mk 10,14; 20,27 im Anschluß an Mk 12,18), spricht *nicht* dagegen, da die Abweichungen von Mk bis auf zwei Fälle (Mk 2,13; 3,8) auf die Einwirkung von Nebenquellen zurückzuführen sind: so Lk 5,12.15f. diff Mk 1,40.45; Lk 9,37f. diff Mk 9,14; Lk 20,1 diff Mk 11,27. Zu Lk 18,40 diff Mk 10,50, wo Lk unter dem Einfluß des Nebenquellenelementes 18,35a umformuliert, vgl. unten S. 143f.

Ergebnis: Das Mk-Element in Lk 7,6c und die spezifisch luk Erweiterung in V 7a machen es sehr wahrscheinlich, daß Lk in der Redaktion letzter Hand für die Kombination aus Q und LkS verantwortlich ist. Die Perikope vom Hauptmann von Kapernaum wird somit zum Beispiel sowohl für das quellenkombinatorische Redaktionsverfahren des Lk als auch — im Rahmen eben dieses Verfahrens — für Mk-Einfluß außerhalb der Mk-Blöcke.

5. Lk 7,36—50: Die Perikope von der Büßerin in Simons Haus (Lk 7, 36—50 LkS)[1] zeigt bei aller Eigenständigkeit deutliche Nähe zu der hinter Joh 12,1—8 stehenden Tradition,[2] zugleich enthält sie aber auch Elemente, die nur aus Mk (Mk 14,3—9 par Mt 26,6—13) stammen können. Obgleich zugestanden werden muß, daß die Trennung zwischen traditionsgeschichtlichen und literarkritisch-redaktionsgeschichtlichen Sachverhalten in dieser Geschichte — jedenfalls was den Grundbestand V 36—47 betrifft[3] — besonders schwierig ist, wird man doch wohl — wieder unter der Voraussetzung, daß Mk und LkS-Traditionen erst in der Hand des Lk zusammengeflossen sind, — in 7,37 *(ἀλάβαστρον μύρον)*[4] und in 7,40.43.44 *(Σίμων)* Mk-Reminiszenzen sehen dürfen. Besonderes Gewicht kommt dem Letztgenannten zu: Der Pharisäer, der in V 36 u. 39 'sichtlich eine Figur ohne Namen' ist, hat in V 40.43.44 'plötzlich den Namen Simon bekommen, d. h. den gleichen wie jener Aussätzige, in dessen Hause zu Bethanien Jesus Mk 14,3ff. weilt'.[5] Nur wer wie Lk die Mk- und die S-Fassung der Salbungsgeschichte kannte und diese für Du-

---

[1] Vgl. die oben S. 40 Anm. 3 genannten Arbeiten (jeweils z. St.), dazu noch A. Jülicher, *Die Gleichnisreden Jesu*, Bd. II, 1910, S. 290ff.; E. Haenchen, *Der Weg Jesu — Eine Erklärung des Markusevangeliums und der kanonischen Parallelen*, 1966, S. 469—472.
[2] Schniewind, *Parallelperikopen* S. 21ff.; Grundmann, *Lk* S. 170.
[3] Die Verse 48—50 sind 'sekundärer Anhang', so Bultmann, *Tradition* S. 19f. im Anschluß an Jülicher, *Gleichnisreden* II S. 299f.
[4] Im NT *nur* Mk 14,3 par Mt 26,6 und hier Lk 7,37.
[5] Hirsch, *Frühgeschichte* II S. 199.

bletten hielt,[1] konnte den Namen des zunächst Unbenannten mit solcher Selbstverständlichkeit unvermittelt einführen. Das bedeutet aber: Mk-Einfluß bei der Redaktion letzter Hand. Beobachtungen zu 7,48—50 weisen in dieselbe Richtung. Hier ist der Mk-Einfluß mit Händen zu greifen. Die genannten Verse sind 'Zuthat des Evangelisten',[2] 'ein sekundärer Anhang mit neuem nicht zugehörigem Motiv'.[3] In diesem zweiten Schluß[4] beseitigt der Verfasser einen (seiner Auffassung nach) 'technischen Mangel' der Vorlage: die Sündenvergebung muß der Frau selbst ausdrücklich zugesprochen werden.[5] Das geschieht in V 48 mit einem Wort aus Mk 2,5 (par Lk 5,20).[6] Daß Lk wirklich an Mk 2 denkt, zeigt auch die Fortsetzung (V 49), die Mk 2,6f. (par Lk 5,21) entspricht. Die Reaktion besteht hier wie dort in einer staunend-zweifelnden Frage.[7] V 50 bringt — nun allerdings von Mk 2 abweichend — keine Antwort darauf, sondern in Spannung zu V 36—47 gleichsam

---

[1] Ob es sich wirklich um Dubletten handelt, was eher unwahrscheinlich ist, braucht hier nicht zu interessieren, s. dazu einerseits B. Weiß, *Quellen* S. 203; Hirsch, *Frühgeschichte* II S. 201; andererseits Jülicher, *Gleichnisreden* II S. 301; Klostermann, *Lk* S. 92. Sicher ist: Lk hat in 7,36ff. eine Dublette zu Mk 14,3ff. gesehen, nur so erklärt sich, daß er die Mk-Perikope zwischen Lk 22,2 und 3 übergeht (gegen K. H. Rengstorf, *Das Evangelium nach Lukas*, 1962, S. 104).

[2] Jülicher, *Gleichnisreden* II S. 300.

[3] Klostermann, *Lk* S. 92.

[4] Wellhausen, *Lk* S. 32: 'Mit der Moral 7,47 müßte die Erzählung schließen.' Vgl. auch Schlatter, *Lk* S. 264.

[5] Hirsch, *Frühgeschichte* II S. 204.

[6] Mk 2,5 und 9: ἀφίενταί σου αἱ ἁμαρτίαι = Lk 7,48: ἀφέωνταί σου αἱ ἁμαρτίαι. Lk 5,20.23 (par Mk 2,5.9) dagegen: ἀφέωνταί σοι αἱ ἁμαρτίαι σου.

[7] Lk 7,49b: τίς οὗτός ἐστιν, ὃς καὶ ἁμαρτίας ἀφίησιν; Lk 5,21b: τίς ἐστιν οὗτος, ὃς . . .; τίς δύναται . . . ἀφεῖναι . . .; Mk 2,7: τί οὗτος οὕτως λαλεῖ; . . . τίς δύναται ἀφιέναι . . .; vgl. auch Mk 4,41 parr; 6,2 par Mt 13,54; Mk 1,27 par Lk 4,36. — Lk 7,49a ist der Situation entsprechend abgewandelt, dabei an Lk 5,21 *(καὶ ἤρξαντο διαλογίζεσθαι* diff Mk) orientiert: καὶ ἤρξαντο οἱ συνανακείμενοι λέγειν ἐν ἑαυτοῖς. Vgl. dazu J. W. Hunkin, Pleonastic ἄρχομαι in the New Testament, *JThSt* 25, 1923/24, S. 390ff.; H. Schürmann, *Jesu Abschiedsrede Lk 22,21—38*, 1957, S. 8.14, bes. S. 8 Anm. 28.

als Korrektur[1] ein weiteres Wort Jesu an die Büßerin
(ἡ πίστις σου σέσωκέν σε· πορεύου εἰς εἰρήνην), das
sicher aus Mk 5,34 (par Lk 8,48) herzuleiten ist.[2]
Ergebnis: Lk 7,37.40.43.44 sind mit großer Wahrscheinlichkeit, 7,48—50 mit Sicherheit von Mk-Reminiszenzen bestimmt.
Die Perikope ist damit als weiterer Beleg für Mk-Einfluß
außerhalb der Mk-Blöcke zu buchen.

Mit Lk 8,4—9,50 folgt ein Mk-Block, der die bisher behandelten Q- und S-Stücke (Lk 3,1—4,30 und 6,20—8,3) von der
großen Einschaltung 9,51—18,14 trennt. Es ist zu fragen,
ob auch in diesem sogenannten Reisebericht, der das dritte
Ev in besonderer Weise charakterisiert und die überwiegende
Masse des Sondergutes enthält, Mk-Einfluß sichtbar wird.
Auf den ersten Blick möchte man meinen, Lk habe bei der
Komposition dieses umfangreichen Komplexes Mk entweder
noch gar nicht gekannt[3] oder aber konsequent ignoriert. Bei
näherer Prüfung dagegen läßt sich nicht übersehen, daß Lk da,
wo er Varianten zu auch von Mk überlieferten Einheiten
aus den Nicht-Mk-Traditionen aufnimmt, von Reminiszenzen
an die entsprechenden Mk-Stücke nicht völlig frei ist. D. h.
aber: (a) Lk kannte das Mk-Ev, als er den Reisebericht
schrieb, und (b) auch hier blieb er von dem Nebeneinander
verschiedener Traditionen nicht unbeeinflußt. Unter der Hand,
vielfach sicher unbewußt, flossen ihm die verschiedenen Quellen ineinander.

[1] Wellhausen, *Lk* S. 32: 'In 7,50 wird 7,48 bestätigt, jedoch mit
eigentümlicher Modifikation: Die Sündenvergebung erfolgt nicht
wegen der Liebe, sondern wegen des Glaubens.'

[2] Das Wort von der rettenden πίστις scheint Lk nur aus der Mk-Tradition zu kennen. Die Kombination mit dem Friedensgruß beweist,
daß er hier an Mk 5,34, nicht an 10,52 (par Lk 18,42) denkt. Ebenso
wie in 7,50 hat Lk in 17,19 von diesem Mk-Element Gebrauch gemacht: ἀναστὰς πορεύου· ἡ πίστις σου σέσωκέν σε, 'ein schematischer,
vielleicht erst von der Redaktion angehängter Schluß.' (Bultmann,
Tradition S. 33, vgl. auch S. 235). Das mk ὑπάγειν (Mt 19×, Mk 15×,
Lk 5×, Act —) wird gut luk durch πορεύεσθαι (Mt 29×, Mk 3×,
Lk 51×, Act 37×) ersetzt. Vgl. Schürmann, *Paschamahlbericht* S.
86.90.

[3] So die Proto-Lk-Hypothese.

Die Zahl der Traditionselemente (Teilverse, Verse, kurze Perikopen), die als Parallelen zu Mk-Texten anzusprechen sind, ist naturgemäß im Reisebericht relativ klein,[1] von den 350 Versen dieses Komplexes sind nur etwa 35 zu nennen. 13 davon gehören zu den Dubletten.[2] Soweit sie in unserem Zusammenhang interessieren, sind sie bereits besprochen (s. oben Kapitel II A.). Aus dem übrigen Material (22 Verse)[3] wählen wir drei Beispiele für Mk-Einfluß im luk Reisebericht aus:

6. Lk 12,10:[4] Lk schreibt — eindeutig in Erinnerung an Mk 3,28f. — τῷ ... βλασφημήσαντι. Wie Mk konstruiert er βλασφημεῖν εἰς τὸ πνεῦμα, während Mt (= Q) λέγειν κατὰ τοῦ πνεύματος bietet.

7. Lk 11,15f. 17—23:[5] In der Beelzebub-Rede Lk 11,15—23 legt Lk, wie Mt 12,22ff. zeigt, Q zugrunde. Daß dabei die Mk-Fassung (Mk 3,20ff.) eingewirkt hat, ist offenkundig. Mit Mk 3,24f. liest Lk 11,17 ἐπί anstelle des mat κατά, mit Mk 3,27 (εἰσελθών) in 11,22 ἐπελθών. ῞Οτι λέγετε (Lk 11,18) könnte Reminiszenz an Mk 3,30 sein. Fraglos aus Mk stammt Lk 11,16. In 11,14—16 nennt Lk in redaktionellen Bemerkungen die Anlässe, die zu den beiden folgenden Reden geführt haben. Die Verse 14 und 15 geben den Rahmen für die Verteidigungsrede gegen den Vorwurf des Teufelsbündnisses

---

[1] Vgl. hierzu und zum Folgenden J. C. Hawkins, Three Limitations to St. Luke's Use of St. Mark's Gospel, in: *OSt* S. 27ff., bes. S. 29ff.; gegen Hawkins ist zu bemerken, daß sich, obwohl Lk seine Wiedergabe zweifellos primär auf Q und S stützt, hin und wieder doch die 'Nebenquelle' zu Wort meldet. Der Mk-Einfluß ist nicht erheblich, aber er fehlt nicht.

[2] Lk 10,4. 5. 7. 10. 11; 11,33. 43; 12,2.9. 11f.; 14,27; 17,33; (zu Lk 17,19 vgl. oben S. 45 Anm. 2).

[3] Lk 12,1. 10; 13,30; 14,34; 16,18; 17,2. 6. 23. 31; Lk 10,25—28; 11,15f. 17—23; 13,18. 19.

[4] Zu Lk 12,10 par vgl. Wrege, *Bergpredigt* S. 156ff. (Anhang: Die Überlieferungsgeschichte des Geistwortes Mt 12,32/Lk 12,10 im Zusammenhang ihrer urchristlichen Voraussetzungen).

[5] Vgl. Hawkins, Limitations S. 45ff.; B. Weiß, *Quellen* S. 74.78; J. Schmid, *Das Evangelium nach Lukas*, Regensburg o. J., S. 203f.

(11,17ff.). V 16 bereitet in deutlicher Anlehnung an Mk 8,11 'etwas vorzeitig'[1] auf die Rede gegen die Zeichenforderung (11,29ff.) vor, die aus Q entnommen ist und, wie der Vergleich mit Mt zeigt (Mt 12,38 ist mat-redaktionell), ohne Rahmen überliefert war.

Ergebnis: Lk 11,16 geht als Rahmennotiz auf luk Redaktion zurück, ist dabei aber durchaus nicht frei erfunden, sondern an Mk 8,11 orientiert. Lediglich die Einleitung *(ἕτεροι δέ* anstelle des mk *οἱ Φαρισαῖοι)* mußte vom Kontext des dritten Ev her abgewandelt werden, ansonsten folgt Lk ganz Mk.[2]

8. Lk 10,25—28:[3] Die Unterschiede zu Mk 12,28—34 sind evident und am besten erklärt, wenn man Lk aus einer mk-fremden Tradition schöpfen läßt, durch die Einordnung, Gestaltung und Formulierung im wesentlichen vorgegeben sind. Diese Quelle ist bei Mt trotz weitgehender Angleichung an Mk noch sichtbar. Untrügliches Indiz dieses Sachverhalts ist die Häufung von Übereinstimmungen der Seitenreferenten gegen Mk.[4] Andererseits steht außer Frage, daß Lk die Mk-Fassung gelesen hat. Er bringt (Lk 20,27ff.) die unmittelbar vorausgehende Perikope (Mk 12,18ff.), ebenso die folgende (Mk 12,35—37a) in Lk 20,41—44. Aus der ausgelassenen Einheit selbst verwendet er Anfang und Schluß: Lk 20,39 = Mk 12,28b; Lk 20,40 = Mk 12,34b. Nun legen einige dem dritten Ev eigentümliche Züge den Verdacht nahe, daß auch

---

[1] Vgl. Wellhausen, *Lk* S. 58.

[2] In πειράζων übernimmt er dabei ein Wort, das er im Sinne von 'auf die Probe stellen' von sich aus sicher nicht gesetzt hätte: so nur Lk 4,2 und hier; Act 5,9; 15,10; daneben im Sinne von 'einen Versuch machen' (Act 9,26; 16,7; 24,6); vgl. πειρᾶσθαι Act 26,21; vgl. dazu Schürmann, *Jesu Abschiedsrede* S. 39.

[3] Vgl. neben den Kommentaren Hawkins, Limitations S. 41ff.; Schmid, *Mt und Lk* S. 143ff.

[4] Vgl. E. A. Abbott, *The Corrections of Mark adopted by Matthew and Luke*, Diatessarica II, 1901, S. 319f.; *(a)* MtLk: νομικός (bei Mt nur hier!); Mk: εἷς τῶν γραμματέων; *(b)* MtLk: *(ἐκ)*-πειράζων; Mk —; *(c)* MtLk: διδάσκαλε; Mk —; *(d)* MtLk: ἐν τῷ νόμῳ; Mk —; *(e)* MtLk: ἐν ὅλῃ τῇ διανοίᾳ; Mk: ἐξ . . .; *(f)* MtLk: —; Mk: ἄκουε . . . κύριος εἷς ἐστιν.

Lk seine Vorlage bearbeitet hat. Wenn dabei Mk-Elemente eingedrungen wären, so sollte das nicht verwundern.

Bei Lk fragt der Schriftgelehrte nicht nach dem größten Gebot, sondern nach dem Weg zum ewigen Leben: διδάσκαλε, τί ποιήσας ζωὴν αἰώνιον κληρονομήσω; gut luk[1] wird die theologisch-spekulative Frage durch eine solche nach dem praktischen Tun ersetzt.[2] Das ποιεῖν wird in den Blick gerückt, ein Motiv, das in V 28 (τοῦτο ποίει καὶ ζήσῃ) wieder aufgenommen, am Schluß des Gleichnisses erneut unterstrichen wird (ποίει ὁμοίως V 37).[3] Lk hat sich bemüht, die Verbindung zwischen dem Gespräch (V 25—28) und dem ursprünglich wohl ad vocem πλησίον[4] angereihten Gleichnis zu verstärken. Um das zu erreichen, mußte er die Frage so oder ähnlich abwandeln. Dabei bedient er sich einer vorgeprägten Formulierung. Er greift auf Mk 10,17 (par Lk 18,18) zurück.

Wir stellen fest: Lk 10,25—28 zeigt Spuren spezifisch luk Überarbeitung. V 25b ist an Mk 10,17 orientiert. Im Zuge der abwandelnden Niederschrift haben sich nun aber auch Reminiszenzen aus Mk 12,28—34 eingestellt: Mk schreibt V 30 im Zitat, der LXX folgend, viermal ἐξ, Mt — entsprechend dem hebr. MT (בְּ) — regelmäßig ἐν. Lk hat wie Mt, offenbar einer gemeinsamen Tradition folgend, dreimal ἐν, schließt sich aber einmal dem mk ἐξ an. Neben diese wenig bedeutende Mk-Lk-Übereinstimmung tritt — ein kaum zu widerlegender Beweis für Mk-Einfluß — eine weitere: Abweichend vom at.lichen Text ist das Zitat bei Lk im Anschluß an Mk aufgefüllt: Der at.liche Text bietet eine Dreizahl: 'Du sollst Gott, deinen Herrn, lieben mit deinem ganzen Herzen und mit deiner ganzen Seele und mit aller deiner Kraft.' (Dtn. 6,5) Mk fügt zwischen das zweite und dritte Glied καὶ ἐξ ὅλης τῆς διανοίας σου ein. Mt stellt die Dreizahl

---

[1] Vgl. Lk 3,10—14; 6,46ff.; 8,21; 18,18; Act 2,37; (16,30); 22,10.

[2] Vgl. A. Plummer, *The Gospel According to St. Luke*, 1922, S. 23: 'There (scil.: bei Mk und Mt) the question is theological and speculative, here it is practical.'

[3] Vgl. 3,11 und 6,31; ὁμοίως ποιεῖν bei den Synoptikern nur von Lk verwandt.

[4] Vgl. Wellhausen, *Lk* S. 52.

wieder her, läßt aber versehentlich das falsche Glied aus
(ἰσχύς statt διάνοια). Lk bringt — anders als Mk — zunächst
die drei at.lichen Glieder und hängt dann als viertes Glied
das bei Mk vorgefundene διάνοια an: Lk 10,27: ... καὶ ἐν ὅλῃ
τῇ διανοίᾳ σου ... Das ist eindeutig Mk-Einfluß auf eine
Nicht-Mk-Traditionsvariante.[1]

---

[1] Von den übrigen oben genannten Mk parallelen Traditionselementen verdienen in unserem Zusammenhang besonderes Interesse noch Lk 12,1 und Lk 13,18f.:
 (a) Lk 12,1: Auf den ersten Blick scheint dieser V luk Komposition auf Grund von Mk 8,15 zu sein (so u. a. B. Weiß, Quellen S. 78) und damit ein weiteres Beispiel für Mk-Einfluß im Nicht-Mk-Stoff. Allein, der erste Eindruck trügt. Die Frage klärt sich anhand einer Analyse von Mk 8, 14—21:
 Mk 8, 14—21 als Ganzes ist fraglos Werk des Evangelisten. Das Gespräch Jesu mit den Jüngern ruht 'ganz auf der vorangehenden literarischen Komposition. Es setzt nämlich voraus, daß zwei Speisungsgeschichten erzählt sind, und es hält die beiden Geschichten bis auf die "Zahlen", "ja bis auf die Benennung der Körbe" (κόφινοι 6,43; σπυρίδες 8,8) genau auseinander.' (W. Wrede, Das Messiasgeheimnis in den Evangelien, 1963, S. 105) Mk will — das zeigt die Komposition ganz deutlich — das Unverständnis, genauer das Messiasunverständnis der Jünger noch einmal stark herausstellen. Und so stehen denn auch alle Verse der Perikope im Dienste dieser Absicht, alle — bis auf V 15, der den Gesprächsablauf unnötig kompliziert, die V 14 und 16, die unmittelbar zusammengehören, auseinanderreißt und damit den Sinn von V 16 verdreht und ursprünglich offenbar nichts mit dem Komplex des Messias-Unverständnisses zu tun hat. (Vgl Wellhausen, Mk S. 64; Schmid, Mk S. 105f.) D. h. V 15 ist von Haus aus nicht in diesem Zusammenhang verankert, also auch schwerlich von Mk selbst ad hoc gebildet, sondern aus der Tradition aufgenommen und hier 'auf Grund reiner Gedankenassoziation eingefügt' worden. (Schmid, Mk S. 151) Daß Lk nun in 12, 1 eine Variante zu dem von Mk aufbewahrten Traditionselement verwendet und nicht Mk 8, 15 ausschreibt, zeigt der von Mk abweichende unluk formulierte Anfang des Logions: προσέχετε ἑαυτοῖς ἀπὸ τῆς ζύμης anstelle des mk ὁρᾶτε, βλέπετε ἀπό ...; denn die gleiche Änderung (allerdings ohne ἑαυτοῖς) gegenüber Mk 12,38 in Lk 20,46 darf nicht zu falschen Schlüssen verleiten. Lk 20,46 steht eindeutig unter dem Einfluß einer Traditionsvariante, aus der auch der Hebraismus προσέχετε ἀπό stammt, (vgl. J. H. Moulton— W. F. Howard, A Grammar of New Testament Greek, Bd. I und II, 1929, bes. II S. 460ff.) — eine Wendung, die Lk, wie die übrigen Belege, besonders in den Act, zeigen, von sich aus nicht schreibt.

9. **Lk 22,14ff.**: Eine Untersuchung von Lk 22,14ff. könnte die These von der gebundenen Arbeitsweise des Verfassers weiter untermauern. Ohne nähere Erörterung der schwierigen und vielfach strittigen Fragen zur Quellenlage der luk Passionsgeschichte sei nur folgendes betont:[1]

Durch umfangreiche, gründliche Arbeiten ist, so scheint es, mit ziemlicher Sicherheit erwiesen, daß Lk bei der Komposition der Passionsgeschichte auf eine (schriftliche) Sonderquelle zurückgreift.[2] Nur so erklärt sich die Souveränität, mit der er die Mk-Quelle in diesem Teil seines Ev behandelt. Der mk Erzählungsfaden wird in einer für die Mk-Blöcke ungewöhnlichen Weise durchbrochen. In den 124 Versen der Leidensgeschichte (Lk 22,14—24,11) weicht der Verfasser in 12 Fällen von der durch Mk vorgegebenen Reihenfolge ab.[3]

Προσέχειν ἀπό ist vorluk, nicht luk Sprachgebrauch. (προσέχετε ἀπό nur Lk 12,1 und 20,46; vgl. Lk 17,3: προσέχετε ἑαυτοῖς; 21,34: προσέχετε δὲ ἑαυτοῖς μήποτε...; Act 5,35: προσέχετε ἑαυτοῖς... τί μέλλετε...; ansonsten (Act 8,6. 10. 11; 16,14; 20,28) προσέχειν mit dem Dativ der Person oder der Sache in der Bedeutung 'achten auf, hören auf'; vgl. auch die analoge Wendung Lk 12,15: ὁρᾶτε καὶ φυλάσσεσθε ἀπό...; 12,4 (par Mt 10,28): μὴ φοβηθῆτε ἀπό). D. h. auch die von Mk abweichende Formulierung in Lk 12,1b ist Reflex einer Nicht-Mk-Ausprägung des Sauerteigs-Spruchs. Daß Mt und Lk gerade in diesem Punkt (... προσέχετε... ἀπό) gegen Mk zusammentreffen, könnte das bestätigen. *Ergebnis:* Lk dürfte in 12,1b an einer Nicht-Mk-Tradition orientiert sein. Einfluß von Mk 8,15 ist unwahrscheinlich.

(b) Lk 13,18f.: Lk leitet das Gleichnis wie Mk mit einer Doppelfrage ein (vgl. Lk 7,31). Bei der vorauszusetzenden Sachlage — Lk kennt das auch uns vorliegende Mk-Ev, er hat also auch das Senfkorngleichnis mit seiner ausführlichen Einleitung in Mk 4,30ff. gelesen — liegt es näher, in der Gestaltung von Lk 13,18 direkten Mk-Einfluß zu sehen als anzunehmen, daß Mk- und Q-Überlieferung, der Lk im übrigen folgt, unabhängig voneinander gerade bei diesem Gleichnis und nur hier durch Jes 40,18 *(τίνι ὡμοιώσατε κύριον καὶ τίνι ὁμοιώματι ὡμοιώσατε αὐτόν;)* bestimmt sein sollten. Ergo: Mk-Einfluß auf Nicht-Mk-Stoff wahrscheinlich.

[1] Vgl. Kümmel, *Einleitung* S. 78ff.; Grundmann, *Lk* S. 14ff.

[2] Vgl. nur die im Literaturverzeichnis genannten Arbeiten von Taylor, Schürmann und Rehkopf; s. auch Jeremias, *Abendmahlsworte* S. 153ff.

[3] Vgl. Hawkins, Limitations S. 75ff.

Angesichts seiner sonstigen Arbeitsweise dürften das nicht Umstellungen des Mk-Stoffes, sondern Anlehnung an den abweichenden Aufriß der Sonderquelle sein.[1]

Auf der anderen Seite steht außer Frage, daß auch die Mk-Vorlage mit in die luk Passionsgeschichte eingebracht ist.[2] Die beträchtliche Differenz zwischen der Mk-Rezeption hier und in den eigentlichen Mk-Blöcken ist gebührend in Rechnung zu stellen und so zu erklären, daß die Sonderquelle in Lk 22,14ff. die Grundlage des Berichtes bildet und Primärquelle ist, die — in gleicher Weise wie S-Traditionen sonst auch — durch Mk-Elemente bereichert (bzw. beeinflußt) wird.

Zusammenfassung

Beobachtungen an den luk Dubletten haben erwiesen, daß der Verfasser des dritten Ev die in seiner Hand zusammenfließenden Quellen nicht konsequent trennt, sondern aufeinander Einfluß gewinnen läßt. Es zeigte sich ferner, daß dieses Urteil auch auf die Teile des Ev auszudehnen ist, die — aus Q oder LkS aufgenommen — nähere oder fernere Parallelen bei Mk haben. Wenn Lk hier umgestaltend eingreift, so geschieht das wiederholt im Blick auf die entsprechenden oder verwandten Mk-Perikopen. Damit ist das gebundene Redaktionsverfahren auf relativ breiter Grundlage belegt und grundsätzlich nachgewiesen. Von da aus ist es nun auch bei der Beurteilung des eigentlichen Mk-Stoffes zu berücksichtigen. Es wird sich zeigen, daß die Einsicht in das (an Traditionsvarianten) gebundene Redaktionsverfahren des Lk den Schlüssel zur Lösung der literarkritischen Problematik des luk Mk-Stoffes darstellt.

---

[1] Gegen Hawkins, Limitations S. 80 und Grobel, *Quellenanalyse* S. 104.

[2] Vgl. dazu unter dem besonderen Gesichtspunkt der 'Reminiszenzen' Schürmann, Reminiszenzen S. 113f.; s. auch Schürmann, *Paschamahlbericht;* ders., *Einsetzungsbericht;* ders., *Jesu Abschiedsrede;* jeweils passim.

III ZUR BEURTEILUNG DES MARKUS-STOFFES BEI LUKAS IN DER SYNOPTIKERFORSCHUNG

Quellenkombination und 'gebundenes' Redaktionsverfahren sind mit den bisherigen Ausführungen für den Verfasser des dritten Ev erwiesen. Dieser Sachverhalt mußte zunächst einmal ausführlich dargelegt werden, da man gemeinhin gerade für Lk (im Gegensatz zu Mt) kaum mit Quellenkombinationen rechnet. Wir haben in Kapitel II damit zugleich eine wichtige Voraussetzung all der Lösungsversuche zum synoptischen Problem überprüft und als berechtigt erfunden, die speziell für Lk auf Quellenkombination rekurrieren und aufgrund dieser Einsicht die starre Mk-Hypothese (wonach die Seitenreferenten für den Mk-Stoff keine andere Quelle als den kanonischen Mk zur Verfügung hatten) in Zweifel ziehen. An solchen Versuchen hat es im Laufe der Erforschung der synoptischen Ev seit der Ausarbeitung der Zwei-Quellen-Theorie in der Mitte des letzten Jahrhunderts nicht gefehlt. Bevor im zweiten Teil dieser Arbeit eine fortlaufende Analyse des Mk-Stoffes bei Lk gegeben werden kann, sind hier jetzt Arbeiten zu nennen, die bei der starren Mk-Hypothese nicht stehengeblieben, sondern zu einer differenzierenden Beurteilung des Mk-Stoffes (speziell bei Lk) gelangt sind.[1]

---

[1] Ich beschränke mich auf einige exemplarische Fälle und damit bewußt auf eine Auswahl. Die mit zu weit gehenden Spekulationen belasteten Lösungsversuche dürfen unerwähnt bleiben. Zur literarkritischen Forschung der älteren Zeit vgl. die Einleitungen, dazu die einschlägigen Artikel in der 1. und 2. Auflage der RGG, für die Zeit von 1912—1936 bes. Grobel, *Quellenanalyse* S. 24ff. Aus neuester Zeit seien besonders genannt R. L. Lindsay, A modified Two-Document Theory of the Synoptic Dependence and Interdependence, *NovT* 6, 1963, S. 239ff.; und W. R. Farmer, *The Synoptic Problem*, 1964. Lindsays Hypothese ist als modifizierte Neufassung der Ur-Mk-

Es ergibt sich dabei nicht eigentlich ein 'Forschungsbericht'. Das liegt offenbar daran, daß es zu dem in Frage stehenden Teilaspekt des synoptischen Problems eine kontinuierliche Forschung nicht gegeben hat. Der Befund im Mk-Stoff der Großevangelien hat immer wieder einmal zu einem Aufbegehren gegen die starre Mk-Hypothese geführt, ohne daß die Ergebnisse früherer Versuche in dieser Richtung aufgenommen und weitergeführt, geschweige denn durchgesetzt worden wären. So stehen die einschlägigen Bemühungen mehr nebeneinan-

---

Hypothese zu bezeichnen. Danach hätte Lk das kanonische Mk-Ev nicht gekannt, sondern statt dessen eine Mk sehr ähnliche Erzählung ('proto-narrative much like Mk' S. 241), die auch Mt und Mk vorgelegen habe. Der Verfasser stellt eine ausführliche Begründung seiner Thesen in Aussicht. Bis dahin ist eine eingehende Auseinandersetzung nicht möglich. — Farmers Buch bringt kaum Textanalysen, sondern zunächst einen ausführlichen Überblick über die Geschichte des synoptischen Problems, dann Vorschläge für ein 'reopening of the question'. Farmers eigene Lösung braucht uns nicht zu beschäftigen, da sie sich den gesicherten Ergebnissen der Forschung in erstaunlichem Maße verschließt. Farmer führt aus: 'Arguments against the view that Matthew is the earliest Gospel, Luke second, and Mark third, are unconvincing.' Daß das nicht nur chronologisch, sondern im Sinne literarischer Abhängigkeit gemeint ist, wird deutlich ausgesprochen: '...Mark is throughout the whole extent of his Gospel working closely with texts of Matthew and Luke before him.' Farmer wird zu seiner Auffassung geführt, weil er das Problem offenbar 'without appeal to hypothetical documents' (S. 209) lösen möchte, daher die Annahme der Mt-Lk-Abhängigkeit, daher auch die unmögliche Einordnung des Mk. Dieses Bestreben (vgl. noch S. 221) zeitigt etwa bei der Behandlung von Lk 1,1—4 groteske Folgen. Das Prooemium des dritten Ev darf im Sinne von Farmers Hypothese eigentlich nur von einem Vorgänger, nämlich von Mt, reden. Farmer interpretiert daher folgendermaßen: '...it would be possible to understand Luke to have referred to a single narrative, which he did not think of as the work of a single individual, but of πολλοί.' Als einen Fortschritt in der Synoptiker-Forschung wird man dieses Buch kaum werten können. Vgl. dazu die vernichtende Kritik von F. W. Beare, *JBL* 84, 1965, S. 295ff. und die ebenfalls sehr kritische Besprechung von M. Rese, Zum gegenwärtigen Stand der neutestamentlichen Einleitungswissenschaft, *VF* 12, 1967, S. 29ff., bes. S. 34—38.

der[1] als daß sie sich auseinander ergäben, was ihrem Gewicht nicht eben förderlich gewesen sein dürfte. Welche Gründe sonst noch für die mangelnde Ausstrahlung dieser literarkritischen Untersuchungen verantwortlich zu machen sind, ist ein Stück weit jeweils bei dem Referat der jetzt zu nennenden Arbeiten und zusammenfassend am Ende dieser Übersicht auszuführen.

1. 'Der durch seine im Meyerschen Kommentarwerk erschienenen Kommentare über zahlreiche Bücher des Neuen Testaments so einflußreiche Berliner Neutestamentler *B. Weiß* ...'[2] hat eine eigene Auffassung von den literarischen Beziehungen der synoptischen Ev zueinander entwickelt und immer wieder neu begründet.[3] Seine Position sei kurz skizziert:

(*a*) Im Gegensatz zu vielen Forschern seiner Zeit stellt B. Weiß fest, 'daß die beiden jüngeren Evangelisten überall unseren Markustext und keinen davon irgendwie abweichenden vor Augen gehabt haben'.[4] Die Übereinstimmungen der Seitenreferenten in Änderungen, Zusätzen und Auslassungen gegen Mk habe er nicht zu verschleiern gesucht, sondern in umfassendem Maße klargelegt. Gerade dadurch sei er zu der Überzeugung gekommen, daß dieselben weder durch eine sekundäre Benutzung des Mt bei Lk noch durch irgendeine Form der Urmarkushypothese erklärt werden können.[5]

(*b*) Für Mk müsse die Kenntnis der von Mt und Lk benutzten Quelle (scil. Q in stark erweiterter Form), die auch Erzählungsstücke enthalten habe, vorausgesetzt werden.

[1] Vgl. nur das Nebeneinander von Bartlet, Sources und Schweizer, Sonderquelle.
[2] W. G. Kümmel, *Das Neue Testament, Geschichte der Erforschung seiner Probleme*, 1958, S. 215.
[3] Vgl. 1. Zur Entstehungsgeschichte der synoptischen Evangelien, *ThStKr* 34, 1861, S. 29ff. und 646ff.; 2. *Das Markusevangelium und seine synoptischen Parallelen*, 1872; 3. *Das Matthäusevangelium und seine Lukasparallelen*, 1876; 4. *Das Leben Jesu*, 1888; 5. *Die Quellen des Lukasevangeliums*, 1907; 6. *Die Quellen der synoptischen Überlieferung*, 1908, dazu die Synoptikerkommentare im Meyerschen Kommentarwerk.
[4] *Quellen der synoptischen Überlieferung* S. 254.
[5] Ebenda.

Damit ist eine hinter den drei synoptischen Ev, nicht nur hinter Mt und Lk, liegende gemeinsame Quelle postuliert, von Weiß gern als 'apostolische Quelle' bezeichnet.[1] Die Entdeckung und Abgrenzung dieser Quellenschrift hat man als bahnbrechende Weiterführung der Zweiquellentheorie gewürdigt.[2] Durch sie ist der Weißsche Lösungsversuch entscheidend charakterisiert.[3]

Bei dieser Sicht der Dinge ergab sich für das Arbeitsverfahren der Verfasser der drei synoptischen Evangelien folgendes: Mk habe die 'apostolische Quelle', aus der die Seitenreferenten einen großen Teil ihres Logienstoffes entlehnten, zwar gekannt, aber nur fragmentarisch benutzt und das Entlehnte meist in freier Bearbeitung wiedergegeben.[4] Er habe die 'apostolische

---

[1] Vgl. dazu bes. *Matthäusevangelium* § 3 S. 18—35.

[2] So A. Resch, *Τὰ λόγια Ἰησοῦ* = דִּבְרֵי יֵשׁוּעַ . Ein Beitrag zur synoptischen Evangelienforschung, in: *Theologische Studien, Festschrift für B. Weiß*, Göttingen 1897, S. 95ff.

[3] Als Wiederaufnahme dieser Auffassung in abgewandelter Form ist die von L. Vaganay, *Le Problème Synoptique, Une hypothèse de travail*, Paris 1954, und anderen vertretene Hypothese zu werten, wonach das von Papias bezeugte aramäische Mt-Ev das älteste wirkliche Ev sei und in seiner griechischen Übersetzung den kanonischen Ev Mt, Mk und Lk zugrundeliege. Der Verfasser unseres Mt-Ev habe die sog. traditio triplex (im wesentlichen die Mt-Mk-Lk-Parallelen, möglich auch da, wo sie nur durch zwei oder ein Ev bezeugt sind, sofern sich die Auslassung bei dem (oder den) anderen begründen läßt) aus dieser griechischen Übersetzung geschöpft, aber auch Mk gekannt und sekundär benutzt. Im Lk-Ev dagegen sei Mk Hauptquelle für die traditio triplex, die griechische Fassung des (ursprünglich aramäischen) Ur-Mt komme als Nebenquelle hinzu. D. h. wie bei B. Weiß wird auch hier der Mk-Stoff der Großevangelien nicht ausschließlich aus dem kanonischen Mk-Ev abgeleitet. — Die Hypothese als ganze ist trotz dieser richtigen Teileinsicht nicht überzeugend. Die unten formulierte Kritik an B. Weiß trifft auch den Form- und Traditionsgeschichte ignorierenden Lösungsversuch von Vaganay. Vgl. dazu weiter die ausführliche Darstellung und Auseinandersetzung bei A. Wikenhauser, *Einleitung in das Neue Testament*, 1963, S. 425—427; J. Schmid, Markus und der aramäische Matthäus, in: *Synoptische Studien für A. Wikenhauser*, 1953, S. 148ff.; Ph. Vielhauer, Zum synoptischen Problem. Ein Bericht über die Theorien Léon Vaganays, *ThLZ* 80, 1955, Sp. 647—652.

[4] *Matthäusevangelium* S. 21f.

Quelle' nicht so wie die jüngeren Ev als Quelle benutzt, aber
er sei bald unwillkürlich durch die ihm bekannte Darstellung
derselben beeinflußt, bald von zweifellosen Reminiszenzen
an ihren Wortlaut geleitet.[1] Mt und Lk seien folglich 'an vielen
Stellen *zu gleicher Zeit* von ihren beiden Quellen, der Markusquelle und der noch älteren Logiaquelle, beeinflußt'[2] und
damit wiederholt in der Lage gewesen, die Teile des Mk-Stoffes, die auch in der 'apostolischen Quelle' standen, an
eben dieser Quelle zu überprüfen. Die Fassung der Großevangelisten sei in diesen Fällen als Kombination aus der 'apostolischen Quelle' und aus Mk zu werten.[3] So kann es z. B. von
Lk heißen, er habe es sich offensichtlich zur Aufgabe gemacht,
'auch da, wo er bessere Quellen zu haben meinte, sie doch
in harmonisierender Weise mit seiner Hauptquelle, dem
Mkevng., zu verbinden'.[4] Diese Auffassung ist in den
Synoptikerkommentaren, speziell zu Lk[5], und besonders
in den 'Quellen des Lukasevangeliums' durchgeführt und
im einzelnen begründet worden. Sie hat seiner Zeit zahlreiche
Befürworter,[6] aber auch entschiedene Ablehnung gefunden.[7]
Mit guten Gründen hat man die Benutzung der (schwerlich
überzeugend stark erweiterten) Logienquelle im Mk-Ev

---

[1] *Quellen der synoptischen Überlieferung* S. 254.
[2] Resch, Logia S. 99 (Skizzierung der Position B. Weiß').
[3] *Matthäusevangelium* S. 21f.; 22 Anm. 1; 26.
[4] *Die Evangelien des Markus und Lukas (MeyerK)*, 1901, S. 254.
[5] Vgl. *MeyerK* 6. Aufl. (1878); 7. Aufl. (1885) und 9. Aufl. (1901).
[6] Vgl. A. Titius, Das Verhältnis der Herrenworte im Markusevangelium zu den Logia des Matthäus, in: *Theologische Studien, Festschrift für B. Weiß*, Göttingen 1897, S. 284ff., bes. S. 284; Resch, Logia S. 99; der von B. Weiß vertretenen Auffassung zum Arbeitsverfahren der Großevangelisten stimmte auch J. Weiß ausdrücklich zu, vgl. J. Weiß, Die Komposition der synoptischen Wiederkunftsrede, *ThStKr* 65, 1892, S. 246ff., bes. S. 270: die Mk-Hypothese müsse ergänzt werden durch die Hypothese von B. Weiß, 'daß Matthäus und, wie ich glaube, auch Lukas bei ihrer Reproduktion von A unter Umständen auf ältere Stoffe zurückgegangen sind.'
[7] Vgl. nur H. J. Holtzmann, Rez. zu Ed. Simons, *Hat der dritte Evangelist den kanonischen Matthäus benutzt?* Bonn 1881, *ThLZ* 6, 1881, Sp. 180–183.

bestritten.¹ In dieser Hypothese ist nur ein Ersatz für die Annahme eines Urmk zu sehen.² Entschiedene Bedenken sind auch gegen die Sicherheit, mit der hier Quellenschriften erhoben und abgegrenzt werden, geltend zu machen. Besonders die Ausführungen über das Arbeitsverfahren des Mk und sein Verhältnis zur 'apostolischen Quelle' sind völlig unkontrollierbar und damit unbewiesen. Mit B. Weiß festzuhalten sind dagegen m. E. auch heute noch die Einsicht in das quellenkombinatorische Arbeitsverfahren der Großevangelisten und die aufgrund dieser Einsicht gewonnene differenzierte Beurteilung des Mk-Stoffes bei Mt und Lk. Diese Teilergebnisse waren nun freilich bei B. Weiß so sehr mit seiner Gesamtschau verwoben, daß die berechtigte Ablehnung der Hypothese als ganzer auch die akzeptablen Teile diskreditierte.

2. Für die Problematik des Mk-Stoffes wichtig ist auch jene Position, die Abhängigkeit des Lk von Mt annimmt.³ Dafür ein Beispiel: *Ed. Simons* hat 1881 die Abhängigkeit des Lk vom ersten Ev behauptet und ausführlich begründet,⁴ um so

[1] Der Versuch von Titius, Herrenworte passim, die Quelle im Mk-Ev nachzuweisen, ist nicht überzeugend. Vgl. dazu B. H. Throckmorton, Did Mk know Q? *JBL* 67, 1948, S. 319ff.

[2] Es läßt sich nicht leugnen, daß die 'apostolische Quelle' in B. Weiß' Lösung das leisten muß, was der 'Ur-Mk' bei anderen zu leisten hat.

[3] 'Abhängigkeit des Mt von Lk wird heute nicht mehr verteidigt und kann außer Betracht bleiben.' (Kümmel, *Einleitung* S. 32) Vgl. allerdings unten S. 58f. Anm. 3 und S. 73 Anm. 2.

[4] Ed. Simons, *Hat der dritte Evangelist den kanonischen Matthäus benutzt?* Bonn 1881. Diese Position, auch in neuerer Zeit u. a. von Larfeld, Schlatter, Rengstorf und Farmer vertreten, ist von Simons zuerst ausführlich begründet worden, nachdem sich zuvor schon andere dafür ausgesprochen hatten. Vgl. dazu mit genauen bibliographischen Angaben Holtzmann in der Rez. zu Simons' Buch (s. S. 56 Anm. 7), der selbst bereits 1878 *(ThLZ* 3 Sp. 553) bekannt hatte, daß er 'auf eine sich stets mehrende Anzahl von Fällen' aufmerksam geworden sei, 'wo sich der Lucastext nur auf gezwungene Weise aus einem Urmarcus, sehr einfach dagegen aus mitunterlaufender Reminiszenz an Matthäus erklärt'. Zu Holtzmanns Frontwechsel vgl. Kümmel, *Das Neue Testament* S. 185; weiter noch H. J. Holtzmann, *Handkommentar zum Neuen Testament* I, 1, Berlin 1901,

eine Erklärung für die Übereinstimmungen zwischen Mt und
Lk gegen Mk im Mk-Stoff zu finden, ohne auf die Urmk-
Hypothese zurückgreifen zu müssen. Von der Arbeitsweise
des Lk gewinnt Simons dabei folgendes Bild: Für den Verfasser des dritten Ev sei das Mt-Ev insgesamt 'eine Nebenquelle', 'eine Schrift von höchstens sekundärem Rang'. Mt
werde nicht systematisch und planvoll berücksichtigt. Vor
allem bei der Wiedergabe des Mk-Stoffes werde aber eine
ausgedehnte Einwirkung des geläufigeren Mt-Textes erkenn-
bar, die sich in stilistischen und lexikalischen Nuancierungen,
Auslassungen oder kleineren Zutaten, die dem dritten Evangelisten im Ohr lagen, darstelle. Diese Einwirkungen seien
meist unbewußt und bewiesen nur eine gedächtnismäßige
Beherrschung des wohl oft vorgelesenen und gehörten
Matthäustextes.[1]

Über die These von der direkten literarischen Beziehung
zwischen Mt und Lk ist die Forschung sicher mit Recht hinweggegangen. Zu viele gewichtige Instanzen sprechen dagegen: Man müßte dann erklären, was Lk dazu hätte bewegen
können, die mat Redekompositionen zu zerschlagen und den
Stoff der Bergpredigt etwa teils in seiner Feldrede, teils in
verschiedenen anderen Kapiteln seines Ev unterzubringen,
teils überhaupt wegzulassen. Unerklärlich wäre auch, daß
bei Lk keiner der Mt-Zusätze zu Mk-Texten übernommen
ist, ebenso die Tatsache, 'daß Lk die mit Mt gemeinsamen
Texte nicht ein einziges Mal (natürlich abgesehen von den
Täufertexten Lk 3,7—9.17 und der Versuchungsgeschichte)
an derselben Stelle im Mk-Aufbau bringt wie Mt'.[2] Das müßte
man erwarten, 'wenn er sie aus Mt und damit in Abhängigkeit von der bei Mt ebenfalls begegnenden Mk-Reihenfolge
übernähme'.[3]

S. 18: Lk halte sich an den 'Faden des Mc unter stets nebenhergehender
Berücksichtigung des Mt ...', er erzähle 'genau nach der Folge des
Mc mit Seitenblicken auf die Darstellung des Mt'.

[1] Vgl. Simons, *Der dritte Evangelist* S. 81; 98; 108; 110.

[2] Kümmel, *Einleitung* S. 32.

[3] Die hier in enger Anlehnung an Kümmel, *Einleitung* S. 32, referierten Argumente sind m. E. durch A. W. Argyle, Evidence for the

In der Behauptung der Abhängigkeit des Lk von Mt ist Simons' Buch also endgültig überholt.[1] Nicht überholt aber ist die, wie mir scheint, zutreffende Beschreibung des luk Redaktionsverfahrens, besonders soweit es dabei um den Mk-Stoff bei Lk geht. Nebenquellen haben in der hier dargelegten Weise auf Lk eingewirkt, Nebenquellen allerdings, die nicht mit dem ersten Ev gleichzusetzen sind, sondern als vor- bzw. nebensynoptisches (schriftlich fixiertes oder mündliches) Überlieferungsgut näher zu bestimmen wären.

3. J. V. *Bartlet* hat 1911 eine eigene Auffassung zum synoptischen Problem dargelegt und sich besonders mit den Quellen des Lk-Ev befaßt.[2] Er hält fest an der Priorität des Mk-Ev, das in der uns bekannten Form auch Mt und Lk vorgelegen habe. Daß die Seitenreferenten eine zweite *gemeinsame* Quelle benutzt hätten, bestreitet er und glaubt nachweisen zu können, daß die nicht schriftlich fixierte, allgemeine (zugrundeliegende) apostolische Tradition ('common or basal tradition'),[3] die mißverständlicherweise mit dem Siglum Q

View that St. Luke used St. Matthew's Gospel, *JBL* 83, 1964, S. 390ff.; W. Wilkens, Zur Frage der literarischen Beziehung zwischen Matthäus und Lukas, *NovT* 8, 1966, S. 48ff. und E. P. Sanders, The Argument from Order and the Relationship between Matthew and Luke, *NTS* 15, 1968/69, S. 249ff. nicht widerlegt; vgl. auch unten S. 73 Anm. 2; ebensowenig durch H. Ph. West, Jr., A Primitive Version of Luke in the Composition of Matthew, *NTS* 14, 1967/68, S. 75ff., der mit der Hypothese, 'that Matthew used Mark and a primitive version of Luke (scil.: "all the Marcan material in Luke, all the material common to Matthew and Luke, and much of the material peculiar to Luke") in the composition of his Gospel' (S. 75) erneut eine (wenn auch vermittelte) Abhängigkeit des Mt von Lk annimmt.
[1] Vgl. nur Schniewind, Synoptiker-Exegese S. 135f., bes. S. 136 zur Simonsschen Hypothese; entschiedene Ablehnung dieser Position schon bei Wernle, *Synoptische Frage* S. 50ff.; vgl. vor allem die ausführliche Widerlegung dieser These durch Schmid, *Mt und Lk*.
[2] Bartlet, Sources S. 313ff.
[3] Vgl. u. a. S. 314; 323; 326; 363.

belegt wird,¹ in verschiedenen Ausprägungen als QMk, QM und QL in die synoptischen Ev eingegangen sei, bei Lk auf dem Wege über S (Specialsource). Lk fand nämlich nach Bartlet das QL-Gut bereits mit allem luk Sondergut zu einem vollständigen schriftlichen Evangelium verbunden vor,² unser Lk-Ev fußt demnach auf nur zwei Quellen, auf dem Mk-Ev und auf 'Luke's special source'.³

Mit diesen Gedanken hat Bartlet, was uns hier allerdings nicht weiter zu beschäftigen braucht, in wesentlichen Punkten die später so genannte Proto-Lukas-Hypothese vertreten.⁴ Für die Beurteilung des Mk-Stoffes bedeutsam sind die Ausführungen zur 'basal apostolic tradition'. Enge Berührungen mit der Position B. Weiß' sind unverkennbar. 'Basal tradition' ist Mt und Lk nicht nur in ihrer mk Ausprägung, d. h. so wie sie im Mk-Ev vorliegt, sondern auch *unabhängig* davon als QM bzw. QL zugänglich. Die Lk-Analyse führt zu dem Ergebnis, daß Lk in verschiedenen Perikopen, die zunächst nur von Mk abhängig zu sein scheinen, eine zusätzliche Quelle benutzt haben müsse,⁵ eben die zum Mk-Stoff Varian-

---

¹ Bartlets Q ist also scharf zu trennen von der allgemein mit diesem Siglum bezeichneten Logienquelle. Vgl. W. Sanday in der Einleitung zu den *OSt* S. XIX—XXIII, bes. S. XIXf: 'he (scil.: Bartlet) seems to mean by Q something like the general Apostolic teaching, defined in particular d**i**rections (QM, QMk, QL ...)'.

² '... the basal Apostolic tradition (Q) implied even by Mark, was used by Luke in an independent form (QL) already embedded in his "special source" (S); while Q itself included the "Logia".' (S. 314)

³ In diesem Sinne kann Bartlet von seiner eigenen Hypothese sagen, sie sei 'primarily a sort of "Two-Document" theory of Luke's Gospel alone.' (S. 316)

⁴ Vgl. Grobel, *Quellenanalyse* S. 67ff., 78f. Bartlet kommt der Proto-Lk-Hypothese entschieden nahe, daher Grobels Urteil: man sei den Vorgängern, bes. Bartlet, nicht ganz gerecht geworden, wenn man diese Hypothese vornehmlich mit dem Namen Streeters verbunden habe. Vgl. zu der Frage weiter (mit ausführlichen Literaturangaben) Schürmann, *Paschamahlbericht* S. XXVII; ders., *Jesu Abschiedsrede* S. 140f. Anm. 476.

⁵ Bartlet, Sources S. 323.

ten enthaltende 'special source'. — Die kritischen Bedenken, die gegen B. Weiß' Position vorgebracht wurden, treffen auch Bartlet. Die neue Quelle ('Luke's special source') ist reine Hypothese, ihre Abgrenzung unhaltbar. Daß nahezu der gesamte Mk-Stoff als QL in S enthalten gewesen sei,[1] daß Lk also so gut wie für jede Mk-Perikope eine abweichende Parallelfassung zur Verfügung hatte, ist höchst unwahrscheinlich und auch von Bartlet nicht bewiesen. Diese neue Gesamtschau kann keinen Anspruch auf ernsthafte Beachtung erheben; ja, man hätte sie als modifizierte Neuauflage der Weißschen Lösung u. U. sogar unerwähnt lassen können. Erwähnt werden mußte Bartlet hier, weil er durch eindringende literarkritische Analysen ausgewählter Perikopen die Problematik des Mk-Stoffes bei Lk scharf herausgestellt hat und hierin über B. Weiß etwa hinausführt.[2] Er stützt sich dabei auf sprachlich-stilistische (style) und inhaltliche (characteristic ideas) Kriterien. Hebraismen, überhaupt semitisches Sprachkolorit, lassen ihn auf bestimmte Mk-Stoff-Perikopen aufmerksam werden.[3] Die in dieser Weise abgehobenen Stücke zeigen dann oft nicht nur in den Formulierungen, sondern auch in der theologischen Ausrichtung besondere Nähe zum Sondergut des dritten Ev, ein Indiz dafür, daß die im luk Mk-Stoff faßbaren Nicht-Mk-Elemente aus judenchristlichem Traditionsbereich herzuleiten sind.[4] Bartlets Hypothesen werden wir nicht folgen, seine von diesen Hypothesen unabhängigen Einzelanalysen dagegen, besonders die Ausführungen über die Hebraismen im luk Mk-Stoff, ausführlich zu Rate ziehen.

4. Methode und wesentliche Argumente Bartlets hat E. *Schweizer* (allerdings ohne jenen zu nennen) in einem eigenen

[1] Bartlet, Sources S. 326.
[2] Vgl. bes. Bartlet, Sources S. 330ff.
[3] Vgl. dazu unten Kapitel IV A. (Hebraismen), wo Bartlets Beobachtungen aufgenommen werden.
[4] Dieser Sachverhalt kann jetzt mit Hilfe des Th-Ev, das oft gerade die Abweichungen des Lk von Mk im Mk-Stoff als (judenchristliche) Traditionselemente erweist, noch deutlicher aufgezeigt werden. Vgl. dazu Kapitel I C. und die Einzelanalyse Kapitel IV B. jeweils unter 4.

Aufsatz aufgenommen.[1] Wie jener setzt auch er bei der Beobachtung einer Reihe 'starker Semitismen' ein, die sich im Ev finden, aber nicht oder doch kaum in der Apgsch zu belegen sind und demnach einer von Lk verwerteten Quelle entstammen dürften. Er untersucht dann, wo im Lk-Ev diese Semitismen (im wesentlichen Hebraismen) gehäuft auftreten, wo sie nur vereinzelt vorkommen oder ganz fehlen, und stellt dabei fest, daß sich ganz bestimmte Perikopen des Sonderguts (Lk 1f.; 5,1—11; 7,11—17.36—50; 9,51—55; 11,27f.; 13,10—17; 14,1—5; 17,11—19; 19,1—10; 23,50—24,53) und des Mk-Stoffes (bzw. des 'synoptischen' Stoffes) (Lk 5,12—26; 8,22—25.40—56; 9,18—22.28—45; 11,1.14; 18,35—43; 19,5. 29.47f.; 20,1) als Bereich abgrenzen lassen, in dem die Hebraismen vorkommen.[2]
Schweizer kommt schließlich zu folgendem, mit Vorsicht vorgetragenen Ergebnis: (a) 'Es bestand eine Sammlung von Wundergeschichten (W), abgeschlossen durch Petrusbekenntnis, Verklärung, anschließende Heilung und primitive Leidensankündigung (ungefähr = Mt 8,1—9,34 + 16,13—17,23).' (b) W sei wahrscheinlich eine frühe Sammlung gewesen, die schon Mk vorgelegen habe, der die Erzählungen übernommen, aber umgruppiert habe. Mt habe dann Mk und W nebeneinander gelesen, er sei vermutlich weithin Mk gefolgt, habe sich aber in der Zusammenordnung und Reihenfolge wie auch in einigen Einzelheiten von W mitbestimmen lassen. (c) Ein griechisch schreibender Vorgänger des Lk (= H) habe W verbunden mit den luk Sonderguterzählungen (S). Für diesen (scil. H) seien die beobachteten Hebraismen charakteristisch. (d) Lk folge im Aufriß und weithin auch im Wortlaut dem Mk, ergänze und korrigiere aber öfters nach H, dem er auch sein Sondergut entnehme.[3]

---

[1] Sonderquelle (s. oben S. 4f. Anm. 3) S. 161ff.
[2] Vgl. W. Michaelis, *Einleitung in das Neue Testament*, 1961, S. 72f.
[3] Dasselbe Vorgehen lasse sich für Lk auch anderswo nachweisen (Sonderquelle S. 182). S. 169 Anm. 21 und S. 182 Anm. 41 nennt Schweizer einen Teil der oben Kapitel II A. und B. behandelten Stellen.

Die Beobachtungen Schweizers gehen von 'unbestreitbaren philologischen Feststellungen' aus. Diese Feststellungen zeigen allerdings lediglich erneut die Notwendigkeit einer literarkritischen Differenzierung innerhalb des Mk-Stoffes auf, die neuen Quellenhypothesen bleiben ganz unsicher. Da Schweizer dem Quellenproblem im dritten Ev nur unter einem Gesichtspunkt, eben dem der Hebraismen, nachgeht, kann er natürlich nicht auf alle literarkritisch problematischen Einheiten im Mk-Stoff des Lk aufmerksam werden — und das wäre doch nötig, bevor eine Neuverteilung des Materials auf neue Quellen vorgenommen wird. Ja, selbst bei den Hebraismen beschränkt Schweizer sich auf eine Auswahl.[1] Nur eine ganz bestimmte Gruppe dient zur Identifizierung von Nebenquellen, andere — wie sich unten zeigen wird — sehr sichere Instanzen bleiben unberücksichtigt. Unbeschadet dieser Einwände zeigt Schweizers Arbeit — neben anderen und nach Bartlet — ein Problem, das in der gegenwärtigen Diskussion vielfach ignoriert wird.

5. H. *Schürmann* hat in zahlreichen Arbeiten[2] minutiöse Analysen luk Texte vorgelegt und Entscheidendes für die Erfassung luk bzw. vorluk Sprachgebrauchs geleistet. Die Notwendigkeit einer 'verfeinerten quellenkritischen Methodik'[3] im Rahmen der redaktionsgeschichtlichen Forschung ist dem Verfasser dabei durchaus bewußt. Das sollte ihn zu einer literarkritisch differenzierenden Beurteilung auch des Mk-Stoffes geführt haben. Ansätze dazu fehlen nicht. Untersuchungen zu den Dubletten[4] lassen ihn auf das Phänomen

---

[1] Die Beschränkung auf bestimmte Hebraismen ist zunächst natürlich richtig. Wir werden uns diesem Verfahren (s. unten Kapitel IV A.) im ersten Schritt anschließen. Aber wenn einmal die literarkritische Relevanz der Hebraismen, die im Mk-Stoff des dritten Ev diff Mk begegnen, erkannt ist, dann müßten doch alle Fälle ausgewertet werden.
[2] Vgl. die im Literaturverzeichnis genannten Titel.
[3] Schürmann, Protolukanische Spracheigentümlichkeiten? S. 209.
[4] Schürmann, Dubletten; ders., Dublettenvermeidungen.

der 'Reminiszenzen'[1] aufmerksam werden und die (in der älteren Literarkritik oft formulierte) Feststellung[2] wiederholen, daß Lukas 'den ihm geläufigen Wortlaut der Spruchsammlung . . . auf seine Markus-Wiedergabe einwirken' lasse und 'auch sonstigen Überlieferungen' Einfluß auf seinen Mk-Stoff zu gestatten scheine.[3] *Von der luk Mk-Wiedergabe insgesamt* gewinnt Schürmann den Eindruck, 'daß Lukas seiner Vorlage frei gegenübersteht und sich nicht vor die Notwendigkeit wörtlicher Reproduktion gestellt sieht, so daß Raum bleibt für die Einwirkung mancherlei Erinnerung und verschiedenartiger Assoziationen. Er scheint seine Mk-Vorlage, deren Perikopen ihm großenteils — wenn auch oft in etwas anderer Fassung — aus dem mündlichen Kerygma geläufig waren, nicht zeilenmäßig, sondern perikopenmäßig zu lesen und dann gedächtnismäßig niederzuschreiben.[4] Bei einem derartigen Verfahren des Lukas können sich *bewußt*[5] oder wohl mehr unbewußt andersartige Überlieferungsformen des gleichen Traditionsstückes in die lukanische Mk-Wiedergabe einschieben und in dieser somit Spuren ältester Überlieferung erhalten sein . . .'[6] In seinem Hauptwerk[7] betont Schürmann später, daß dieses Verfahren in *keinem Falle* als '*bewußte*[8] literarische Kombination zweier Varianten' anzusprechen sei. Lk versuche nirgends 'zwei Varianten einer tra-

---

[1] Schürmann, Reminiszenzen.

[2] Vgl. die Literaturnachweise bei Schürmann, Dubletten S. 272 Anm. 1ff.; ders., Lk 22,42a das älteste Zeugnis für Lk 22,20? MThZ 3, 1952, S. 185ff. (= *Untersuchungen* S. 193ff.; hiernach zitiert), bes. S. 194 Anm. 4 und 5.

[3] Schürmann, Reminiszenzen S. 114 Anm. 10 (mit geringfügigen Veränderungen gegenüber der Erstveröffentlichung in NTS 6, 1959/60, S. 197 Anm. 1); ders., Paschamahlbericht S. 112 Anm. 509.

[4] So oder ähnlich schon Holtzmann, Wernle, Müller, Cadbury, vgl. Schürmann, MThZ 3, 1952, S. 186 Anm. 4 (= *Untersuchungen* S. 194 Anm. 4).

[5] Hervorhebung von mir.

[6] Auch das ist oft geäußert worden, vgl. neben Schürmanns Angaben noch Hawkins, *Horae* S. 217.

[7] Schürmann, *Paschamahlbericht;* ders., *Einsetzungsbericht;* ders. *Jesu Abschiedsrede.*

[8] Hervorhebung von mir.

ditionsgeschichtlich identischen Einheit in Ausgleich zu bringen oder zu kombinieren'.[1]
Schürmann wird durch diese — wie mir scheint verfehlte[2] — Auffassung an einer konsequenten Anwendung der oben zitierten Einsichten auf den luk Mk-Stoff gehindert. Das zeigen seine sprachstatistischen Auswertungen, in denen mit dem luk Mk-Stoff pauschal als einheitlicher Größe operiert wird; das sagt er auch ausdrücklich selbst in einer Überlegung zur Methode seiner Untersuchung: 'Der literarkritische Vergleich arbeitet mit der hier nicht zu beweisenden (...) Voraussetzung, daß in Lk 4,31—22,14 dort, wo die Mk-Akoluthie eingehalten wird (dazu noch Lk 6,17—19; 8,19—21), luk Mk-R[3] (vgl. Mk 1,21—14,18a) vorliegt.'[4]
Hier liegt ganz eindeutig eine Fehlerquelle und ein entscheidender Unsicherheitsfaktor in Schürmanns Bemühungen um den spezifisch luk Sprachgebrauch. Die Ergebnisse sind bei genauer Beachtung der jeweiligen literarkritischen Gegebenheit im luk Mk-Stoff entsprechend zu modifizieren.[5]

---

[1] Schürmann, *Einsetzungsbericht* S.16 + Anm. 72; so *expressis verbis* auch *Paschamahlbericht* S. 113; *Einsetzungsbericht* S. 79; *Jesu Abschiedsrede* S. 35; zu einer anderen Verfahrensweise habe Lk verleitet werden müssen, wo Nicht-Mk-Vorlagen zu Mk-Partien 'einen parallelen Erzählungstrakt boten, so offenkundig in der Vorgeschichte (vgl. Lk 3,1—4,30) und in der Passionsgeschichte (vgl. Lk 22,15—24,9).' Hier habe es dann sehr nahegelegen, die beiden parallel laufenden Vorlagen in Ausgleich zu bringen und ineinanderzuarbeiten (Protolukanische Spracheigentümlichkeiten? S. 210).
[2] Vgl. nur die Analyse zu Lk 5,1—11 (Kapitel II B.); 8,4—8; 20,9—19; 21,5—36 u. a. (Kapitel IV B.).
[3] D. h.: Abweichungen von Mk gelten hier als spezifisch luk.
[4] Schürmann, *Einsetzungsbericht* S. 1f. Anm. 1.
[5] Mit denselben Vorbehalten und unter Berücksichtigung der Bedenken und Korrekturen, die Schürmann in seiner Rezension (Protolukanische Spracheigentümlichkeiten? *BZ* 5, 1961, S. 266ff. (= *Untersuchungen* S. 209ff.) angebracht hat, ist auch Rehkopfs Buch *(Sonderquelle)*, bes. dessen zweiter Teil (S. 86ff.: Der vorlukanische Sprachgebrauch im Lukas-Evangelium) auszuwerten, denn auch für Rehkopf ist der Mk-Stoff *das* Beispiel für spezifisch luk Redaktion. Der Einfluß möglicher Traditionsvarianten kommt nicht in den Blick (vgl. S. 86f.: Die methodischen Gesichtspunkte).

ZUR BEURTEILUNG DES MK-STOFFES BEI LK

Im Rahmen dieses Kapitels ist zu Schürmanns Arbeiten, was das Sonderproblem 'Mk-Stoff bei Lk' betrifft, abschließend zu sagen: Ansätze zu einer literarkritischen Differenzierung sind formuliert, die eigentliche Analyse macht davon aber nur sehr sparsam Gebrauch.[1]

6. Unter den neueren Kommentatoren des dritten Ev sprechen sich nur K. H. *Rengstorf* und W. *Grundmann* für eine literarkritische Differenzierung innerhalb des Mk-Stoffes aus, wobei sie sich in verschiedener Richtung von der strengen Zwei-Quellen-Theorie entfernen.

K. H. Rengstorf stimmt mit der durchgängigen Meinung, daß Lk das Mk-Ev[2] benutzt habe, überein, möchte aber besonderes Gewicht auf das Wort 'benutzt' gelegt wissen, denn Lk habe nicht einfach abgeschrieben, 'sondern die Erzählung des Markus doch wohl an anderen Berichten geprüft...'. Einzelne wörtliche Übereinstimmungen mit Mt in Erzählungsstücken, 'in denen im ganzen unverkennbar Anschluß an Markus vorliegt', lassen sich nach Rengstorf 'nicht durch einen bloßen Rückgriff auf mündliche Überlieferung erklären'. Ebenso wie den Mk-Stoff konnte Lk auch den gemeinhin der Quelle Q zugeschriebenen Stoff an einer zweiten Fassung überprüfen, er hatte diesen 'sowohl in der Fassung bei Matthäus als auch noch in einer anderen...' vor

---

[1] Ein neuer Ansatz zu einer differenzierteren Betrachtungsweise liegt vor in Schürmanns Aufsatz: Der 'Bericht vom Anfang', Ein Rekonstruktionsversuch auf Grund von Lk 4,14—16, *StEv* II, 1964, S. 242ff. (= *Untersuchungen* S. 69ff.), der zu folgendem 'relativ sicheren Ergebnis' führt (S. 256): 'Von dem Mk 1,14—15. 21—28. (32—38). 39; (6,1—6) erhaltenen Bericht über den Anfang des Wirkens Jesu haben Lukas und Matthäus eine Überlieferungsvariante gekannt, welche die Fortsetzung der Überlieferungsvariante (zu Mk 1,1—13) Lk 3,3—17 (21—22); 4,1—13 bildete.' Spuren dieser Überlieferung findet Schürmann mit guten Gründen auch in Lk 4,31 (vgl. S. 249); 4,41b (S. 253 Anm. 3); 4,42b. 43 (S. 252), d. h. aber in einem Mk-Block (Lk 4,31ff.). Eine Traditionsvariante hätte demnach die Hauptvorlage Mk beeinflußt. Vgl. dazu weiter unten S. 90 Anm. 1.

[2] *Das Evangelium nach Lukas*, 1962, S. 8; dabei sei es grundsätzlich unerheblich, ob Lk und Mt unser Mk-Ev oder ein ihm ähnliches benutzt hätten.

sich. Rengstorf rechnet — in der Nachfolge Schlatters — 'bei aller Zurückhaltung in dieser Frage wenigstens mit der Möglichkeit', daß Lk 'auch das Matthäus-Evangelium gekannt und benutzt hat'.

Die damit umschriebene Position erscheint wie ein Querschnitt der heute überhaupt noch vertretenen Auffassungen (Ur-Mk; verschiedene Rezensionen von Q; Kenntnis des Mt durch Lk; schließlich Nebenquellen des Lk für den Mk-Stoff) und dadurch belastet. Da der Verfasser aber wiederholt Quellenkombinationen im dritten Ev annimmt und auch die Problematik des Mk-Stoffes sieht, mußte er hier erwähnt werden.

W. Grundmann rechnet im Anschluß an Schürmann u. a. (s. S. 16) 'für einzelne der mit Markus übereinstimmenden Perikopen außer der lukanischen Bearbeitung' auch mit 'dem Einfluß paralleler, nicht aus Markus stammender Perikopen' (S. 8). Derartigen Einfluß hält er, wie mir scheint zu recht, auch bei der Gestaltung der durchweg als spezifisch luk angesehenen einleitenden und abschließenden Verse für möglich. Sollte sich das bestätigen, so wird man auch hier behutsamer zwischen vorluk und luk Sprachgebrauch trennen müssen.

Zum Abschluß dieses Überblicks ist festzustellen: Die literarkritische Problematik, die die ältere Synoptiker-Forschung entschieden beschäftigt hatte, ist auch in neuerer Zeit hier und da aufgegriffen worden. Die Frage speziell nach dem luk Mk-Stoff ist dabei nicht eigentlich wachgehalten und ausdrücklich zum Thema erhoben worden, wohl aber mit zur Sprache gekommen. Wie wenig wirkliches Interesse sie gefunden hat, zeigt die Selbstverständlichkeit, mit der man allenthalben, besonders in redaktionsgeschichtlichen Arbeiten zum ersten und dritten Ev, bei der starren Mk-Hypothese beharrt. Die darin zum Ausdruck kommende Ablehnung neuerlicher literarkritischer Bemühungen über die Zwei-Quellen-Theorie hinaus hat natürlich ihre Gründe:

(a) Die neueren Arbeiten stehen wie die der klassischen Literarkritik weithin im Dienst großer Quellentheorien. Man beschränkt sich nicht auf die Darstellung und Explikation der erkennbaren Sachverhalte, sondern belastet oft gute Einzelbeobachtungen mit unhaltbaren Hypothesen. Diese werden zu Recht abgelehnt, mit ihnen gehen freilich oft auch die an ihrem Ort richtigen und wichtigen Einzelerkenntnisse 'verloren'. Das berechtigte Vorurteil gegen Überspitzungen der Literarkritik verhindert eine sachgemäße Auswertung.

(b) Die ältere Literarkritik war entscheidend geprägt durch ihre enge Verklammerung mit der Leben-Jesu-Forschung.[1] Man wollte alte, nach Möglichkeit apostolische, jedenfalls vorsynoptische Quellenschriften als historisch möglichst zuverlässig benennen und genau fixieren. Dieses Motiv scheint — trotz der Erkenntnisse der Formgeschichte — auch neuere Arbeiten hier und da noch zu bestimmen.[2] Darin dürfte ebenfalls ein Grund für die allgemeine Skepsis diesen Bemühungen gegenüber zu sehen sein.

(c) Speziell für die Frage nach dem Mk-Stoff bei Lk kommt folgendes hinzu: Die Mk-Hypothese ist ein entscheidender Grundpfeiler der Zwei-Quellen-Theorie. Bedenken und Einwände, welcher Art auch immer, auch Modifikationen, haben es hier besonders schwer, zumal wenn sie — wie in den genannten Arbeiten[3] — mit unzumutbaren Gesamtlösungen gekoppelt sind.

(d) Der wichtigste Grund schließlich für das Außenseiterdasein der jüngeren Bemühungen um unsere Frage liegt m. E. darin, daß nur *Teile* des Mk-Stoffes in die Fragestellung einbezogen wurden. Unter ganz bestimmten Aspekten war man auf einzelne Stücke aufmerksam geworden. Diese als literarkritisch problematisch erkannten Einheiten sind dann oft auch nur unter einem Gesichtspunkt, eben dem, der zu ihrer Isolierung angeregt hatte, behandelt worden. Das Problem war damit anvisiert, aber noch nicht voll in den Blick gekommen.

---

[1] Vgl. dazu nur Schniewind, Synoptiker-Exegese S. 133f. 151. 158. 161f.

[2] Vgl. nur Schweizer, Sonderquelle S. 183f.

[3] Vgl. B. Weiß (Apostolische Quelle); Bartlet (basal tradition = QM, QMk und QL); Simons (Mt-Lk-Abhängigkeit); Schweizer (W und H).

Die vorliegende Arbeit (Kapitel II hat Voraussetzungen überprüft und bereitgestellt, Kapitel IV bringt die eigentliche Analyse) versucht eine Klärung des — wie sich gezeigt hat — alten Problems des luk Mk-Stoffes über die oben genannten Arbeiten hinaus.

Eine neuerliche Behandlung erscheint geboten. Denn angesichts der redaktionsgeschichtlichen Forschung ist diese alte Frage wieder höchst aktuell geworden. Daß wir bei unserer Untersuchung auf jegliche Fahndung nach neuen Quellen, auf Hypothesen und Konstruktionen verzichten (s. Kapitel I B. Ende), braucht nicht noch einmal betont zu werden. Wir konzentrieren uns bewußt und ausdrücklich auf das Problem 'Literarkritik und Redaktionsgeschichte'. Wenn im Sinne einer methodisch einwandfreien redaktionsgeschichtlichen Analyse vorgegebenes geprägtes Gut von den spezifischen Leistungen der Redaktion letzter Hand getrennt werden soll, kommt es ja zunächst nur darauf an, das Traditionsgut als wirklich vorgegeben zu erweisen, Vorgeprägtes als solches zu erkennen, aus welchen (schriftlichen oder mündlichen) Quellen es auch immer geflossen sein mag.

Vor allem ist der *gesamte* Mk-Stoff bei Lk zu behandeln. Dabei sind jeweils alle Möglichkeiten literarkritischer Analyse auszuschöpfen, nicht nur Einzelaspekte zu verfolgen. Das läuft auf eine Untersuchung und Klassifizierung aller Abweichungen von Mk im luk Mk-Stoff hinaus. Erst damit wird das Problem ganz deutlich.

IV LITERARKRITISCHE UND REDAKTIONSGESCHICHTLICHE ANALYSE DES MARKUS-STOFFES BEI LUKAS

A. VORÜBERLEGUNGEN ZUR METHODE

Wie oben im einzelnen ausgeführt worden ist,[1] haben wir bei der Überlieferung mit einer Vielzahl von Traditionskanälen zu rechnen. Die in und hinter den synoptischen Ev sichtbaren Quellen und Teilquellen, das Material, das nicht in den Kanon aufgenommen wurde, auch das neugefundene Th-Ev, geben einen Eindruck davon. Es ist daher geboten, eher mehr als weniger Vorlagen bzw. verfestigte mündliche Traditionen in der Hand eines relativ spät schreibenden Autoren wie Lk vorauszusetzen. Auf diesem allgemeinen Hintergrund und unter dem besonderen Gesichtspunkt der für den dritten Ev nachgewiesenen 'gebundenen' Arbeitsweise ist es legitim zu fragen, inwieweit auch auf den Mk-Stoff bei Lk, abgesehen von den bereits untersuchten Dubletten, Traditionsvarianten eingewirkt haben. Es sind all die Perikopen herauszustellen, die nicht als Produkt aus Mk-Vorlage und spezifisch luk Redaktion verständlich gemacht werden können, sondern Elemente enthalten, die sich durch Inhalt und sprachliche Form als vorgegeben und — da nicht im Mk-Ev enthalten — als aus Parallelüberlieferungen entnommen erweisen.

[1] S. oben S. 18ff., bes. S. 19 Anm. 5; dazu noch C. H. Dodd, The Fall of Jerusalem and the 'Abomination of Desolation', *Journal of Roman Studies* 37, 1947, S. 47ff. (wieder abgedruckt in: C. H. Dodd, *More New Testament Studies*, Manchester 1968, S. 69ff.), bes. S. 47f.: 'In the first place it would be very generally admitted that the earlier "Two-Document-Hypothesis" over-simplified the Synoptic Problem...'; und: 'The separate units of traditon had a history of their own in the precanonical stage, and developed variations which may be reflected in the variations of the canonical record.'

Dazu bedarf es möglichst sicherer Kriterien: der oben formulierte Tatbestand — mangelnde Einheitlichkeit in der Mk-Redaktion durch Lk — konnte wohl den Anstoß zu einer Überprüfung der Beurteilung des Mk-Stoffes bei Lk überhaupt geben. Wenn jetzt aber die literarkritischen Sachverhalte im einzelnen untersucht werden sollen, reicht diese pauschale Abgrenzung nicht aus, zumal es weniger auf die Quantität, als vielmehr auf die Qualität der Abweichungen von Mk ankommt.

Das könnte dazu führen, unter dem Gesichtspunkt größerer Ursprünglichkeit den Einfluß von Traditionsvarianten aufspüren zu wollen. Scheint es doch bei allem, was von den Gesetzen der Traditionsgeschichte bekannt ist, so gut wie ausgeschlossen, daß ein Späterer, hier Lk, die überkommenen Stoffe auf ein ursprünglicheres Stadium gleichsam zurückgeschraubt hätte. Es wäre demnach da, wo Lk ursprünglicher als seine Vorlage Mk ist, die Einwirkung von Nebenquellen zu postulieren. Das mag auch vielfach zutreffen, allerdings gibt es Beispiele, die grundsätzlich zur Vorsicht mahnen und diesen Weg methodisch ausschließen lassen. Es kann nämlich nachgewiesen werden, daß auch durch eindeutig sekundäre Redaktion bisweilen der Eindruck größerer Ursprünglichkeit entsteht.[1] Stilistische Überarbeitung, auch bessere Kenntnis der Sitten und Zustände können zu Umprägungen führen, die den ursprünglichen historischen Verhältnissen näher zu kommen scheinen, deshalb aber noch keinen Schluß auf die 'Geschichtlichkeit von Ereignissen' oder auf zusätzliche Information aus besseren Quellen erlauben, sondern zunächst nur einen auf guten Stil bedachten bzw. sachkundigen Bearbeiter verraten.[2]

Unbestreitbare philologische Beobachtungen werden überzeugender auf die literarkritisch problematischen Perikopen des Mk-Stoffes bei Lk aufmerksam werden lassen. Wir ver-

---

[1] Vgl. Bultmann, *Tradition* S. 25f.; Schmid, Markus und der aramäische Matthäus, bes. S. 171ff. zu Mt 15,21—28.
[2] Zu diesem Argument vgl. Conzelmann, *Mitte* S. 29f. Anm. 2.

suchen anhand
1. der Übereinstimmungen zwischen Mt und Lk gegen Mk,
2. der 'Lk-Sonderelemente' in den Mk-Blöcken und
3. der Semitismen

die Notwendigkeit einer literarkritischen Differenzierung innerhalb des luk Mk-Stoffes aufzuzeigen. Bevor die Mk-Blöcke fortlaufend unter diesen Gesichtspunkten analysiert werden können, ist zunächst kurz das methodische Recht einer literarkritischen Auswertung der genannten Phänomene zu erweisen.

1. Die Übereinstimmungen zwischen Mt und Lk gegen Mk

Mt und Lk haben — das steht außer Frage — neben anderen Quellen Mk und Q benutzt.[1] Ihre Vorlage Mk ist im kanonischen Mk-Ev erhalten geblieben und somit als eine nach Inhalt und Umfang genau abzugrenzende Größe bekannt. Q dagegen ist erschlossen, nur indirekt, gleichsam im Spiegel der Benutzung und Überarbeitung durch die Großevangelisten überliefert. Die damit gegebene Unsicherheit findet ihren Ausdruck in den zahlreichen, weit auseinandergehenden Rekonstruktionsversuchen,[2] die eines deutlich machen: Bei der Lage der Dinge ist eine sichere Abgrenzung der Quelle nicht möglich. Ein gewisser Grundbestand kann fixiert werden, was darüber hinaus noch enthalten war, bleibt unsicher. Es ist also mit Quellenüberschneidungen — nicht nur zwischen Q und Mk, hier aber sicher — über das in den synoptischen Ev erkennbare Maß hinaus[3] zu rechnen. Auch wo Mt

---

[1] Die Arbeit von Wrege, *Bergpredigt*, hat durchaus nicht, wie der Verfasser möchte, bewiesen, daß die Annahme einer Mt und Lk gemeinsamen schriftlich fixierten Logienquelle unhaltbar sei, sondern nur erneut gezeigt, daß die Abgrenzung der Quelle behutsamer vorgenommen werden muß. Vgl. oben S. 6 Anm. 4.

[2] Vgl. etwa Streeter, *Gospels;* Harnack, *Reden Jesu;* Hirsch, *Frühgeschichte* II; Kümmel, *Einleitung* S. 35.

[3] Vgl. die literarkritische Lage bei den Dubletten.

und Lk im wesentlichen Mk ausschreiben, können ihnen divergierende Parallelversionen bekannt gewesen sein. Wenn diese in der gemeinsamen Quelle standen und die Seitenreferenten bei ihrer Mk-Bearbeitung nicht unbeeinflußt ließen — ein Vorgang, der vielfach belegt werden konnte —, dann sind Spuren davon zu erwarten. Diese werden insbesondere da sichtbar, wo Mt und Lk im Mk-Stoff gegen Mk übereinstimmen.

Wir kommen damit zu dem vielbehandelten Problem der sog. 'kleineren Übereinstimmungen', der 'minor agreements'[1] (im Gegensatz zu den 'major agreements', die aus dem Überschuß an gemeinsamem Q-Material resultieren).[2] Der Tat-

[1] Vgl. Abbott, *Corrections* S. 307ff.; der Verfasser gibt hier eine umfassende Zusammenstellung der Übereinstimmungen zwischen Mt und Lk gegen Mk, berücksichtigt allerdings nur die positiven Instanzen (gemeinsame Zusätze und Abwandlungen), nicht die ebenfalls wichtigen gemeinsamen Auslassungen und Umstellungen. Vgl. weiter W. C. Allen *The Gospel according to St. Matthew*, 1912, S. XXXVI—XL; A. W. Argyle, Agreements between Matthew and Luke, *ExpT* 73, 1961/62, Sp. 19ff.; Bartlet, *Sources* S. 315ff.; J. P. Brown, An Early Revision of the Gospel of Mark, *JBL* 78, 1959, S. 215ff.; R. S. Cherry, Agreements between Matthew and Luke, *ExpT* 74, 1962/63, Sp. 63; Farmer, *Synoptic Problem* S. 94ff.; Hawkins, *Horae* S. 208ff.; Hirsch, *Frühgeschichte* II S. 243ff.; W. Sanday, The Conditions under which the Gospels were written in their Bearing upon some Difficulties of the Synoptic Problem, in: *OSt* S. 3ff., bes. S. 21ff.; Schmid, *Mt und Lk* S. 31f.; 169ff.; Streeter, *Gospels* S. 293ff.; Wernle, *Synoptische Frage* S. 45ff. und bes. noch den umfangreichen Aufsatz von S. McLoughlin zum Problem (s. unten S. 75 Anm. 2).

[2] R. T. Simpson, The Major Agreements of Matthew and Luke against Mark, *NTS* 12, 1965/66, S. 273ff., hat das Problem der 'major agreements' erneut behandelt. Er kommt dabei zu dem m. E. nicht überzeugenden und die Dinge unnötig komplizierenden Ergebnis, 'that the study of the major agreements of Matthew and Luke against Mark strengthens the probability that Matthew was one of the sources employed by St. Luke in the composition of his gospel' (S. 284). (Vgl. auch oben S. 58f. Anm. 3 die These H. Ph. Wests). Dagegen: Zu den major agreements kommt es aufgrund des Mt und Lk gemeinsamen Q-Materials neben und über Mk hinaus. Mt-Lk-Abhängigkeit wäre erst bewiesen, wenn ein spezifisch mat Element aus der Redaktion letzter Hand bei Lk nachgewiesen wäre. Das ist bisher nicht gelungen.

bestand ist folgender: Mt und Lk treffen in einer beträchtlichen Zahl von Fällen in gemeinsamen Auslassungen, in gemeinsamen Zusätzen und in gemeinsamen Änderungen gegen Mk zusammen, ein Phänomen, das bei der fast allgemein[1] und sicher mit Recht angenommenen Unabhängigkeit der Großevangelien voneinander[2] ernst genommen werden muß und einer Erklärung bedarf. Daß der genannte Tatbestand weder die Beweislast für die These der Abhängigkeit des Lk von Mt tragen noch die Ur-Mk-Hypothese[3] stützen kann, ist sicheres Ergebnis der Forschung. Er ist andererseits aber auch nicht nur als Spiel des Zufalls abzutun. Methodische Bedenken verbieten auch den Weg, den Streeter zur Lösung des Problems beschritten hat.[4]

Mit Streeter ist — das sei zuvor kurz gesagt — zuzugeben, daß sich mancherlei Übereinstimmungen zwischen Mt und Lk bei unabhängiger Benutzung des Mk-Ev einstellen konnten, da ja beide offensichtlich von dem Bestreben geleitet waren, die Vorlage stilistisch zu verbessern. So wird man die Fälle, in denen Mt und Lk übereinstimmend z. B. Parataxe durch Hypotaxe, historisches Präsens durch Imperfekt oder Aorist ersetzen, Semitismen beseitigen, überhaupt gräzisieren und 'literarisieren', nicht literarkritisch auswerten dürfen.[5] Ähnlich steht es bei zahlreichen gemeinsamen Auslassungen: Lk und Mt haben, jeder auf seine Weise, versucht, mk Umständlichkeit zu meiden und besonders den Erzählungsstoff zu komprimieren. Daß das auch zu gemeinsamen Auslassun-

---

[1] Ausnahmen sind u.a. Schlatter, Rengstorf und Farmer.
[2] Vgl. Schniewind, Synoptiker-Exegese S. 136, auch die ausführliche Begründung bei Schmid, *Matthäus und Lukas* S. 169ff.
[3] Die Ur-Mk-Hypothese löst nur einen Teil der Schwierigkeiten. Die Hebraismen etwa im Mk-Stoff des Lk diff Mk sind nicht erklärt.
[4] Gegen Streeter, *Gospels* S. 179ff. 293ff.; vgl. auch Schniewind, Synoptiker-Exegese S. 136: 'Streeter (S. 293—332) bietet eine Lösung, die gerade in ihrer Sorgfalt verrät, welche Verlegenheit für die strenge Mk-Hypothese das Zusammenstimmen der Mt-Lk-Stücke bedeutet.' Vgl. auch unten S. 75 Anm. 2.
[5] Agreements dieser Art werden daher auch in der unten folgenden Analyse nicht berücksichtigt.

gen führen mußte, ist einleuchtend.¹ Damit verringert sich die Zahl der wichtigen kleineren Übereinstimmungen gegen Mk. Es bleibt aber ein nicht unerheblicher Rest, der — hier hat die Kritik an Streeter und allen, die seinem Urteil gefolgt sind, einzusetzen — nicht als Problem der Textgeschichte abgetan werden darf.² Dieser Ausweg verbietet sich nicht nur, 'weil dabei die Textkritik lediglich als Nothelferin der Literarkritik herangezogen würde, um diese aus einer sonst ausweglosen Situation zu retten',³ sondern auch deswegen, weil sich eindeutig beweisen läßt, daß Übereinstimmungen zwischen Mt und Lk gegen Mk zwar nicht immer, aber doch oft einen literarkritischen Befund widerspiegeln. Diese Möglichkeit muß daher grundsätzlich immer in Rechnung gestellt werden. Einige Beispiele mögen das belegen. Wir nennen zunächst zwei instruktive Fälle aus dem Bereich des Stoffes,

---

[1] Interessant ist in diesem Zusammenhang, daß Mt und Lk oft da, wo Mk Doppelausdrücke bietet, verschieden auswählten, so daß die Mt-Version mit der des Lk zum ursprünglichen Mk-Text ergänzt werden kann, vgl. etwa Mk 1,32: ὀψίας δὲ γενομένης, ὅτε ἔδυσεν ὁ ἥλιος, Mt 8,16: ὀψίας δὲ γενομένης, Lk 4,40: δύνοντος δὲ τοῦ ἡλίου; dazu Hawkins, *Horae* S. 139ff.

[2] Streeter versucht, die Übereinstimmungen zu beseitigen, indem er (z. T. sehr späte) Textzeugen beibringt, die diese nicht belegen. Gemeinsame Umstellungen werden nicht diskutiert. Bald sei der Lk-Text an Mt, bald der Mt-Text an Lk angeglichen, bald komme es zu agreements, weil der Mk-Text an den betreffenden Stellen nicht mehr der Mt und Lk gemeinsamen Vorlage entspreche. Dazu ist mit O. Piper, The Origin of the Gospel Pattern, *JBL* 78, 1959, S. 115ff., bes. S. 116 zu sagen: 'Streeter's attempt to explain away all these agreements as textual variants rests upon mere conjectures rather than on manuscript evidence.' — Im neuesten Beitrag zu dem Problem von S. McLoughlin, Les accords mineurs Mt-Lc contre Mc et le problème synoptique. Vers la théorie des deux sources, in: *De Jésus aux Évangiles*, hrsg. von I. de la Potterie, 1967, S. 17ff., wird die überwiegende Zahl der agreements redaktionstheologisch erklärt; in elf Fällen greift der Verfasser im Stile Streeters zu textkritischen 'Operationen'. Ziel der Arbeit ist dabei der Nachweis, daß die so erklärten agreements kein Argument gegen die Annahme der Mk-Priorität liefern.

[3] Schmid, Markus und der aramäische Matthäus S. 161.

der sowohl von Mk als auch von Q aufbehalten ist. Wenn man nämlich den Blick nur auf die agreements des nicht unmittelbar kontrollierbaren Mk-Stoffes richtet, wird im Banne der starren Mk-Hypothese das Problem gern allzu schnell als unerheblich beiseitegeschoben. Die Erklärung des Phänomens, die bei den kontrollierbaren Mk-Q-Überschneidungen und daraus resultierenden agreements der Seitenreferenten gegen Mk recht ist, sollte aber für die des Mk-Stoffes billig sein.

Im Gleichnis vom Senfkorn (Mk 4,30—32; Mt 13,31 f.; Lk 13,18 f.) kombiniert Mt die Mk- und die Q-Fassung. Er bietet ein geradezu klassisches Beispiel von Quellenkombination. Diese geht so weit, daß der Redaktor sich bald Q, bald Mk anschließt und nicht einmal für einheitliches Tempus sorgt, sondern den Aorist (Mt 13,31: ἔσπειρεν) aus Q unvermittelt neben das Präsens (V 32: γίνεται) nach Mk stellt. Lk dagegen hat — abgesehen vielleicht von der Einleitung, die unter Mk-Einfluß gestaltet sein dürfte,[1] — die Q-Fassung treu bewahrt. Die Übereinstimmungen zwischen Mt und Lk gegen Mk bestätigen die Q-Fassung, die zwischen Mk und Mt gegen Lk die Mk-Fassung. Ein literarkritischer Sachverhalt, das Nebeneinander verschiedener Quellen, hat zu den Übereinstimmungen zwischen Mt und Mk einerseits, zwischen Mt und Lk andererseits geführt.[2] Völlig analog, dabei besonders eindeutig und nur ebenso zu erklären ist der Befund u. a. (s. Kapitel IV B jeweils unter 1.) in folgenden Mk-Stoff-Perikopen: Lk 9,1ff. (vgl. S. 26ff. S. 128 Anm. 1); Lk 5,33—39 (S. 105); Lk 9,10—17 (S. 129f.).

Die angeführten Beispiele zeigen mit aller Deutlichkeit, daß die 'minor agreements' des Mt und Lk gegen Mk nicht ignoriert werden dürfen. Sie werden daher als mögliche Nebenquellenindikatoren in die folgende Untersuchung ein-

---

[1] Vgl. oben S. 49f. Anm. 1(b).
[2] Eine Bestätigung dieses Sachverhalts, gleichsam e contrario, ist aus dem bei Mt und Lk folgenden Gleichnis vom Sauerteig zu entnehmen: Mt und Lk haben hier nur eine Quelle, es fehlt an zusätzlicher Information und damit auch an jeglicher Kombination. Die Fassungen sind nahezu identisch.

bezogen. Logien und Perikopen, die derartige Übereinstimmungen enthalten, sind damit natürlich nicht ohne weiteres als unter dem Einfluß von Traditionsvarianten stehend ausgewiesen. Falls aber eine genaue textkritische Prüfung ergibt, daß wirklich, soweit wir sehen können, die Autoren Mt und Lk, nicht harmonisierende Abschreiber, für die zu nennenden Übereinstimmungen verantwortlich sind, falls die agreements darüber hinaus in bestimmten Perikopen gehäuft, in anderen kaum begegnen, hat man darin doch schon einen nicht unerheblichen Anhaltspunkt. Jedenfalls wird man Quellenindizien dieser Art dann mit anderen in eine Reihe stellen und u. U. zum Beweis summieren können.

2. *Die Lk-Sonderelemente in den Mk-Blöcken*

Es besteht kaum Grund zu der Annahme, daß die Nicht-Mk-Traditionen, die Parallelen zu dem vom kanonischen Mk-Ev überlieferten Stoff enthielten, Mt und Lk durchweg in identischen Ausprägungen zuflossen. Wenn das der Fall wäre, müßten wesentlich mehr Übereinstimmungen zwischen Mt und Lk erwartet werden. Man wird vielmehr damit rechnen, daß die den Seitenreferenten verfügbaren Varianten sich oft bereits erheblich auseinanderentwickelt hatten und nicht nur große Divergenzen im Wortlaut aufwiesen, sondern auch in verschiedenem Kontext überliefert wurden. Vor allem werden sie unterschiedlich abgewandelt und (besonders an den Rändern) erweitert worden sein.

Ein instruktives Beispiel für einen solchen Fall stellt das Gleichnis vom Hochzeitsmahl (Lk 14,16—24 par Mt 22,1—14) dar. Dadurch daß Mt und Lk die Einheit je verschieden eingeordnet haben, vor allem dadurch, daß das Gleichnis bei Mt um die Verse 11—14 erweitert wurde, ist den synoptischen Fassungen die ihnen ursprünglich eigene Kongruenz verlorengegangen. Die von Mt repräsentierte Tradition ist um einen wesentlichen Gedanken bereichert.[1]

---

[1] Vgl. dazu neben Jeremias, *Gleichnisse* S. 61ff. und 175ff. bes. W. Trilling, Zur Überlieferungsgeschichte des Gleichnisses vom Hochzeitsmahl Mt 22,1—14, *BZ* NF 4, 1960, S. 251ff.

Die in diesem Vorgang sichtbaren traditions- und literargeschichtlichen Gesetzmäßigkeiten, die an dem synoptischen Stoff, jetzt auch am Th-Ev, vielfach beobachtet werden können, sind für die vermuteten Nebenquellen, deren Einwirkung auf den dritten Evangelisten in Frage steht, natürlich ebenso vorauszusetzen. Es ist demnach anzunehmen, daß die Sonderüberlieferungen, die Lk u. U. neben Mk bei der Reproduktion des Mk-Stoffes benutzte, grundsätzlich eine andere Akoluthie aufwiesen als das Mk-Ev. Zum anderen dürften die einander entsprechenden Einheiten in den verschiedenen 'Quellen' nicht völlig kongruent gewesen sein. Vielmehr wird bald die Nebenquelle, bald Mk ein Plus (bzw. ein Minus) an Material enthalten haben. Dieser Sachverhalt muß sich, so möchte man meinen, ausgewirkt haben. Wenn Lk in gebundener Arbeitsweise verschiedene Ausgestaltungen aufeinander einwirken läßt, so muß auch der den verschiedenen Quellen eigene Kontext hin und wieder zum Zuge gekommen sein. In diesem Sinne sind Logien und kleinere Einheiten im luk Mk-Stoff, die einerseits von Mk nicht geboten werden, andererseits von Lk schwerlich erfunden und selbst gebildet sein können, literarkritisch relevant. Solche Stücke finden sich nun in erheblicher Zahl. Man könnte von Lk-Sonderelementen in den Mk-Blöcken reden.[1] Darin sind Spuren und Bestandteile der Nebenquellen zu sehen. Die grundsätzliche Berechtigung dieser Beurteilung ist durch die oben genannten Gesichtspunkte (besonders am Beispiel von Lk 14,16ff.) wahrscheinlich gemacht, im Falle von Lk 8,16c etwa einwandfrei erwiesen. Lk hatte hier zwei Quellen (Mk und Q), die — was das Wort vom Leuchter betraf — nicht mehr kongruent waren. Das Sonderelement (V 16c) ist in den Mk-Text eingetragen. Die Erweiterung der einen Quelle (Lk 11,33) ist bei der Reproduktion der anderen Quelle (Mk 4,21) zum Zuge gekommen. Weitere besonders eindeutige Fälle im luk Mk-Stoff sind etwa Lk 5,39[2] und Lk 20,18.[3]

---

[1] Vgl. nur Hawkins, *Horae* S. 194—197 (On the Smaller Additions in St. Luke's Gospel).

[2] S. unten Kapitel IV B. z. St.

[3] S. unten Kapitel IV B. z. St; dazu in der Einzelanalyse jeweils unter 2.

3. Semitismen diff Mk im Mk-Stoff des dritten Evangeliums

Mit Recht hat man betont, daß ein besonderes Interesse des Lk auf dem Literarischen beruhe. Er habe den Ehrgeiz, eine auch gebildeten griechischen Lesern imponierende Geschichtsdarstellung zu schreiben.[1] Dieser Vorsatz veranlaßt ihn zu der oft behandelten[2] stilistischen Überarbeitung und Verbesserung der Mk-Vorlage. Wie Mk werden auch die anderen Quellen griechischem Sprachempfinden angepaßt. Speziell für die Q-Partien hat z. B. Schlatter Gräzisierung durch Lk nachgewiesen.

Der spezifisch luk Stil konnte sich im Ev natürlich nur im Rahmen der vorgegebenen Traditionen durchsetzen. Die Apgsch dagegen, besonders ihr zweiter Teil, zeigt, wie Lk schreibt, wenn er von Quellen weithin frei ist. Stilistische Eigenheiten in Wortwahl und Syntax, die hier gehäuft auftauchen, gehen mit großer Sicherheit auf die Hand des Lk selbst zurück.[3] Angesichts dieser günstigen Möglichkeit zur

---

[1] Vgl. Bultmann, *Tradition* S. 391; Dibelius, *Formgeschichte* S. 161; neben den Kommentaren auch H. Conzelmann, Art.: Lukasevangelium, in: *EKL* II Sp. 1160: In literarischer Hinsicht sei das Lk-Ev das reifste der synoptischen Ev. 'Während Mk noch der volkstümlichen Schriftstellerei zugehört, will dieses Buch (nach den damaligen Maßstäben) "Literatur" sein.'

[2] Vgl. nur die im Literaturverzeichnis genannten Arbeiten von Antoniadis, Cadbury, Hawkins, Larfeld und Vogel, dazu die Einleitungen und Kommentare, s. auch Schürmann, *Paschamahlbericht* S. 15; ders., *Einsetzungsbericht* S. 18 und 22 + Anm. 74.

[3] Das Quellenproblem der Apgsch ist schwierig und umstritten. Als allgemein anerkannt kann gelten, daß im ersten Teil der Act (Kap. 1–12 bzw. 15: vgl. dazu J. Jeremias, Untersuchungen zum Quellenproblem der Apostelgeschichte, *ZNW* 36, 1937, S. 205ff., bes. S. 213f.) in erheblichem Umfang mit eingearbeiteten vorluk Traditionen gerechnet werden muß. Vgl. H. Conzelmann, *Die Apostelgeschichte*, 1963, S. 5; E. Haenchen, *Die Apostelgeschichte*, 1965, S. 13ff. Diese Auffassung ist in der neuesten Forschung auch im Blick auf die Semitismenfrage wieder bekräftigt worden, so von R. A. Martin, Syntactical Evidence of Aramaic Sources in Acts I–XV, *NTS* 11, 1964/65, S. 38ff., und von M. Wilcox, *The Semitisms of Acts*,

Erfassung des Lukanischen bei Lk in Fragen des Stils wird man Wörter, Wendungen, bestimmte syntaktische Verbindungen u. a. m., die nur im Ev begegnen, in den Act dagegen fehlen, nur sehr bedingt Lk selbst zuschreiben. Der literarkritischen Analyse ist damit eine wichtige Hilfe verschafft: Vorlukanischer und luk Sprachgebrauch lassen sich bis zu einem gewissen Grade präzise trennen. Spezifisch luk Redaktion kann von zusätzlich verwerteten Quellen abgehoben werden.

Das gelingt besonders gut dann, wenn die zusätzlichen Vorlagen durch ungriechischen Sprachgebrauch, d. h. speziell durch Semitismen, ausgezeichnet sind. Semitismen, die im Ev häufig, in den Act kaum oder gar nicht auftauchen, sind mit gutem Recht als Niederschlag semitisierender Quellen (bzw. in semitischem Milieu geformter Traditionen) anzusehen.[1] Das

---

1965, vgl. da bes. S. 180ff.: 'Our inquiry, then, leads us to the view, although the literary activity of Luke is manifest throughout the Book of Acts, ... there remain certain elements which are not directly due to that factor, but seem to indicate the use of traditional material.' Ebenfalls mit großer Sicherheit kann davon ausgegangen werden, daß der zweite Teil des Buches wesentlich weniger vorgeprägtes Material aufgenommen hat. Speziell die Wir-Berichte (16,10—17; 20,5—15; 21,1—18; 27,1—28,16) und die Redekompositionen (bes. wiederum die des zweiten Teiles) gelten mit Recht als besonders beweiskräftig für Stileigentümlichkeiten der luk Redaktion; vgl. J. de Zwaan, The Use of the Greek Language in the Acts, in: *Beginnings* I, 2 S. 30ff., bes. S. 65; Schürmann, *Einsetzungsbericht* S. 2 Anm. Zum Ganzen vgl. auch noch Bultmann, Quellen S. 79, der in ausdrücklicher Korrektur des zu einseitig redaktionsgeschichtlich orientierten Kommentars von Haenchen auf die Existenz schriftlicher Quellen hinweist und damit ein Problem anspricht, über das Haenchen zu schnell hinweggegangen sei. Die methodologischen Bemerkungen zum Verhältnis von Literarkritik und Redaktionsgeschichte (bes. S. 68ff. und 72ff.) sind auch für die synoptischen Ev beherzigenswert.

[1] Zur Semitismenfrage vgl. neben den Kommentaren und Grammatiken (bes. Moulton, *Grammar* II S. 411—485 Anhang: Semitisms in the New Testament) bes. Black, *Approach* passim; W. G. Kümmel, Art. Bibel II C, 3 (Die Semitismenfrage), in: *RGG* (3. Aufl.) I Sp. 1139f.; Bibliographien zum Problem bes. bei C. F. D. Moule, *An Idiom Book of NT Greek*, 1953, S. 188ff.; Wilcox, *Semitisms* S. 186—189. — Die literarkritische Auswertung der Semitismen im dritten

gilt im Blick auf den Mk-Stoff bei Lk besonders von all den Semitismen, die durch Mk nicht vorgegeben sind. Lk wollte gräzisieren und literarisieren, er hätte Mk hier also nicht nur nicht einfach übernommen, sondern bewußt gegen den — an diesen Stellen griechischem Sprachempfinden mehr entgegenkommenden — Text der Vorlage ungriechische semitisierende Wendungen eingefügt. Das erscheint ausgeschlossen und ist nicht mit dem pauschalen Hinweis auf den zweifellos vorhandenen Einfluß[1] der LXX auf den Verfasser des dritten Ev erklärt;[2] denn nicht alle Semitismen sind als 'bewußte Septuagintismen' anzusprechen. Wenn wirklich eine wohlüberlegte 'septuagintisierende' Überarbeitung des vorhandenen Quellenmaterials und LXX-Stil auch in den von Quellen unabhängigen Teilen das Ziel wäre, dann müßte sich dieses Sprachgewand als spezifisch luk über alle Teile des luk Doppel-Werkes erstrecken, speziell der zweite Teil der Act müßte davon geprägt sein.[3] Das ist aber nicht der Fall.

Ev ist nicht neu; besonders bei Bartlet und Schweizer (s. oben Kapitel III) wird dieses 'Verfahren' konsequenterweise auch auf den luk Mk-Stoff angewandt. Die methodischen Voraussetzungen und die Argumente dieser Arbeiten sind hier und — was die Semitismen betrifft — auch bei der folgenden Analyse weitgehend berücksichtigt.

[1] Vgl. nur Hawkins, *Horae* S. 198ff., bes. 201—207.

[2] So durchweg die redaktionsgeschichtliche Forschung, vgl. etwa Conzelmann, *Mitte* S. 30 Anm; ders., *Apgsch* S. 3f.; Haenchen, *Apgsch* S. 66; Wilckens, *Missionsreden* S. 11; auch Kümmel, *Einleitung* S. 26 und 82ff.

[3] Zur Frage der Semitismen in den Act überhaupt s. Wilcox, *Semitisms* passim, vgl. bes. S. 58ff. und das graphische Schaubild auf S. 60, das den Stilunterschied zwischen Act 1—15 und 16ff. demonstriert. Die sprachlich-stilistischen Unterschiede zwischen dem ersten und dem zweiten Teil der Act sind nicht zu leugnen. Wo man vor einer literarkritischen Erklärung zurückschreckt, versucht man, von dem (angeblichen) Sinn des Lk für historische Genauigkeit und dramatische Wirksamkeit her zu argumentieren. Der Wechsel der Szene habe auch einen Wechsel des Stils gefordert, so bes. H. F. D. Sparks, The Semitisms of the Acts, *JThSt* NS 1, 1950, S. 16ff., bes. S. 27f. Das ist wenig überzeugend. 'Luke's sense of local colour' ist hier überbewertet, denn der semitisierende Stil ist ja sicher nicht von dem Verfasser des dritten Ev erfunden worden, sondern 'this "Semitizising" style . . . was the style of "sacred prose".' (de Zwaan,

Gerade da, wo Lk auf Quellen keine Rücksicht zu nehmen hatte und seinen Stil schreiben konnte, sind Semitismen bzw. Septuagintismen durchaus seltener als in bestimmten anderen Partien seines Werkes.[1] Nur eine literarkritische Deutung kann diesem Tatbestand einleuchtend Rechnung tragen, wie mit Entschiedenheit gegen Sparks[2] und die seinem Urteil weithin folgende redaktionsgeschichtliche Forschung[3] zu betonen ist. Nach und neben anderen[4] hat Sparks sich mit Nachdruck dafür eingesetzt, 'that the vast majority of the semitisms in the Third Gospel are not in fact semitisms at all, but ... "septuagintalisms" and that St. Luke is to be regarded not as a "semitizer", but as an habitual, conscious, and deli-

---

Greek Language S. 46) Lk hat diesen Stil übernommen, wo er ihm vorgegeben war. Er hat aber, eben weil er literarisches Griechisch schreiben wollte, nicht versucht, diesen Stil auch da, wo er keine Vorlagen hatte, zu imitieren. Heilige Geschichte kann in semitisierendem Stil geschrieben werden, sie muß es aber nicht. Daß Lk selbst es nicht in dem Maße tut wie ein Teil seiner Quellen, zeigt der zweite Teil der Act. Bei der vorauszusetzenden *einheitlichen* Wertung der *ganzen* Apgsch durch ihren Verfasser — für Lk berichten die Act von der ersten bis zur letzten Zeile heilige Geschichte — sind die Stilunterschiede besser auf von außen kommende Beweggründe zurückzuführen, d. h. literarkritisch zu erklären, als Lk selbst anzulasten. Vgl. auch die folgenden Anm.

[1] Vgl. die treffende Bemerkung von Moulton, *Grammar* II S. 483 Anm. 1: 'A striking feature of the Third Gospel is, to use a phrase of Lagrange's, the "nests of Semitisms" which we meet with here and there in Lk.'

[2] Vgl. neben dem oben S. 81 Anm. 3 genannten Aufsatz 'The Semitisms of the Acts' H. F. D. Sparks, Some Observations on the Semitic Background of the New Testament, *SNTS* Bulletin 2, 1951, S. 33ff. und bes. ders., The Semitisms of St. Luke's Gospel, *JThSt* 44, 1943, S. 129ff.

[3] Vgl. nur Conzelmann, *Apgsch* S. 3 und besonders Haenchen, *Apgsch* S. 66 (Lk lasse sich vom griechischen AT, seiner heiligen Schrift, die sprachlichen Mittel geben, 'um die heilige Apostelzeit, vor allem in Palästina, darzustellen'. Er habe 'immer wieder Wörter und Wendungen aus der LXX ... mit genauer Überlegung benutzt'.)

[4] W. C. Allen, The Aramaic Background of the Gospels, in: *OSt* S. 287ff.; H. J. Cadbury, Luke — Translator or Author? *American Journal of Theology* 24, 1920, S. 436ff., bes. S. 443; Schmid, *Matthäus und Lukas* S. 34 u. a.

berate "septuagintalizer".'[1] Ein Großteil dessen, was man im dritten Ev als Nachahmung des hebraisierenden Griechisch der LXX glaubt ansehen zu müssen, fällt nach Sparks also zu Lk Lasten, was angesichts des langen vorluk Traditionsprozesses des überkommenen Materials doch höchst unwahrscheinlich ist; denn eben dieser Prozeß erfolgte doch auch, wenn man so will, im Schatten der LXX, d. h. das hebraisierende Griechisch der LXX war bei der Ausformung und Weiterbildung der Traditionsstücke ebenso präsent wie bei der endgültigen Zusammenstellung durch Lk.[2] Nicht nur die spezifisch luk Redaktion, sondern auch alle vorluk Redaktionsleistungen können für die Semitismen verantwortlich sein. Die Differenzierung zwischen den verschiedenen Redaktionsphasen ist unerläßlich und notwendig, in diesem Falle auch durchaus möglich, da die Act das Vergleichsmaterial zur Bestimmung des spezifisch luk Sprachgebrauchs liefern. Wichtiger noch als dieser allgemeinere Gesichtspunkt ist der folgende: Die Behauptung, daß Lk weithin selbst für die Semitismen verantwortlich sei, und die sich damit ergebenden literarkritischen Konsequenzen[3] stützen sich entscheidend auf Beobachtungen am luk Mk-Stoff. 'Yet however many of the semitisms are attributable to sources there is clearly a substantial residuum which can only be due to the Evangelist himself. His continual re-phrasing of St. Mark is decisive on

---

[1] The Semitisms of the Acts, *JThSt* NS 1 S. 16.
[2] Vgl. zu diesem Gesichtspunkt G. Dalman, *Die Worte Jesu*, 1930, S. 33f.; E. Repo, *Der Begriff 'Rhema' im Biblisch-Griechischen*, 1951, Bd. II S. 47ff. konstatiert geradezu einen 'Mangel an persönlichem Interesse für die LXX' bei Lk; und T. Holtz, *Untersuchungen über die alttestamentlichen Zitate bei Lukas*, 1968, führt sogar den Nachweis, daß Lk nur eine sehr begrenzte Kenntnis des LXX gehabt habe. Er scheine die Psalmen, die Kleinen Propheten und Jesaja zu kennen, die 'Bücher Exodus bis Deuteronomium, aber auch die anderen Geschichtsbücher des Alten Testaments, haben als Quelle für die direkten Berührungen und Beeinflussungen ganz auszuscheiden. Die übrigen Propheten sind nur mit großer Zurückhaltung heranzuziehen.' (S. 172)
[3] The Semitisms of St. Luke's Gospel, *JThSt* 44 S. 134ff.

this point.'[1] Dieses Urteil ist nur möglich auf dem Boden der starren Mk-Hypothese. Wie sich zeigen wird, stammen von einer Ausnahme abgesehen *alle* von Sparks angeführten angeblich spezifisch luk redaktionellen Hebraismen[2] des luk Mk-Stoffes aus Traditionsvarianten, deren Einfluß in den entsprechenden Perikopen mit Sicherheit nachgewiesen werden kann. Die Beispiele beweisen mithin nicht, was sie nach Sparks beweisen sollen. Die starre Mk-Hypothese hat hier zu einem einschneidenden Fehlschluß geführt.

Mit diesen Ausführungen, die in der Einzelanalyse weiter entfaltet werden sollen, ist das grundsätzliche Recht einer literarkritischen Auswertung der Semitismen im Mk-Stoff des dritten Ev aufgezeigt. Um die Argumentation nicht mit unsicheren Größen zu belasten, werden wir uns bei der folgenden Analyse auf einige wenige, aber eindeutige Semitismen beschränken, zudem auf solche, die im Lk-Ev oft bis sehr oft, in den Act dagegen gar nicht oder doch nur sehr selten vorkommen. Da es auf möglichst überzeugende und weitere literarkritische Beweislast tragende Beispiele ankommt, sind auch nur solche Belege ausgewählt, die so wenig speziell und an bestimmte Inhalte gebunden erscheinen, daß sie in jedem Text stehen könnten: das gibt ihrem Fehlen in den Act, besonders in den von Quellen unabhängigen Teilen, Gewicht und Beweiskraft.

Im Einzelnen werden berücksichtigt:
1. Parataxe als typisches Kennzeichen semitischer Redeweise (vgl. S. 97 f.).

---

[1] Ebenda S. 130.
[2] *(a)* Lk 20,11f.: Einfügung des προσέθετο gegen Mk 12,4f. (s. dazu unten S. 161 f.); *(b)* Lk 20,19: ἐπιβάλλειν ἐπ' αὐτὸν τὰς χεῖρας anstelle des mk κρατῆσαι (vgl. unten S. 176); *(c)* Lk 5,12.18: καὶ ἰδού (vgl. unten S. 91 f. 97); *(d)* Lk 4,36: καὶ ἐγένετο θάμβος (s. unten S. 87); *(e)* Lk 8,7: ἐν μέσῳ τῶν ἀκανθῶν gegen Mk 4,7: εἰς τὰς ἀκάνθας (s. unten S. 120 Anm. 4 und S. 141); *(f)* Lk 9,44: θέσθε ὑμεῖς εἰς τὰ ὦτα ὑμῶν τοὺς λόγους τούτους gegen Mk 9,31 (vgl. S. 132); *(g)* Lk 20,21: λαμβάνεις πρόσωπον gegen Mk 12,14: βλέπεις εἰς πρόσωπον (vgl. S. 169); *(h)* Lk 12,1 (20,46): προσέχετε ἀπό gegen Mk 8,15 (12,38): βλέπετε ἀπό (vgl. S. 49 f. Anm. 1).

2. Coniugatio periphrastica (vgl. S. 101 f.).
3. Konstruktionen mit ἐγένετο (vgl. S. 94 f.).
4. ἐν μιᾷ τῶν ... (vgl. S. 96 f.).
5. ἐν τῷ c. inf. (vgl. S. 96).
6. καὶ ἰδού (vgl. S. 91 f. 97).
7. καὶ αὐτός (vgl. S. 98).[1]

Die genannten Semitismen werden — neben den agreements zwischen Mt und Lk gegen Mk und neben den Lk-Sonderelementen im Mk-Stoff — als Indikatoren zusätzlicher 'Quellen' dienen. Sollten sich in den Perikopen, die mit Hilfe dieser Mittel als literarkritisch verdächtig abgehoben sind, weitere Semitismen diff Mk zeigen,[2] so wird man darin ebenfalls mit gutem Recht vorluk Sprachgebrauch und d. h. Einfluß von Traditionsvarianten sehen dürfen.

Nach diesen Vorüberlegungen zur Methode kann jetzt der Mk-Stoff bei Lk fortlaufend untersucht werden. Die oben genannten drei Kriterien bilden die Basis, die sichere philologische Grundlage der Analyse. Die Ergebnisse sind dann, soweit erforderlich, in einem zweiten Schritt in Auseinandersetzung mit redaktionsgeschichtlichen Arbeiten zu überprüfen.

B. ANALYSE

Lk 4,31−44[3]

Mit 4,31 beginnt der erste große Mk-Block des dritten Ev (s. oben I B.). Ein Blick in die Synopse zeigt, daß Lk sich in den V 31−44 aufs Engste an Mk anlehnt. Das braucht den Einfluß einer Nebentradition allerdings nicht auszuschließen. Die Frage ist zu prüfen. Da Mt z. T. keine Parallele bietet bzw. agreements entfallen, kann die Argumentation sich nicht

---

[1] Im Anschluß an Bartlet, Sources und Schweizer, Sonderquelle.
[2] Vgl. bes. Lk 20,11f.; 20,19; 8,7; 9,44; 20,21 und 12,1 (20,46), s. S. 84 Anm. 2.
[3] Vgl. die Kommentare z. St., bes. Plummer und Easton.

auf die Übereinstimmungen der Seitenreferenten gegen Mk (1.) stützen. Auch die beiden anderen Indikatoren für zusätzliche Quellen — größere Lk-Sonderelemente (2.) und Hebraismen (3.) — fehlen. Die Abweichungen der luk Fassung von der Mk--Vorlage sind Stück für Stück zu untersuchen.

V 31: Lk schreibt κατῆλθεν anstelle des mk εἰσπορεύονται. Daß er das Präsens historicum beseitigt, ist selbstverständlich, selbstverständlich auch der Singular: Jesus allein geht nach Kapernaum, die Jüngerberufung ist nicht wie bei Mk (1,16—20) bereits erzählt, sondern folgt erst in 5,1ff. Die Vokabel εἰσπορεύεσθαι wird von Lk durchaus nicht gemieden (Lk 5×, Act 4×), κατέρχεσθαι ist ihm aber — als ausgesprochenes Vorzugswort (Mt-, Mk-, Lk 2×, Act 12×) — offenbar lieber. Kapernaum wird näher als πόλις τῆς Γαλιλαίας beschrieben (vgl. Lk 1,26.39; 2,4; 7,11; 9,10.52), der Leserkreis des Lk ist mit der Geographie Palästinas nicht vertraut. In 4,23 war dieser erklärende Zusatz nicht möglich, daher erfolgt er hier, bei der zweiten Erwähnung des Namens, der ersten in einem erzählenden Text. Lk dürfte selbst dafür verantwortlich sein. Mk 1,28 könnte den Anstoß dazu gegeben haben. Es läge dann einfach eine variierende Antezipation vor, schwerlich eine 'besondere Spitze ... im Sinne der Lukanischen Galiläer-Ideologie'.[1] Das Adverb εὐθύς wird konsequent beseitigt, wie hier gleich auch V 33.37.38 (2×) und öfter (Mt 7×, Mk 42×, Lk 1×, Act 1×). Die Zeitangabe — (ἐν) τοῖς σάββασιν — erscheint bei Lk bald mit (4,31; 6,1.6.7; 13,10), bald ohne ἐν (6,2.9; 13,14.15; 14,1.3). Um zu straffen, erwähnt Lk gegen Mk die Synagoge hier nicht (vgl. V 33), er spricht auch nur in einer Wendung von Jesu Predigen (vgl. Mk 1,21 und 22). Daß er dabei die coniugatio periphrastica verwendet, ist in diesem Fall nicht literarkritisch auszuwerten (vgl. aber S. 101f. und S. 90 Anm. 1), denn Mk 1,22 gibt ihm die Formulierung an die Hand.

V 32: Lk vereinfacht, indem er den zusammenfassenden Begriff ὁ λόγος αὐτοῦ (ebenso V 36) einführt und — gut luk —

---

[1] So fragend Conzelmann, *Mitte* S. 32.

den polemischen Vergleich mit den Schriftgelehrten übergeht.[1]

V 33: Ἐν πνεύματι ἀκαθάρτῳ wird wie auch in 8,27 durch ἔχων + Acc. ersetzt (vgl. Lk 6,8.33; 13,11), φωνῇ μεγάλῃ aus Mk 1,26 antezipiert.

V 34: Die Interjektion ἔα — nur hier im NT, der griechischen Tragödie geläufig — ist gut als Einfügung des Lk denkbar.

V 35: Ἐξέρχεσθαι ἀπό (2×, vgl. Mk: ἐξ V 25.26) ist luk Vorzugswendung.[2] Den aus anderen Heilungsgeschichten bekannten Zug, daß sich das Heilungswunder in der Mitte vollzieht (vgl. 5,19; 6,8 par Mk 3,3; auch Mk 9,36) führt Lk durch den Zusatz εἰς τὸ μέσον ein, dabei könnten sich auch die unerhebliche Abwandlung des mk σπαράξαν zu ῥῖψαν und das überschüssige μηδὲν βλάψαν αὐτόν eingestellt haben.

V 36: Ἐγένετο (θάμβος) ἐπί ... anstelle des mk ἐθαμβήθησαν dürfte luk sein.[3] ὥστε wird durch Parataxe mit καί ersetzt,[4] συζητεῖν durch συλλαλεῖν, hier und Lk 22,4; auch Act 25,12 eindeutig luk redaktionell, 9,30 par Mk 9,4. Das zusätzliche πρὸς ἀλλήλους schreibt Lk gern (Mt-, Mk 4×, Lk 8×, Act 4×), das mk κατ' ἐξουσίαν wird aufgefüllt zu ἐν ἐξουσίᾳ καὶ δυνάμει. Dasselbe Begriffspaar begegnet auch Lk 9,1, hier wie dort wohl spezifisch luk Redaktion.[5]

V 37: Εὐθὺς πανταχοῦ entfällt, τῆς Γαλιλαίας kann mit Rücksicht auf die Antezipation in V 31 übergangen werden. Die Abwandlung des mk ἐξῆλθεν zu ἐξεπορεύετο ist unerheblich, ἦχος hat unter den Synoptikern nur Lk (hier und Act 2,2).[6]

---

[1] Vgl. die Kommentare, bes. Rengstorf z. St.

[2] Vgl. Hawkins, *Horae* S. 40.

[3] Mt 1×, Mk 1×, Lk 6×, Act 5×; vgl. Hawkins, *Horae* S. 36; Plummer, Lk S. 135; zu den verschiedenen Satzeinleitungsformeln mit ἐγένετο s. S. 94 f.

[4] Von den 10 von Mk gebotenen ὥστε ist im luk Mk-Stoff keines beibehalten.

[5] Vgl. aber S. 90 Anm. 1.

[6] Zu Lk 21,25 vgl. W. Bauer, *Griechisch-deutsches Wörterbuch zu den Schriften des Neuen Testaments und der übrigen urchristlichen Literatur*, 1958, Sp. 692.

V 38: Ἀναστάς (vgl. ἀναστᾶσα V 39) ist luk Vorzugsvokabel, wie Lk 22,45 mit ἀπό konstruiert.[1] Lk ist durch den weiteren Kontext bei Mk (vgl. Mk 1,35 ἀναστάς) zur Einfügung angeregt. Da die Jünger nach dem Aufriß des Lk noch nicht berufen sind, werden die Namen bis auf den für die Perikope unentbehrlichen des Simon ausgelassen. Auch die von Mk abweichende Beschreibung der Krankheit verrät die Hand des Lk, das zusätzliche μεγάλῳ dient der Steigerung, συνέχειν verwendet er gern (Mt 1×, Mk-, Lk 6×, Act 3×); ἠρώτησαν (Mt 4×, Mk 3×, Lk 15×, Act 7×) ist gut luk Präzisierung.

V 39: Lk läßt Jesus das Fieber bedrohen: ἐπετίμησεν in Analogie zu Mk 1,25 par Lk 4,35. Aus der Heilung wird so eine Exorzismushandlung. Die abweichenden Formulierungen sind luk redaktionell: ἐφιστάναι: Mt-, Mk-, Lk 7×, Act 11×; παραχρῆμα: Mt 2×, Mk-, Lk 10×, Act 6×; ἀναστᾶσα: s. oben zu V 38.

V 40: Lk übernimmt die zweite der beiden mk Zeitangaben. Seine Abneigung gegen das Wort ὀψία (Mt 7×, Mk 5×, Lk-, Act-) hat die Auswahl bestimmt. Statt κακῶς ἔχοντας schreibt er ἀσθενοῦντας (nur hier, vgl. aber var. lect. zu 9,2; Act 3×). Die Erweiterung νόσοις ποικίλαις ist aus Mk 1,34 antezipiert, ἔφερον durch ἤγαγον (Mt 4×, Mk 3×, Lk 13×, Act 26×) ersetzt. Mk 1,33 wird ausgelassen, der summarische Heilungsbericht durch das typisch luk ἑνὶ ἑκάστῳ (Mt 1×, Mk-, Lk 2×, Act 6×) individualisiert und durch den Zusatz τὰς χεῖρας ἐπιτιθείς (Mt 3×, Mk 6×, Lk 2×, Act 8×) mit einem für viele Heilungen typischen Zug ausgestattet.

V 41: Zu ἐξέρχεσθαι ἀπό s. oben zu 4,35; δὲ καί ist spezifisch luk.[2] Der Konkretisierung dient die Eintragung des Ausrufs der weichenden Dämonen. Lk ist dabei deutlich an Mk 3,11b orientiert, d. h. seine 'Nebenquelle', die hier Mk selber ist (vgl. dazu unten S. 129 f. zu Lk 9,10—17), gewinnt Einfluß auf die Mk-Wiedergabe. Ἐπιτιμῶν (wie in V 35

---

[1] Hawkins, *Horae* S. 35f.
[2] Hawkins, *Horae* S. 37.

und 39) könnte auch durch Mk 3,12 veranlaßt sein. Die von Mk abweichende Formulierung mit ἐᾶν (Mt 1×, Mk-, Lk 2×, Act 7×) geht auf Lk selbst zurück, ebenso die nach der Erweiterung in 41a naheliegende Präzisierung des mk ὅτι ᾔδεισαν αὐτόν.

V 42: Jesus 'flieht' nicht (so Mk V 35: πρωΐ ἔννυχα λίαν, bes. V 36: κατεδίωξεν αὐτόν), er bricht auf, daher einfach γενομένης δὲ ἡμέρας (= luk Vorzugswendung).[1] Er gelangt auch diff Mk nicht in die Einsamkeit — ἐπορεύθη ist ingressiv zu fassen —, sondern: während des Aufbruchs sucht man ihn auf, man will den Aufbruch verhindern. Notwendigerweise muß daher hier die für Lk sonst (vgl. 3,21; 5,16; 6,12; 9,18.28) charakteristische Erwähnung des Betens Jesu in der Einsamkeit fehlen. Sie wird in 5,16 mit ausdrücklicher Ortsangabe nachgeholt. Die Formulierungen im einzelnen bestätigen, daß Lk für die beschriebenen Abweichungen von Mk verantwortlich ist. Ἔρχεσθαι ἕως + Personalpronomen ist durch Act 9,38 als luk möglich erwiesen; κατέχειν hat unter den Synoptikern nur Lk (3×, Act 1×); τοῦ c. inf. ist eine von Lk besonders geschätzte Konstruktion;[2] οἱ ὄχλοι war durch Mk V 37b nahegelegt, die Jünger durften nicht genannt werden (vgl. zu V 31).

V 43: Die Einleitung ist typisch luk formuliert.[3] Das Logion Jesu ist eine sachgemäße Umschreibung des mk κηρύξω. Luk Redaktion verrät sich im einzelnen in ἕτερος (Mt 9×, Mk 1×, Lk 33×, Act 17×), εὐαγγελίζεσθαι (Mt 1×, Mk-, Lk 10×, Act 15×), βασιλεία τοῦ θεοῦ. Die Antwort ist diff Mk an die Menge gerichtet, das machte eine ausführlichere Fassung und Umprägung notwendig.

V 44 ist als Abschluß gemeint und spricht dementsprechend in direktem Anschluß an V 43 nur von der Predigt, die — vgl. die spezifisch luk Akzentsetzung schon in V 42 f. — über das ganze Land ergeht.[4]

---

[1] Hawkins, *Horae* S. 50f.
[2] Hawkins, *Horae* S. 48.
[3] Hawkins, *Horae* S. 45f.
[4] Vgl. Conzelmann, *Mitte* S. 33ff.

Ergebnis: Alle Abweichungen von der Mk-Vorlage in Lk 4,31 — 44 sind als spezifisch luk Redaktionsleistungen möglich und daher am besten als solche anzusehen. Der Einfluß einer Überlieferungsvariante auf Lk scheint ausgeschlossen.[1]

[1] Wenngleich nicht völlig unmöglich. Eine zweite Fassung des 'Berichtes vom Anfang' hat H. Schürmann nachzuweisen versucht (s. oben S. 63 ff. und bes. S. 66 Anm. 1). Er nimmt an, daß die christliche Überlieferung schon sehr bald einen zwei Teile umfassenden 'Bericht vom Anfang' enthalten habe; der erste Teil dürfte vom Wirken des Täufers und von der Taufe und Versuchung Jesu, der zweite Teil von der ersten Verkündigung und dem ersten Wirken Jesu berichtet haben. 'Der ganze Bericht entsprach also wohl — von sekundären Erweiterungen abgesehen — in seinem ersten Teil dem, was Mk 1,1—13, in seinem zweiten Teil, was Mk 1,14—39 (6,1—6?) erzählt ist.' (Bericht vom Anfang S. 242) Gestützt auf die Beobachtung, daß Mt und Lk 'im ersten Teil dieses Berichtes neben Mk noch eine gemeinsame — teilweise ausführlichere — Überlieferungsvariante benutzt haben', will Schürmann aufzeigen, daß den Großevangelisten auch für den zweiten Teil noch eine Parallelüberlieferung vorlag, deren 'strukturgebende — Mk 1,14. 28. 39 (6,1) entsprechende — Aufbauelemente' sich in Lk 4,14a. 14b. 15.16 erhalten haben (S. 243). Zahlreiche Indizien scheinen für die Existenz einer solchen Variante zu sprechen: Lk 4,36 *καὶ δυνάμει* diff Mk könnte ihr entstammen, das Motiv wäre dann bereits in 14a *(ἐν τῇ δυνάμει)* als Hinweis auf den folgenden Bericht von *δυνάμεις* angeklungen (S. 245). Auch Lk 4,14b ist u. U. als Rest einer Überlieferungsvariante zur Kapernaumperikope anzusehen (S. 246). Die verblüffende Parallelität mit Mt 9,26 *(φήμη* im NT überhaupt nur an diesen beiden Stellen!) diff Mk könnte dafür sprechen. Lk 4,31 geht in *(κατ)-ῆλθεν* und vor allem in der der Nennung der Stadt beigegebenen Lagebezeichnung mit Mt 4,13 diff Mk überein (S. 249). Lk 4,15 ist als Traditionsvariante zu Mk 1,39a, die sich auch Mt 13,54b bezeugt, denkbar. Einfluß der postulierten 'Nebenquelle' kommt vielleicht auch in 4,41b. c. 42 *(ὄχλοι* vgl. Mt 4,25). 43 (vgl. Mt 4,23b) zum Zuge (Bericht vom Anfang S. 250ff.).

Weitere Argumente und ausführliche Begründung bei Schürmann a. a. O. Die Hypothese ist durchaus nicht aus der Luft gegriffen, die Argumentationsgrundlage aber für einen schlüssigen Beweis zu schmal. Unsere Analyse hat gezeigt, daß speziell für Lk 4,31—44 alle Abweichungen von Mk als luk redaktionell angesehen werden können. Vgl. die diesbezüglichen Selbsteinwände bei Schürmann, Bericht vom Anfang S. 251 Anm. 2. Bei dieser Sachlage tut man wohl besser daran, auf die Annahme einer 'Nebenquelle' zu verzichten.

In Lk 4,31—44, wo der Verfasser des dritten Ev den Mk-Stoff ohne zusätzliche Information (Nebenquelle) überarbeitet, halten sich die Abweichungen in einem eng umgrenzten Rahmen, zudem lassen sie sich auf Grund des Sprachgebrauchs Stück für Stück als luk redaktionell erweisen. Auf diesem Hintergrund fallen die erheblichen Divergenzen zur Mk-Vorlage in Lk 5,12 ff. besonders auf.[1] Hier begegnen — wie gleich zu zeigen ist — in größerer Zahl Übereinstimmungen der Großevangelisten gegen Mk (1.), Lk-Sonderelemente (2.) und starke Hebraismen (3.), literarkritisch relevante Phänomene, auf die die Argumentation sich stützen darf. Differenzen zwischen Mk und Lk, die unter den genannten Rubriken nicht erfaßt sind, werden hier und im folgenden jeweils in einem eigenen Abschnitt (4.) auf ihre luk bzw. vorluk Herkunft untersucht.

Lk 5,12—16[2]

1. (a) καὶ ἰδού[3]: Die Überlieferung ist einhellig, daher der Versuch, die Belanglosigkeit der Übereinstimmung mit einem Hinweis auf die Wortstatistik zu erweisen. Mk kenne ἰδού in der Erzählung nicht, während Mt es da ca. 32×, Lk 16× habe. 'It is not, therefore, surprising, that they concur occasionally in a stylistic alteration of Mark which they are always making independently.'[4] Die Zahlen scheinen eindeutig, das Urteil begründet. Bedenklich stimmt die undifferenzierte Behandlung des statistischen Materials. Weder die Kontaktwörter[5] des ἰδού im Gebrauch des Lk bzw. des Mt

---

[1] Zu Lk 5,1—11 vgl. oben S. 37ff.
[2] Vgl. B. Weiß, *Quellen* S. 159ff.; Bartlet, Sources passim; Easton, *Lk* S. 63f.; Schweizer, Sonderquelle S. 168f.
[3] Soweit Mt mit Lk identisch ist, wird nur die entsprechende Lk-Version zitiert, bei divergierender Formulierung steht die Mt-Wendung in der Klammer.
[4] Streeter, *Gospels* S. 309.
[5] So z. B. καὶ ἰδού; ἰδοὺ γάρ; ἰδού nach Gen. abs.; vgl. Hawkins, *Horae* S. 31 und 41; vgl. auch die ähnliche Problematik bei ἐγένετο S. 94f.

noch die Streuung der Vokabel ist berücksichtigt. In dem weithin von Quellen unabhängigen zweiten Teil der Act begegnet *ἰδού* nur 4×, in den Act überhaupt prozentual entschieden seltener als im Ev, im umfangreichen Mk-Stoff hat Lk es 7× 'eingetragen', und zwar nicht gleichmäßig verteilt, sondern gehäuft in Perikopen,[1] die (vgl. unten!) auch aus anderen Gründen Einfluß einer Nebenüberlieferung vermuten lassen, womit auch das *ἰδού* vorgegeben sein könnte. *'Ἰδού*, speziell *καὶ ἰδού*, scheint ein Vorzugswort — nicht des Lk, sondern seiner S-Tradition zu sein. Eine literarkritisch differenzierende Beurteilung des Befundes erlaubt jedenfalls zunächst nur dieses vorsichtige Urteil.[2]

(b) *κύριε*: Die Überlieferung ist für Lk wie für Mt eindeutig.[3] Im Lk-Ev wird Jesus mit *ἐπιστάτα, διδάσκαλε* und *κύριε* angeredet. *'Ἐπιστάτα* — überhaupt nur bei Lk (7×) und immer im Vokativ — entspricht eindeutig luk Sprachgebrauch.[4] *Διδάσκαλε* schreibt Lk von sich aus nicht (zu Lk 21,7 'diff' Mk vgl. unten S. 174); wo die Quellen es ihm an die Hand geben, behält er es aber bei: d. h. *διδάσκαλε* ist luk möglich, aber nicht bevorzugt. Ob dasselbe Urteil auch für die Anrede *κύριε* gilt (so Schürmann), ist zu prüfen. Schürmann beruft sich besonders auf *κύριε* Lk 5,12 und 18,41 diff Mk. Da sich nun aber zahlreiche Indizien für den Einfluß einer Nebenquelle im näheren Kontext zumindestens von Lk 5,12 finden, könnte auch das *κύριε* aus dieser stammen. Zudem läßt sich beobachten, daß Lk nicht dazu neigt, von sich aus

---

[1] Vgl. Lk 5,12. 18; 8,41; 9,30. 38. 39; (22,10); in 8,5 (unter dem Einfluß einer Traditionsvariante!) und 8,20 übergeht Lk *ἰδού*; zur ungleichmäßigen Streuung vgl. oben S. 82 Anm. 1.

[2] Gegen Schürmann, *Paschamahlbericht* S. 93, dem sich E. J. Pryke, *ΙΔΕ and ΙΔΟΥ, NTS* 14, 1967/68, S. 418ff., bes. S. 420 anschließt.

[3] Das spricht dafür, daß das *κύριε* einiger Mk-Zeugen (C W Θ it) sekundär aus den Seitenreferenten eingetragen ist, was B bestätigt: der 'Doppelpunkt' *(ὅτι)* trennt hier unsachgemäß Anrede und eigentliche Bitte. Vgl. aber auch Kümmel, *Einleitung* S. 31.

[4] Vgl. hierzu und zum Folgenden den detaillierten Nachweis bei Schürmann, *Jesu Abschiedsrede* S. 28f.; Rehkopf, *Sonderquelle* S. 58f.; s. auch Hahn, *Hoheitstitel* S. 84f.

ANALYSE

zusätzliche Anreden einzufügen:[1] das spricht ebenfalls gegen Lk 5,12 als Werk des Evangelisten. Zugleich fällt auf, daß Lk ausgerechnet 5,12 (zu 18,41 s. u.) mit Mt gegen Mk in der Anrede κύριε zusammentrifft, was doch auch am besten mit der Einwirkung der postulierten Nebentradition erklärt wird.[2] Somit entfallen die Belege, die die Anrede κύριε als sicher luk redaktionell ausweisen würden. Κύριε ist vorluk,[3] genauer: bevorzugte Anrede im luk Sondergut, jedenfalls nicht der Redaktion letzter Hand zuzuschreiben.

(c) Vielleicht belanglos, aber neben den anderen agreements doch erwähnenswert sind noch folgende: V 13: ἥψατο αὐτοῦ λέγων gegen Mk ἥψατο καὶ λέγει αὐτῷ; εὐθέως.

(d) In der Nachbarschaft gemeinsamer positiver Übereinstimmungen gewinnen natürlich auch die negativen (gemeinsame Auslassungen) größeres Interesse. Die Seitenreferenten übergehen ὅτι aus Mk 1,40, σπλαγχνισθείς aus Mk 1,41,[4] Mk 1,43 ganz; die Doppelnegation aus Mk 1,44 entfällt, auch V 45 wird von beiden ignoriert, Mt läßt einfach aus, Lk setzt ein Summarium an die Stelle.

2. Lk 5,15f. ist als Lk-Sonderelement zu bezeichnen. Hier tritt, u. U. im Sinne einer Entlastung des Geheilten, ein allgemeines Summarium an die Stelle von Mk 1,45. Die Geschichte vom Aussätzigen wird nicht weiter ausgezogen. Die Abschlußbildung ist deutlich als spezifisch luk zu erkennen.[5] Einfluß einer Nebenquelle liegt nicht vor.

[1] Nur 8,45 dürfte eine solche Einfügung vorliegen, vgl. Rehkopf *(Sonderquelle* S. 58f.), der mit der Einsicht in den vorluk Charakter der Anrede κύριε Lk 5,12 bereits hätte ausnehmen sollen.
[2] Vgl. Easton, *Lk* zu 5,12: 'Lk does not add κύριε to Mk elsewhere; a trace of Q?'
[3] Nicht protoluk, gegen Streeter und Rehkopf; vgl. dazu Schürmann, Protolukanische Spracheigentümlichkeiten? (s. oben S. 65 Anm. 5): Rehkopf hat vorluk, nicht protoluk Sprachgebrauch nachgewiesen.
[4] Die Auslassung von σπλαγχνισθείς (Mk 1,41) ist unerheblich, denn 'Gemütsbewegungen Jesu' werden wiederholt von Mt und Lk diff Mk unterdrückt; vgl. Schmid, *Matthäus und Lukas* S. 126 Anm. 3.
[5] Διέρχεσθαι ist luk Vorzugsvokabel (Mt 1×, Mk 2×, Lk 10×, Act 21×), ähnlich συνέρχεσθαι (Mt 1×, Mk 2×, Lk 2×, Act 16×);

3. Lk 5,12 ist entschieden hebraisierend formuliert und ganz sicher nicht spezifisch luk Mk-Redaktion. An literarkritisch relevanten Hebraismen sind zu nennen:

(a) ἐγένετο[1]: Als Eingangsformel kommt ἐγένετο bei Lk im Ev wie in der Apgsch sehr oft vor.[2] Eine vorschnelle Auswertung des statistischen Befundes[3] in dem Sinne, daß hier eine Vorzugswendung des Lk zu fassen sei, ist verfehlt. Man darf nicht ohne weiteres für alle Fälle, in denen das Wort nicht aus Mk oder aus Q entnommen ist, Lk selbst verantwortlich machen. Eine Berücksichtigung der jeweiligen Konstruktionen, des engeren Kontextes und der Kontaktwörter zeigt vielmehr, daß recht deutlich zwischen luk und vorluk Gebrauch geschieden werden kann.[4]

(aa) An καὶ ἐγένετο (oder ἐγένετο δέ) mit folgender Zeitbestimmung schließt der Nachsatz mit finitem Verb an. Eine Konjunktion fehlt. Die Konstruktion entspricht hebräischem Sprachgebrauch sehr genau. Sie begegnet im Lk-Ev 22×,[5] in der Apgsch dagegen gar nicht.

(bb) Eingangsformel und Nachsatz sind durch καί verbunden, dem in der Mehrzahl der Fälle unmittelbar αὐτός (bzw. αὐτοί) folgt. Auch diese Wendung ist als vorluk Hebraismus anzu-

---

ὁ λόγος περὶ αὐτοῦ ist durch Act 1,1 als luk ausgewiesen; θεραπεύειν ἀπό ist von Lk bevorzugt (vgl. Hawkins, *Horae* S. 41); der Hinweis auf das Gebetsleben Jesu, hier aus Mk 1,35 nachgetragen, ist ebenfalls für Lk bezeichnend (s.oben zu Lk 4,42), vgl. 3,21; 6,12; (9,18. 28. 29); dazu Plummer, *Lk* S. XLVf.

[1] Vgl. dazu K. Beyer, *Semitische Syntax im Neuen Testament* I, 1, 1962, S. 29—62, wo sich alle wichtige Literatur findet.
[2] Mt 6×, Mk 3×, Lk 38×, Act 18×.
[3] Vorkommen überhaupt: Mt 13×, Mk 16×, Lk 71×, Act 52×, Joh 17×.
[4] Vgl. Plummer, *Lk* S. 45; M. Johannessohn, *Das biblische καὶ ἐγένετο und seine Geschichte, Zeitschrift für vergleichende Sprachwissenschaft* 53, 1926, S. 161ff.
[5] Lk 1,8. 23. 41. 59; 2,1. 6.15. 46; 7,11; 9,18. 28. 33. 37; 11,1. 14. 27; 17,14; 18,35; 19,29; 20,1; 24,30. 51; die variae lectiones in 8,40. 42; 9,57; 10,38; 19,5 sind kaum ursprünglich. Zu Lk 9,29 vgl. Beyer, *Syntax* S. 39 Anm. 2.

sehen. Dementsprechend stellen die Act einen (zweifelhaften) Beleg (Act 5,7). Im Ev dagegen ist die genannte Konstruktion 11× nachzuweisen.¹

(cc) Der Eingangsformel folgt eine Infinitivkonstruktion, eine im Ev relativ seltene (5×), in den Act aber häufige (13×) und somit wahrscheinlich luk Wendung.²

(dd) Ebenfalls luk sind einige andere Beispiele aus den Act: (καί) ἐγένετο ist nicht mehr als reine Satzeinleitungsformel zu erkennen. In Angleichung an griechischen Sprachgebrauch geht dem ἐγένετο ein ὅτε oder ὡς voraus, in anderen Fällen ist es vom Satzanfang entfernt und taucht irgendwo nach anderen Satzgliedern auf. Zu vergleichen ist etwa Act 9,3; 10,25; 21,1.5.

Zusammenfassend stellen wir fest: Neben zwei hebraisierenden Wendungen (Typ aa und bb) stehen zwei luk (Typ cc und dd). Für die literarkritische Analyse sind nur die erstgenannten heranzuziehen. In Lk 5,12 liegt der Typ bb) vor. Daneben finden sich im luk Mk-Stoff überhaupt Hebraismen dieser Art in folgenden Versen: Lk 5,17; 8,22; 9,18.28.33.37; 18,35; 19,29; 20,1.

In keinem dieser Fälle ist die ἐγένετο-Einleitungsformel durch Mk vorgegeben. Will man also zusätzliche, hier semitisierende Quellen für den Mk-Stoff bestriten, so muß man die höchst unwahrscheinliche Auffassung vertreten, daß Lk allein seine Mk-Vorlage 10× in einer Weise bearbeitet habe, die er in den Act konsequent meidet.³

---

¹ Lk 5,1. 12. 17; 8,1. 22; 9,51; 14,1; 17,11; 19,15; 24,4. 15; Lk 9,29 ist entweder Typ aa) oder bb) zuzuordnen; Grobel *(Quellenanalyse* S. 74) liest zu Unrecht in 10,38 ἐγένετο δέ . . ., wie jetzt durch p⁴⁵ und p⁷⁵ sichergestellt ist.

² Lk 3,21; 6,1. 6. 12; 16,22; Act 4,5; 9,32. 37. 43; 11,26; 14,1; 16,16; 19,1; 22,6. 17; 27,44; 28,8. 17; hier entsteht 'eine neue, mehr griechisch empfundene Form, in der der Anschlußsatz selbst Inhalt und Subjekt des einleitenden ἐγένετο wird.' Johannessohn S. 207; vgl. auch de Zwaan, Greek Language S. 41; Bartlet, Sources S. 319 (zu Lk 3,21); Moulton, *Grammar* II S. 427.

³ Die gründliche Untersuchung aller ἐγένετο-Belege des Lk-Ev und der Act, die Johannessohn *(καὶ ἐγένετο* S. 198ff.) vorgenommen hat, führt zu dem bemerkenswerten Ergebnis, daß Ev und Act zwei

(b) ἐν τῷ c. inf.: Bei ἐν τῷ mit Infinitiv[1] ist der statistische Befund nicht ganz so klar. Aber auch hier ist ein Unterschied zwischen Ev und Act unverkennbar. 32 Belege stehen gegen 7 aus den Act, von denen die meisten, nämlich 6, in den ersten Teil gehören. Einmal könnte die Wendung aus Mk übernommen sein (Lk 8,5 par Mk 4,4), die übrigen Fälle sind ohne Parallele bei Mk. Neben 5,12 im Mk-Stoff noch Lk 8,40.42; 9,18.29.33.34.36; 18,35.

(c) Ein ebenfalls nur im Ev begegnender Hebraismus ist die Wendung ἐν μιᾷ τῶν (ἡμερῶν: 5,17; 8,22; 20,1; πόλεων: 5,12; συναγωγῶν: 13,10). Sie ist an den vier Mk-Stoff-Stellen von der Quelle nicht an die Hand gegeben, steht zudem in

---

verschiedene Entwicklungsstufen in der langen Geschichte des Gebrauchs des biblischen καὶ ἐγένετο voraussetzen: 'Überall herrschen also innerhalb der Apgsch Umbildungen, die den alttestamentlichen Sprachgebrauch zwar als letzten Ausgangspunkt voraussetzen, aber an keiner einzigen Stelle ihn mehr oder weniger treu kopieren, wie das noch im Lk-Ev so oft geschieht. Andererseits läßt sich der Sprachgebrauch der Act wohl als eine Fortentwicklung der dort erreichten Stufe in der Entwicklungsgeschichte der alttestamentlichen Formel begreifen, nicht aber als ein einfaches Seitenstück.'

Nicht Lk hat seinen Stil entwickelt, sondern: hier spricht er selbst, da gibt er den Wortlaut von 'Quellen' wieder, 'Quellen', die einem judenchristlichen Traditionsstrom entstammen. Das ist jetzt mit Hilfe des Th-Ev zu verdeutlichen, dafür spricht auch die Tatsache, daß die nicht eben zahlreichen Fragmente judenchristlicher Evangelien (vgl. E. Hennecke—W. Schneemelcher, *Neutestamentliche Apokryphen*, Bd. I *Evangelien*, Tübingen 1959 (3. Aufl.), S. 75—108) Belege für die im Lk-Ev beobachteten vorluk Semitismen liefern. Da begegnen neben καὶ ἰδού und unbetontem καὶ αὐτός (s. unten) auch die καὶ-ἐγένετο — Konstruktionen des Typs aa) und bb). Vgl. Hennecke—Schneemelcher Bd. I. S. 107 Nr. 2 (= Hier. Jes.-Komm. IV zu Jes 11,2): Factum est autem, cum ascendisset dominus de aqua, descendit fons...; ebenda S. 103 Nr. 3 (= Epiphanius, *Haer.* 30, 13, 6): 'Ἐγένετο ἐν ταῖς ἡμέραις Ἡρῴδου..., ἦλθεν Ἰωάννης...; ebenda S. 103 Nr. 2 (= Epiphanius, *Haer.* 30, 13, 4f.): καὶ ἐγένετο Ἰωάννης βαπτίζων, καὶ ἐξῆλθον πρὸς αὐτόν...; vgl. Moulton, *Sprache* S. 18ff., bes. S. 24 Anm. 1; auch Moulton, *Grammar* II S. 18ff., 425ff.

[1] Vgl. Bl.-Debr. § 404,1; Schweizer, Sonderquelle S. 162ff.; Schürmann, *Jesu Abschiedsrede* S. 10 Anm. 40, ist zu korrigieren: ἐν τῷ c. inf. ist luk möglich, sicher nicht 'charakteristisch lukanisch'.

ungriechisch, d. h. hebraisierend formuliertem Kontext: das deutet mit großer Sicherheit auf vorluk Sprachgebrauch hin.

(d) καὶ ἰδού: Von der ungleichmäßigen Streuung des Hebraismus καὶ ἰδού war oben bereits die Rede.[1] An den sechs Beispielen aus dem Mk-Stoff (Lk 5,18; 8,41; 9,30.38.39; neben unserer Stelle hier: 5,12) ist zweierlei bemerkenswert: In keinem Fall stammt das καὶ ἰδού aus Mk und: in Lk 5,12.18; 8,41 (bei Mt hier allerdings ohne καί) und 9,30, d. h. in vier von sechs Fällen, trifft Lk mit Mt im Gebrauch dieses Semitismus zusammen.

(e) Parataxe: Während das klassische Griechisch darum bemüht ist, die logischen Verhältnisse eines Satzgefüges auch syntaktisch zum Ausdruck zu bringen (= periodischer Stil), ist parataktische Aneinanderreihung von Aussagen (= anfügender Stil) besonderes Kennzeichen semitischer Redeweise. Das Semitische teilt diese Eigenart mit der 'schlichten, volkstümlichen Sprache aller Zeiten', zu vergleichen sind etwa 'lässig stilisierte vulgärgriechische Schriften'.[2] Unter den Synoptikern zeigt vor allem Mk diesen parataktischen Stil. Lk versucht recht konsequent zu verbessern.[3] Nimmt man noch hinzu, daß der zweite Teil der Act ungleich stärker vom 'periodischen Stil' geprägt ist als das Ev und Act 1—15,[4] so bleibt nur der Schluß: Lk bevorzugt den literarischen Ansprüchen genügenden periodischen Stil mit reicher Hypotaxe. Perikopen, die gegen Mk parataktisch formuliert sind, auch rein parataktisch formulierte Lk-Sonderelemente innerhalb der Mk-Blöcke, sind kaum von Lk selbst gestaltet, sondern sehr wahrscheinlich Parallelüberlieferungen entnommen. Da nun Mk schon ein Höchstmaß an Parataxe bietet, sind die Fälle, in denen er noch von Lk übertroffen wird, natürlich

---

[1] Vgl. dazu ergänzend Moulton, *Sprache* S. 14 Anm. 1.

[2] Beyer, *Syntax* S. 68, S. 66ff. ausführliche Literaturangaben; vgl. auch Bl.-Debr. §§ 458ff.; Radermacher, *Grammatik* S. 220ff.; Moulton, *Grammar* II S. 420—423; bes. noch Black, *Approach* S. 50ff.

[3] S. noch B. Weiß, *Quellen* S. 15; Cadbury, *Style* S. 134f.

[4] Vgl. Schweizer, Sonderquelle S. 165f.; jetzt genauer R. Morgenthaler, *Statistik des Neutestamentlichen Wortschatzes*, 1958, S. 56 und S. 189.

nicht zahlreich. Sie fehlen aber nicht: Man vergleiche im Mk-Stoff neben V 12 Lk 5,17.21.24.26; 6,1.6.12.18f.; 8,22; 9,36.37ff. 45; 18,34; 20,21.34.36; 22,5.[1]

(*f*) Lk 5,14: καὶ αὐτός: Zu den Wendungen, die im Ev ungleich häufiger sind als in der Apgsch, gehört auch καὶ αὐτός. Hier trifft man es nur 8×, dort 41×. Das allein wäre schon auffallend genug, aber wohl kaum mit Recht literarkritisch auszuwerten. Nun ist aber zwischen einem gut griechischen emphatischen und einem unbetonten, semitischem Sprachgebrauch nachgebildeten καὶ αὐτός zu unterscheiden. Wenigstens 17[2] der 41 Belege des Ev sind der zweiten Gruppe zuzuordnen. Die Act kennen diesen Hebraismus bezeichnenderweise überhaupt nicht. Für den Mk-Stoff ist neben 5,14 noch 5,17 zu nennen.[3]

(*g*) 5,16: coniugatio periphrastica, vgl. dazu unten zu Lk 5,17 (S. 101 f.).

4. Die Häufung der agreements und der oben genannten vorluk Spracheigentümlichkeiten ist mit Sicherheit auf den Einfluß einer Traditionsvariante zurückzuführen. Damit ist nicht ausgeschlossen, daß bei der Kombination der Mk- und der Nicht-Mk-Version auch die Redaktion letzter Hand hier und da noch Spuren hinterlassen hat. Um das zu klären, sind die bisher nicht erfaßten Divergenzen zu Mk kurz zu beurteilen:

[1] Für sich genommen beweist parataktische Formulierung freilich wenig, in einem literarkritisch 'verdächtigen' Kontext dagegen ist sie ein die Argumentation stützendes zusätzliches Indiz.

[2] Lk 1,17. 22; 2,28; 3,23; 4,15; 5,1. 14. 17; 6,20; 8,1; 9,51; 15,14; 16,24; 17,13; 19,2 (bis); 24,14; vgl. dazu Hawkins, *Horae* S. 41f.

[3] Gegen die Berechtigung einer literarkritischen Auswertung des unbetonten καὶ αὐτός bei Lk hat sich W. Michaelis, Das unbetonte καὶ αὐτός bei Lukas, *StTh* 4, 1951, S. 83ff. ausgesprochen: 'Einigermaßen deutliche Beispiele für unbetonten Gebrauch' (S. 88) lägen, so wird, oft allerdings mit unzureichender Begründung, gegen Schweizer (Sonderquelle) behauptet, nur an sieben Stellen vor. Selbst wenn man dieser Einschränkung, die in zahlreichen Fällen widerlegt werden kann, folgen wollte, bliebe das Fehlen des unbetonten καὶ αὐτός in den Act zu erklären. Wenn es sich dabei wirklich um luk Sprachgebrauch handelte, sollte man die Wendung auch in den Act erwarten.

ANALYSE

V 12: Der Ausdruck ἀνὴρ πλήρης λέπρας könnte luk Ersatz für Mk λεπρός sein, ἀνήρ ist sehr häufig bei Lk (Mt 8×, Mk 4×, Lk 27×, Act 100×), πλήρης von Personen ausgesagt begegnet nur bei ihm; die 8 Belege der Act finden sich allerdings — bis auf 19,28 — im ersten Teil. Da Lk λεπρός sonst (4,27; 7,22; vgl. 17,12) aus seinen Quellen übernimmt und hier ein ersichtlicher Grund für die Abwandlung fehlt, kann die Formulierung auch aus der Nebentradition übernommen sein. Das Gleiche gilt für den Zusatz ἰδὼν δὲ τὸν Ἰησοῦν und besonders für das semitisierende πεσὼν ἐπὶ πρόσωπον (Mt 2×, Mk-, Lk nur hier und 17,16; Act-). Δέομαι ist luk Vorzugsvokabel, wie besonders die Belege diff Mk (5,12; 8,28.38; 9,38.40) beweisen sollen; mehrere davon (5,12; 9,38.40) werden aus Nebenquellen stammen. Spezifisch luk Redaktion ist wahrscheinlich, nicht sicher.

V 14: παραγγέλλειν (Mt 2×, Mk 2×, Lk 4×, Act 10×) ist luk, ebenso καθώς (Mt 3×, Mk 8×, Lk 17×, Act 11×), luk auch die Vermeidung des ὑπάγειν (Mt 19×, Mk 15×, Lk 5×, Act —).

Ergebnis: Die unter 1.—4. zusammengestellten Gesichtspunkte beweisen, daß Lk neben Mk 1,40—45 noch eine andere Fassung desselben Traditionsstückes gekannt und bei der Ausgestaltung von Lk 5,12—16 benutzt hat.

Lk 5,17—26

1. Die Gemeinsamkeiten zwischen Mt und Lk gegen Mk, die hier anfallen, könnten jede für sich natürlich unabhängig entstanden sein, die Häufung ist bemerkenswert und kaum reinem Zufall zuzuschieben.[1] Abgesehen von den literarkritisch irrelevanten agreements bleibt eine beträchtliche Zahl:
Lk 5,18: καὶ ἰδού; ἐπὶ κλίνης; αἰρόμενον ὑπὸ τεσσάρων (Mk 2,3) fehlt; (Übereinstimmung in der Stellung des ἐπὶ τῆς γῆς ἀφιέναι ἁμαρτίας V 24); V 22: τοὺς διαλογισμοὺς (τὰς ἐνθυμή-

---

[1] Gegen Schmid, *Matthäus und Lukas* S. 92.

σεις) αὐτῶν; Parataxe zu Beginn von V 23; gemeinsame Auslassung in V 23; V 24: κλινίδιον (κλίνην), bemerkenswert besonders deswegen, weil κράβατος hier und in V 19 diff Mk 'beseitigt', Act 5,15 und 9,33 aber als luk möglich erwiesen ist; d. h.: Lk hat es in 5,17ff. nicht getilgt und in freier Redaktion ersetzt, sondern er folgt seiner Sonderüberlieferung, deren Version durch Mt bestätigt wird. Ἀπῆλθεν εἰς τὸν οἶκον αὐτοῦ (V 25);[1] ὥστε (Mk V 12b) wird beseitigt; V 26: φόβος (ἐφοβήθησαν).[2]

2. 5,17b.c.d: 5,17a ist, wie die Hebraismen zeigen (s. unten) vorluk und ursprünglich wahrscheinlich direkt mit V 18 verbunden: καὶ ἐγένετο ... καὶ αὐτὸς ἦν διδάσκων (V 17) καὶ ἰδού ... (V 18), in dieser Form eine für das Lk-Sondergut und die auf den Mk-Stoff einwirkende Nebentradition typische Perikopeneinleitung,[3] die diff Mk von einer Lokalisierung der Geschichte in Kapernaum nichts wußte.[4] Die Elemente 17b.c. und d sind sekundäre Auffüllung im Sinne einer gegenüber Mk verbesserten Exposition, 'ein Zeichen entwickelteren Stiles'.[5]
Die Gegner werden gleich zu Anfang genannt (V 17b), 17c beschreibt den Zulauf (vgl. Mk 2,2: πολλοί). Beide Elemente sind nicht von Lk erfunden, aber doch wohl von ihm in der Endredaktion an diese Stelle gesetzt worden, wenn davon auszugehen ist, daß die Mk- und die zusätzlich benutzte Parallelfassung erst in der Hand des Lk zusammentreffen. Die Angabe in 17b ist nämlich aus Mk 2,6 antezipiert, wie speziell das

[1] Streeter vermutet, Mt und Lk hätten betonen wollen, daß der Aufforderung Jesu die Ausführung gefolgt sei, das habe sie unabhängig zu diesem Zusatz veranlaßt. Identität in Wortwahl und Wortfolge ist damit kaum erklärt.
[2] Easton, *Lk* S. 68: '...the mention of "fear" may be due to Q.'
[3] Vgl. die ἐγένετο-Satzeinleitungsformel des Typs aa) und bb) oben S. 94f.
[4] Vgl. B. Weiß, *Quellen* S. 162f.; gegen Conzelmann *(Mitte* S. 27), Lk 'tilge aus Mc 2,1 den Ortsnamen.' Lk tilgt durchaus nicht, sondern Mk 2,1f. wird zugunsten der Einleitung der Traditionsvariante ganz übergangen.
[5] Bultmann, *Tradition* S. 70; Haenchen, *Weg Jesu*, S. 105 Anm 6.

ANALYSE

ἦσαν καθήμενοι zeigt, das gut zur Predigt im Hause (Mk 2,1), schwerlich zu der von Lk im Anschluß an die Nebentradition gegebenen Situation paßt.[1] 17c ist Mk-Reminiszenz, in Anlehnung an Mk 3,7f. formuliert, 17d motivische Vorbereitung der V 23ff. beschriebenen Heilung, möglicherweise von Lk selbst eingefügt, eher wohl aus der Paralleltradition übernommen.[2]

V 18b ist ein endredaktioneller Zusatz, wie die Formulierung Wort für Wort beweist,[3] — eine notwendige, wenn auch nicht alle Unklarheiten beseitigende Verdeutlichung. Offensichtlich ist Lk bemüht, die in seiner Hand zusammenfließenden Ausprägungen der 'Heilung des Gichtbrüchigen' zu harmonisieren.

3. Hebraismen: *V 17:* καὶ ἐγένετο: vgl. oben zu Lk 5,12; ἐν μιᾷ τῶν...; καὶ αὐτός; Parataxe (V 17.21.24.26); vgl. dazu jeweils oben zu Lk 5,12 ff. Coniugatio periphrastica (V 17 f.), im Ev wesentlich häufiger als in den Act,[4] ist zwar nicht ohne weiteres als Semitismus anzusehen, ersetzt aber oft semitische Konstruktionen.[5] Die ungleichmäßige Streuung ist 'verdächtig'. Für den luk Mk-Stoff[6] sind neben 5,17 (3mal) fol-

---

[1] Vgl. auch V 18f.; das unvermittelte εἰσενεγκεῖν und ἐπὶ τὸ (!) δῶμα sind nur in Verbindung mit Mk 2,1 *(ἐν οἴκῳ)* zu verstehen (Schmid, *Lk* z. St.); derartige Unausgeglichenheiten kommen nun schwerlich da vor, wo ein literarisch ambitionierter Redaktor mit der Absicht zu verbessern *frei* überarbeitet, sie sind vielmehr typisch für die Kombination divergierender Ausprägungen des gleichen Traditionsstückes: ein zusätzliches Indiz für vorluk Herkunft von 17a. (d.) 18a.

[2] Vgl. Schlatter, *Lk* S. 57.

[3] ζητεῖν: Mt 14×, Mk 10×, Lk 25×, Act 10×; εἰσφέρειν: Mt 1×, Mk-, Lk 4×, Act 1×; τιθέναι: Mt 5×, Mk 12×, Lk 16×, Act 23×; ἐνώπιον: Mt-, Mk-, Lk 22×, Act 13×.

[4] Vgl. den Nachweis bei Schweizer, Sonderquelle S. 166ff.

[5] Vgl. Plummer, *Lk* S. LI; G. Björck, *HN ΔΙΔΑΣΚΩΝ, Die periphrastische Konstruktion im Griechischen*, 1940, S. 41ff.; L. Hartman, *Testimonium Linguae, Participial Constructions in the Synoptic Gospels*, 1963, S. 23ff.

[6] Lk 4,31. 38. 44 sind wohl als luk Bildungen auszuklammern. Lk 5,17: ἦσαν καθήμενοι ist aus Mk 2,6 vorgegeben, ἦσαν ἐληλυθότες vielleicht luk Analogiebildung unter dem Eindruck des Kontextes. ἦν διδάσκων wird übrigens von D gräzisiert.

gende Beispiele zu nennen: Lk 4,31.38.44; 5,16.29; 8,40;
9,18.32.45; 18,34; 19,47; 21,37.
V 18: καὶ ἰδού: vgl. oben zu Lk 5,12.

4. *V 19:* Lk scheint das Wort εὑρίσκειν besonders zu schätzen (Lk 45×, Act 35×), er hat es auch 6,7; 8,35; 9,12.36; 19,48 in den Mk-Stoff eingetragen. Δῶμα wird wie Lk 12,3 (par Mt 10,27) und 17,31 (vgl. Mk 13,15; Mt 24,17; außerdem nur noch Act 10,9) auch hier vorgegeben gewesen sein. Da Lk in 7,6 (par Mt 8,8) στέγη beibehält, hätte er es an dieser Stelle doch wohl kaum von sich aus — d. h. ohne die abweichende Wendung einer Parallelversion im Ohr oder vor Augen — beseitigt. Dann ist aber auch die V 19 diff Mk kennzeichnende Anpassung des Vorgangs an die Verhältnisse hellenistischer Leser[1] sehr wahrscheinlich bereits vorluk Redaktionsleistung.[2]

V 21: καὶ ἤρξαντο διαλογίζεσθαι: Das pleonastische ἄρχεσθαι[3] müßte — falls Lk nur an Mk orientiert wäre — aus der Redaktion letzter Hand stammen. Lk hätte es dann — entgegen seiner sonstigen Tendenz[4] — von sich aus in den Mk-Stoff eingetragen, eine Annahme, die bei dem 27maligen Vorkommen von ἄρχεσθαι mit Infinitiv im dritten Ev insge-

---

[1] Vgl. die Kommentare z. St.
[2] Zu εἰς τὸ μέσον ἔμπροσθεν τοῦ Ἰησοῦ vgl. oben zu Lk 4,35.
[3] Vgl. Moulton, *Grammar* II S. 254—256; bes. Hunkin, *JThSt* 25, S. 390—402, der die ntl. Belege zusammenstellt und bewertet, Dalmans Beispiele für aramäisches שָׁרִי und hebräisches הִתְחִיל überprüft, schließlich überzeugende Beispiele aus der klassischen Gräzität (bes. Xenophon) anführt. S. auch Schürmann, *Jesu Abschiedsrede* S. 8 Anm. 28, wo alle weitere Literatur genannt ist.
[4] In dem von Lk rezipierten Mk-Stoff begegnet ἄρχεσθαι mit Inf. 15× (Mk insgesamt 26×), von Lk ist es nur 2× (19,45; 20,9) beibehalten worden, 8× (8,37. 39; 9,11 (vgl. aber 9,12); 9,22; 18,28; 18,32. 38; 21,8) eindeutig in spezifischer Redaktion getilgt. 2× (5,15 anstelle von Mk 1,45; Lk 9,22 — Mk 8,32 bleibt unberücksichtigt) entfällt ἄρχεσθαι, weil das Mk-Element, in dem es steht, überhaupt entfällt. 3× dürfte es unter dem Einfluß einer Paralleltradition fehlen (6,1; 8,4; 9,1), d.h. es ist nicht eigentlich getilgt, sondern zugunsten der Traditionsvariante ignoriert.

ANALYSE

samt[1] nicht unmöglich, angesichts der Behandlung des Mk-Stoffes durch Lk in diesem Punkte und des Sprachgebrauchs der Act allerdings wenig wahrscheinlich ist. In den Act begegnet ἄρχεσθαι mit Inf. nämlich nur 6×.[2] Es ist nun sicher verfehlt, die genannten Belege im Ev und in der Apgsch als Indizien einer aramäischen Grundlage zu buchen,[3] andererseits zwingt der Sachverhalt zu dem Schluß, daß Lk diese Wendung nicht gerade bevorzugt,[4] sie von sich aus offenbar auch nur da wählt, wo der Beginn einer Handlung betont ausgedrückt werden soll,[5] während er ein semitisierendes sicher pleonastisches ἄρχεσθαι wie in 5,21 — die Mk-Parallele ohne ἄρχεσθαι zeigt, daß dieses hier durchaus entbehrlich ist — in freier ungebundener Redaktion schwerlich eingefügt hätte. D. h. in 5,21 setzt sich die Nebenquelle gegen Mk durch. Die übrigen Abweichungen von Mk — abgesehen von den unter 1. genannten — sind luk Verbesserungen, so die Periodisierung in 5,21b (vgl. 4,36), πορεύου (V 24), V 25: παραχρῆμα, ἀναστάς, ἐνώπιον sind luk Vorzugswörter. Ἐφ᾽ ὃ κατέκειτο ist aus Mk 2,4 übernommen; ἔκστασις (V 26) wohl von Lk eingebaut (Lk 1×, Act 4×, sonst nur Mk 2×); der Schluß in Anlehnung an Mk neu formuliert, wahrscheinlich von Lk selbst *(παράδοξα:* überhaupt nur hier; σήμερον: Mt 8×, Mk 1×, Lk 11×, Act 9×).

Ergebnis: Lk kann auf Mk 2,1—12 *und* auf eine traditionsgeschichtliche Variante der gleichen Perikope zurückgreifen, als er 5,17—26 schreibt.

---

[1] 2× aus Mk, 2× aus Q: Lk 7,24 par Mt 11,7; 12,45 par Mt 24,49; 23× LkS (einschließlich 22,14ff.).
[2] 1,1 (vgl. dazu Hunkin, *JThSt* 25 S. 401f.); 2,4; 11,15; 18,26; 24,2; 27,35.
[3] So u. a. Dalman, *Worte*, und C. C. Torrey, *The Composition and Date of Acts*, 1916; dagegen Hunkin, *JThSt* S. 395ff., bes. 401.
[4] Hunkin, *JThSt* S. 401 zu den Act: 'In St. Luke's case it is striking to note how ... when he has fewer sources to deal with and feels himself freer to compose a more formal narrative, the use of ἄρχομαι with the infinitive becomes far less frequent.'
[5] Vgl. die Act-Belege.

Lk 5,27—32

1. Die Übereinstimmungen zwischen Mt und Lk gegen Mk sind unbedeutend: V 27: τὸν τοῦ Ἀλφαίου fehlt; V 30a: οἱ Φαρισαῖοι; 30b: διὰ τί.

2. Lk-Sonderelemente begegnen nicht.

3. Hier ist lediglich die — für sich genommen unerhebliche — coniugatio periphrastica V 29 diff Mk zu erwähnen.

4. *V 27:* Mk 2,13 wird durch die gut luk Anreihungsformel μετὰ ταῦτα (Mt —, Mk —, (vgl. aber Mk 16,12), Lk 5×, Act 4×) ersetzt. θεᾶσθαι ist luk (vgl. neben 7,24 par Mt 11,7 besonders 23,55; Act 1,11; 21,27; 22,9), ebenso einfaches ὀνόματι zur Einführung eines Namens (Mt 1×, Mk 1×, Lk 6×, Act 22×).
V 28: Zu dem zusätzlichen καταλιπὼν πάντα s. oben Kapitel II B. zu Lk 5,11. *V 29:* ποιεῖν δοχήν begegnet im NT überhaupt nur hier und Lk 14,13, hier wohl — vielleicht in Erinnerung an 14,13 — von Lk eingebracht. *V 30:* Lk verwendet diff Mk das Verb γογγύζειν, das im Ev 1×, in den Act gar nicht belegt ist, und wie das nur 2× begegnende διαγογγύζειν (Lk 15,2; 19,7) 'Eigenart der lukanischen Quelle, nicht des Lukas' sein dürfte.[1] Ἐσθίετε ist diff Mk durch καὶ πίνετε erweitert, entweder auf Grund der direkten Einwirkung einer Nebenversion oder eher von Lk selbst in Anlehnung an diese ihm aus anderen Traditionsstücken geläufige vorluk Verbindung (vgl. unten zu Lk 5,33).
V 31: οἱ ὑγιαίνοντες (Mt —, Mk —, Lk noch 7,10; 15,27; Act —) ist als luk Eintragung zur Verdeutlichung im Gegenüber zu οἱ κακῶς ἔχοντες gut möglich. *V 32:* εἰς μετάνοιαν ist luk Zusatz (Mt 2×, Mk 1×, Lk 5×, Act 6×).

Ergebnis: Der Einfluß einer Überlieferungsvariante ist nicht auszuschließen, aber doch wenig wahrscheinlich.

---

[1] Jeremias, *Gleichnisse* S. 99 Anm. 2.

ANALYSE

Lk 5,33—39

1. Auffällig und textkritisch nicht zu 'tilgen' sind die folgenden agreements: Lk 5,36: ἐπιβάλλει; V 36f.: εἰ δὲ μή γε; ἐκχυθήσεται (ἐκχεῖται).[1] Mt und Lk dürften verschiedene Ausformungen einer Paralleltradition neben Mk zusätzlich benutzt haben.[2] Das würde die gemeinsamen Abweichungen bei im einzelnen unterschiedlicher Formulierung erklären. Die literarkritischen Verhältnisse liegen, so scheint es, ähnlich wie Mk 4,21 parr,[3] mit dem Unterschied, daß da die einwirkenden, leicht differierenden Dubletten (Mt 5,15; Lk 11,33) bekannt sind, während sie hier nur erschlossen werden können.

2. (*a*) *Lk 5,33* weicht in mehreren Punkten von der Mk-Vorlage ab: Die Fragesteller werden nicht näher bezeichnet. Im Sinne von V 30 hat man in οἱ δέ... (V 33) die Pharisäer und ihre Schriftgelehrten zu sehen. Damit ergibt sich, wie bei Mk, die Schwierigkeit, daß die Pharisäer von den 'Jüngern der Pharisäer' reden. Mt vermeidet diesen Anstoß, indem er die Jünger des Johannes als Sprecher einführt und die Fastenfrage als Problem zwischen Johannes- und Jesusjüngern darstellt. Daß damit wahrscheinlich der ursprüngliche Sachver-

---

[1] Vgl. Argyle, Agreements S. 20.
[2] Ein weiteres Rudiment der Mt zugänglichen Sondertradition läßt sich in Mt 9,15a nachweisen, wo im Gegensatz zur Mk- und Lk-Parallele und in einer gewissen Inkongruenz zum unmittelbaren Kontext bei Mt selbst (9,14. 15b) nicht von fasten *(νηστεύειν)*, sondern von trauern *(πενθεῖν)* die Rede ist. Ein endredaktionelles Motiv für diese Änderung ist nicht ersichtlich. Die Abweichung von der Mk-Vorlage ist also schwerlich freie Redaktionsleistung des Mt, sondern offenbar vorgegeben. Die Beobachtung, daß es sich bei νηστεύειν / πενθεῖν um Übersetzungsvarianten des aramäischen אִתְעַנִּי handelt (vgl. J. Jeremias, Art. νύμφη, νυμφίος, ThW IV S. 1096 Anm. 41), bestätigt diese Vermutung und zwingt zu der Folgerung, daß das Logion Mk 2,19 parr, u. U. sogar die ganze Perikope, in der es jetzt steht, spätestens seit dem Übergang aus dem aramäischen in den griechischen Überlieferungsbereich in verschiedenen Ausprägungen tradiert wurde.
[3] Vgl. oben Kapitel II A.

halt getroffen ist, läßt sich auch noch aus Lk 5,33 entnehmen: ὁμοίως καὶ οἱ τῶν Φαρισαίων ist (vgl. Lk 5,10) luk Nachtrag. Es scheint, als habe der Kontext (Mk 2,1ff.) und besonders die direkte Mk-Vorlage (2,18) Mt und Lk dazu veranlaßt, eine Perikope, die ihnen — jedenfalls auch — als Stück der Auseinandersetzung mit der Täufergemeinde zugeflossen war, in der Weise zu generalisieren und zu schematisieren, daß sie auch hier die Pharisäer als kritisierendes Gegenüber einführten.

Bei Lk ist die Fasten-'Frage' nicht als Frage, sondern als Feststellung formuliert, das könnte Ergebnis luk Redaktion sein.[1] Ein Motiv für den Eingriff ist allerdings nicht ersichtlich. Diese Auskunft wird zudem angesichts der Erweiterungen *(νηστεύουσιν) πυκνὰ καὶ δεήσεις ποιοῦνται* unwahrscheinlich.[2] Die Exposition stellt jetzt zwei Probleme zur Diskussion: nicht nur das Fasten wie bei Mk und Mt, sondern das (Häufig-) Fasten und Beten. Die Antwort Jesu, die Lk zunächst V 34f. in engem Anschluß an Mk referiert, geht aber nur auf das erstere ein. Das spricht, wie auch die Formulierung des Zusatzes,[3] entschieden gegen die Annahme, Lk habe von sich aus, ohne zusätzliche Information, erweitert.[4] Eine

---

[1] Vgl. Cadbury, *Style* S. 81f.; Lk ersetzt Fragen gern durch Aussagen, dazu ausführlich Schürmann, *Jesu Abschiedsrede* S. 11 und 80f.

[2] Die Umschreibung des mk οὐ νηστεύουσιν durch ἐσθίουσι καὶ πίνουσιν (V 33c) entspricht den Formulierungen in Lk 5,30; 7,33f.; 10,7; 12,45; 17,27f.; 22,30; das ist vorluk, terminologisch verfestigter Sprachgebrauch, der in den Act bezeichnenderweise nicht begegnet. Von sich aus hätte Lk φαγεῖν καὶ πιεῖν geschrieben, so Act 9,9; 23,12. 21; vgl. Lk 12,19. 29; 13,26; 17,8; zum Ganzen s. auch Schürmann, *Paschamahlbericht* S. 42; ders., *Einsetzungsbericht* Anm. 312; ders., *Jesu Abschiedsrede*, S. 48f.

[3] Das Adverb πυκνά begegnet im Ev nur hier; δέησις ist in den Act gar nicht, im Ev außer an unserer Stelle nur in der Vorgeschichte 1,13 und 2,37 *(νηστείαις καὶ δεήσεσιν λατρεύουσα)* belegt, d. h. in Partien, die vorgegeben waren: δέησις ist ein 'Quellenwort'! (Die gleiche Verbindung mit ποιεῖσθαι im NT nur noch 1. Tim 2,1; vgl. auch Phil 1,4: τὴν δέησιν ποιούμενος). Wenn Lk den Zusatz selbst gebildet hätte, würde er entweder προσεύχεσθαι oder eine Formulierung mit προσευχή gewählt haben.

[4] Gegen Grundmann, *Lk* S. 133; abwegig auch K. Th. Schäfer, '... und dann werden sie fasten, an jenem Tage', in: *Synoptische*

Bestätigung dieser Auffassung liefert Logion 5 des Th-Ev. Hier wird ein Traditionsstrom sichtbar, aus dem die Sonderüberlieferung des Lk geschöpft haben dürfte, wobei Th ein späteres Stadium der Entwicklung darstellt, wenn es bei ihm heißt: 'Seine Jünger fragten ihn und sprachen zu ihm: Willst du, daß wir fasten *(νηστεύειν)*? und in welcher Weise sollen wir beten und Almosen *(ἐλεημοσύνη)* geben? und welches Essen sollen wir beobachten *(παρατηρεῖν)*?' Als Ergebnis ist festzuhalten: Lk 5,33 zeigt in den an Mk gemessen überschüssigen Elementen den Einfluß einer Nebenquelle.

(*b*) In *5,36* unterbricht der Verfasser die zusammenhängende 'Rede' durch die Anreihungsformel ἔλεγεν δὲ καὶ παραβολὴν πρὸς αὐτοὺς ὅτι...[1] Das ist bemerkenswert, weil sich sonst beobachten läßt (vgl. z. B. 8,16.18; 9,4), daß Notizen dieser Art gern übergangen werden. V 36a ist nun zwar luk geprägt,[2] das braucht aber nicht mehr zu heißen, als daß Lk

---

Studien für A. Wikenhauser, 1953, S. 124ff., der, ohne auf das Lk-Sonderelement in V 33 einzugehen, zu folgendem Urteil kommt (S. 127): 'Mit Ausnahme der Anfügung Lk 39 lassen sich die uns überlieferten drei Fassungen der Perikope auf der Grundlage der Priorität des Mk ohne Heranziehung einer weiteren Quelle befriedigend auseinander erklären.' Besser Wellhausen, *Lk* S. 18 zu V 33: 'Lc hat den Text des Mc in ursprünglicherer Form erhalten.' Richtig Easton, *Lk* S. 72: 'A deduction of Lk's text from Mk's here is really difficult..., "make prayers" is suggested by nothing in the context and is apparently out of relation to what follows; ... a remnant from some Jewish source parallel to Mk... is the easiest explanation.'

[1] Vgl. Lk 6,39; 21,10. 29.

[2] Typisch luk ist δὲ καί (vgl. Plummer, *Lk* S. 90; Hawkins, *Horae* S. 17), ebenso die Verbindung des Verbum dicendi mit πρός (vgl. Cadbury, *Style*, S. 203). Λέγειν (εἰπεῖν) παραβολήν ist dagegen kein ausgesprochener Lukanismus (gegen Hawkins, *Horae* S. 39), wie man auf Grund der Belege im Mk-Stoff gern behauptet: In Lk 20,19 ist die Wendung von Mk 12,12 vorgegeben, im übrigen (neben 5,36 noch 20,9 und 21,29; vgl. dazu unten S. 154 und S. 181) scheint sie unter dem Einfluß von Traditionsvarianten in den Mk-Stoff eingeflossen zu sein. Wie dem auch sei, Lk hat die Formulierung jedenfalls nicht gemieden und besonders im Sondergut häufig stehen lassen. Sie begegnet noch Lk 6,39; 12,16. 41; 13,6; 14,7; 15,3; 18,1. 9; 19, 11. Vgl. Jeremias, *Gleichnisse* S. 92 Anm. 3.

eine vorgefundene Anreihungsformel seinem Stil angepaßt hat. Die Tatsache, daß er sich veranlaßt fühlt, die Zwischenbemerkung einzufügen, muß erklärt werden. Der Impuls dazu kann nicht von Mk, wohl aber von einer Paralleltradition ausgegangen sein. V 36a markiert eine Naht und ist in diesem Sinne indirekt für die literarkritische Beurteilung des Kontextes heranzuziehen.[1] Für V 36 selbst nimmt man allgemein Umprägung und Neuformulierung als Werk des Lk an. Die Argumente für diese Auffassung sind durchweg nicht überzeugend.[2] Richtig ist, daß V 36 diff Mk eine exakte Parallele zum folgenden Wort vom Wein und von den Schläuchen darstellt.[3] Daß diese nur als sekundäre Angleichung beurteilt werden könne, ist unbewiesen,[4] unbewiesen und höchst un-

---

[1] Vgl. Larfeld, *Evangelien* S. 251ff.; Soiron, *Logia* S. 53; Bultmann, *Tradition* S. 208f., 359ff. und bes. 349: 'Mitunter deutet ein καί ἔλεγεν gleichsam die Aufreihung an. Vielleicht hat hier ursprünglich einmal ein καὶ ἔλεγεν bzw. λέγει ὁ 'Ιησοῦς gestanden, wie man es in der Spruchsammlung Pap. Oxy. I liest. Wurde eine derartig angelegte Sammlung in ein Evangelium aufgenommen, so war es natürlich, daß ὁ 'Ιησοῦς fortfiel und etwa das Präsens in ein Tempus der Vergangenheit umgesetzt wurde, und daß etwa nach dem Zusammenhang ein αὐτοῖς dazutrat ...'

[2] Vgl. neben den neueren Kommentaren nur Jülicher, *Gleichnisreden* II S. 192f.: die Umdeutung des Bildwortes entspreche der Vorliebe des Lk für 'starke Farben'; J. Weiß, *Die drei älteren Evangelien*, in: *Die Schriften des Neuen Testaments* Bd. I, 1907, S. 443: 'Das Gleichnis vom ungewalkten Lappen hat Lk nicht mehr verstanden.' Schlatter, *Lk* S. 65, entnimmt — schwerlich zu Recht — auch diesem Gleichnis, daß Lk es 'zum Beruf des Evangelisten rechnete, den bildlichen Stoffen, durch die Jesus seine Gedanken verdeutlichte, Anschaulichkeit zu geben.'

[3] Vgl. Klostermann, *Lk* z. St. Hier wie da wird der *doppelte* Schaden ausgedrückt. Wo alt und neu vermischt wird, verdirbt *beides*. Dieser Gesichtspunkt wird auch V 37 bei Lk (und Mt), d. h. schon vorluk, diff Mk explizit unterstrichen: καὶ αὐτὸς ἐκχυθήσεται καὶ οἱ ἀσκοὶ ἀπολοῦνται.

[4] Wiewohl immer wieder behauptet, vgl. die Kommentare z. St., dazu Schäfer, *Synoptische Studien für Wikenhauser* S. 137: das Bild sei 'völlig unwahrscheinlich geworden, weil wirklich niemand ein neues Kleid entwerten wird, um ein altes schlecht zu flicken, während die bei Mt und Mk angenommene Unachtsamkeit vorkommen kann.'

ANALYSE

wahrscheinlich auch, daß Lk selbst dafür verantwortlich sei.
Die Formulierung enthält nichts spezifisch Lukanisches. Der
Vers stammt, so wie er bei Lk steht, aus der in 5,33 ff. auf
Schritt und Tritt greifbaren Überlieferungsvariante.[1]

(c) *Lk 5,39* ist nicht von Lk selbst gebildet, sondern eindeutig traditionell.[2] Das bedarf keines weiteren Beweises,

― Dabei ist zweierlei nicht beachtet: 1. 'Völlige Unwahrscheinlichkeit'
ist typisches, geradezu konstitutives Kennzeichen der Aussagen, die
man als Adynata bezeichnet. 2. Formgeschichtliche Beobachtungen
legen nahe, daß Lk 5,36f. (übrigens auch Mk 2,21f. par Mt) solche
Adynata vorliegen. Diese werden entweder mit οὐδείς, οὐ γάρ oder
als Frage μήτι, μή ... gebildet. Die intendierte Antwort dessen, der
ein solches Wort hört, d. h. das auf das in Frage stehende Problem zu
übertragende 'tertium', ist ein 'Ja, so ist es!' bzw. 'Nein, unmöglich,
niemals!' So verstanden ist Lk 5,36 den Parallelen durchaus überlegen:
'Niemand zerschneidet ein neues Kleid, um ein altes zu flicken' ist
nicht sekundäre Entstellung, sondern gleichwertiges Seitenstück zu
Mt 7,16b par Lk 6,44b etwa: Kann man etwa Trauben von Dornen
sammeln oder Feigen von Disteln? ― Doch darum geht es hier nicht,
sondern lediglich um den traditionsgeschichtlichen Ort der Mk-Lk-
Divergenzen: Lk 5,36 ist spätestens in die vorliegende Fassung gebracht worden, als auch in Lk 5,37 der Gesichtspunkt des doppelten
Schadens unterstrichen wurde, d. h. in jeden Falle vorluk.

[1] Vgl. B. Weiß, *Quellen* S. 232ff.; Easton, *Lk* S. 72f. zu 5,36:
'...this verse is quite unlike Lk, and can hardly be explained as a
revision of Mk... A separate source is the only satisfactory explanation.'

[2] S. u. a. B. Weiß, *Quellen* S. 232ff.; J. Weiß, *Schriften* S. 442;
Easton, *Lk* S. 73; vgl. auch Jeremias, *Gleichnisse* S. 103. ― Auf dem
Boden der starren Mk-Hypothese versucht H. Flender, *Heil und
Geschichte in der Theologie des Lukas*, 1965, S. 24f., eine konsequent
redaktionsgeschichtliche Erklärung für die Abweichungen von Mk
in Lk 5,33ff. einerseits und das Nebeneinander der V 36―38 und 39
andererseits von dem luk 'Schema der überbietenden Parallelität'
her (S. 25). Für Lk gehe es um 'die Würdigung des Alten und die
Betonung der unverletzlichen Ganzheit des Neuen.' ― Flenders im
Ganzen sehr anregendes Buch teilt mit anderen redaktionsgeschichtlichen Untersuchungen den Mangel, daß es literar- und stilkritische
Überlegungen weithin ausspart und deswegen immer wieder in
Gefahr gerät, traditionsgeschichtliche Tatbestände, mit der Benutzung verschiedener Quellen sich einstellende Unausgeglichenheiten
und Zufälligkeiten, in den Rang gezielter theologisch reflektierter

sondern kann angesichts des Inhaltes des V als evident gelten; die Parallelüberlieferung im Th-Ev (Logion 48) ist eine zusätzliche Bestätigung. Th 48 vereinigt 7 Adynata: 'Jesus sprach: Unmöglich, daß ein Mensch auf zwei Pferden reite und zwei Bogen spanne, und unmöglich, daß ein Knecht zwei Herren diene. ...Niemand trinkt alten Wein und begehrt *(ἐπιθυμεῖν)* sofort, neuen Wein zu trinken. Und man schüttet nicht neuen Wein in alte Schläuche *(ἀσκός)*, damit sie nicht zerreißen. Und man schüttet nicht alten Wein in neue Schläuche *(ἀσκός)*, damit er nicht verderbe. Man setzt nicht einen alten Lappen auf ein neues Kleid; sonst *(ἐπεί)* wird ein Riß entstehen.' Man beachte als Indiz der unabhängigen Überlieferung die ganz andere Einordnung des Lk 5,39 entsprechenden Logions.

3. entfällt.

4. Bisher nicht behandelt sind nur die V 34 und 35. Bemerkenswerte Abweichungen von Mk liegen nicht vor. Lk hat lediglich die mk Doppelung 19b unterdrückt. Einfluß einer Nebentradition ist nicht spürbar. Die mit der Mk-Vorlage nahezu identische Form dieser V könnte ein Zeichen dafür sein, daß Lk hier überhaupt nur Mk zur Verfügung hatte. Eine abweichende Entsprechung zu Mk 2,19f. gab es in der Nebenquelle offenbar nicht, V 33 war da u. U. unmittelbar mit V 36ff. verbunden. Die ungewöhnliche Wiederholung der Übergangsformel (s. oben) wäre dann einfach Ergebnis schematischer Kombination. V 34a ist aus Mk 19a (vgl. *εἶπεν*) übernommen, V 36a — in der Nebenüberlieferung als Überleitung zwischen V 33 und V 36 natürlich unentbehrlich — zusätzlich beibehalten. Die postulierte Traditionsvariante stammt dann aus einem Traditionsbereich, der die christliche Fastenpraxis noch nicht kannte. Lk hätte — im Blick auf Mk und auf die Situation

---

Aussagen zu erheben. Vgl. neben dem genannten Beispiel Lk 5,33ff. nur noch die Bemerkungen zur 'Adresse' der Feldrede (S. 28f.) und zu Lk 21,5ff. (S. 102ff.).

seiner (fastenden) Gemeinde — Mk 2,19 f. mit eingebracht.[1]

Ergebnis: Einfluß einer Parallelüberlieferung in Lk 5,33—39 sicher nachweisbar.

Lk 6,1—5

1. Die Seitenreferenten treffen in zwei Zusätzen (V 1: καὶ ἤσθιον (καὶ ἐσθίειν); V 4: μόνους (μόνοις) gegen Mk zusammen. Sie übergehen ὁδὸν ποιεῖν (Mk 2,23), χρείαν ἔσχεν (V 25), ἐπὶ 'Αβιαθὰρ ἀρχιερέως (V 26) und ziehen ἔξεστιν zu τοῖς σάββασιν (V 24). Das Logion Mk 2,27 entfällt. Offenbar unter dem Einfluß von Mk 2,25 *(οἱ μετ' αὐτοῦ)* schreiben Mt und Lk (gegen Mk 2,26: τοῖς σὺν αὐτῷ) übereinstimmend wieder τοῖς μετ' αὐτοῦ. Der Tatsache, daß bei beiden das οὖσιν (Mk 2,26) fehlt, ist kein Gewicht beizulegen, da Lk dieses Partizip in ὄντες (6,3) vorweggenommen hat und nicht wiederholen wollte.

2. Nach Lk 6,1 haben die Jünger die Ähren nicht nur ausgerissen, sondern auch gegessen und zuvor mit den Händen zerrieben *(. . . καὶ ἤσθιον τοὺς στάχυας ψώχοντες[2] ταῖς χερσίν).* Besonders die letztere Angabe wird, als spezielle Anmerkung zur Szene ohne eigentliche Notwendigkeit für das Verständnis, kaum von Lk erfunden worden sein, was wiederum auf zusätzliche Information hinweist.[3]

3. Die ἐγένετο-Satzeinleitung folgt ganz Mk 2,23. Sie ent-

---

[1] Zur Analyse von Mk 2,18ff. vgl. neben den Kommentaren bes. Dibelius, *Formgeschichte* S. 62f.; Bultmann, *Tradition* S. 17f.; J. Behm, Art. νῆστις κτλ., *ThW* IV S. 925ff., bes. 932—934; H. J. Ebeling, Die Fastenfrage (Mk 2,18—22), *ThStKr* NF 3, 1937/38, S. 387—396.

[2] ψώχω begegnet nur hier im NT und ist auch in der Profangräzität sehr selten; vgl. Bauer. *Wörterbuch* Sp. 1768.

[3] Vgl. Schlatter, *Lk* S. 68: 'L. hatte also noch einen anderen Text als Mar., an dem er die Erzählung des Mar. kontrollierte.'

spricht dem Lk eigenen Stil (Typ cc; s.oben zu Lk 5,12), konnte daher ohne Änderung übernommen werden.

4. Die übrigen Mk-Lk-Divergenzen sind unerheblich: ἤρξαντο (Mk V 23) ist wie oft (vgl. oben zu Lk 5,21) beseitigt, das Lk eigene λαβών V 4 dürfte an 22,19a orientiert sein.

Ergebnis: Einfluß einer Nebenquelle wahrscheinlich. Ein sicherer Nachweis ist bei der relativ schmalen Argumentationsgrundlage nicht zu führen.

Lk 6,6—11

1. Nennenswerte Übereinstimmungen der Seitenreferenten gegen Mk begegnen nicht.[1]

2. entfällt.

3. Die ἐγένετο-Einleitung V 6 ist luk Bildung (Typ cc; s. oben zu Lk 5,12), ebenso die Parataxe diff Mk 6,6b.

4. Alle übrigen Mk-Lk-Divergenzen sind, wenn nicht typisch luk, so doch luk möglich.[2] Typisch luk ist auch der Abschluß V 11 als Ersatz für die verfrühte Notiz Mk 3,6.[3]

Ergebnis: Einfluß einer Traditionsvariante nicht nachweisbar.[4]

[1] Vgl. Abbott, *Corrections;* Easton, *Lk;* Klostermann, *Lk* (jeweils z. St.).
[2] V 6: ἐν ἑτέρῳ σαββάτῳ; + καὶ διδάσκειν; ἡ χεὶρ ... ἡ δεξιά; V 7: εὕρωσιν; 8a; Erweiterung in 8b; V 9: ἀπολέσαι (vgl. Mk 6,6).
[3] πλήθειν im NT überhaupt nur bei Mt 2×und Lk 13×, Act 9×; von Personen nur bei Lk; ἄνοια nur hier und 2. Tim 3,9; Verbum dicendi + πρὸς ἀλλήλους bei Lk häufig; τί ἂν ποιήσαιεν: Lk schätzt den Opt. (mit und ohne ἄν) in indirekten Fragen, vgl. Bl.-Debr. § 386,1; Plummer, *Lk* S. 94.
[4] Daß auch Mt nur Mk benutzt, weist (gegen Vaganay, Benoit, Lagrange) Schmid (Mk und der aram. Mt S. 169f.) überzeugend nach.

ANALYSE

Lk 6,12—19

1. Die literarkritische Beurteilung von Lk 6,12—19 darf nicht vorübergehen an dem erstaunlichen Phänomen, daß Mt (4,25; 5,1) *und* Lk (6,17ff.) die gleiche Mk-Stelle (3,7ff.) für die Rahmung der Bergpredigt/Feldrede verwenden, dabei sogar die gleichen Elemente aus Mk 3 für die Einleitung der Predigt in Anspruch nehmen.[1] Das kann schwerlich Zufall sein. Der Befund spricht vielmehr dafür, daß bereits die hinter Bergpredigt und Feldrede liegende Quelle eine Mk 3,7ff. entsprechende Rahmennotiz enthielt, wahrscheinlich auch einen Bericht von der Berufung der Zwölf. So wären jedenfalls die Übereinstimmungen der Seitenreferenten gegen Mk am besten erklärt: Lk 6,13 (= Mt 10,2): ἀπόστολοι; 6,14 (= Mt 10,2): Simon Petrus und Andreas (+ ὁ ἀδελφὸς αὐτοῦ) werden nebeneinandergestellt; 6,17 (= Mt 4,25): ὄχλος πολύς (ὄχλοι πολλοί), bei Lk neben dem aus Mk aufgenommenen πλῆθος πολύ besonders auffällig. Die Auswechslung des Thaddäus (MkMt) durch Judas (Lk 6,16; vgl. Act 1,13) dürfte ebenfalls auf den Einfluß einer Nicht-Mk-Liste zurückzuführen sein.

2. Lk 6,12.13a ist als Lk-Sonderelement anzusprechen; wie der Sprachgebrauch zeigt,[2] eine Bildung des Lk selbst, der mit dieser wirkungsvollen Einleitungsszene dem Akt der Einsetzung der Apostel besonderes Gewicht geben wollte.

3. Lk 6,12 *(ἐγένετο):* luk Bildung (Typ cc) wie 6,1 und 6,6.

4. Die übrigen Abweichungen von Mk sind — wie gezeigt — z. T. der postulierten Parallelüberlieferung entlehnt, z. T. ergaben sie sich bei der Redaktion letzter Hand auf Grund

---

[1] Vgl. Hirsch, *Frühgeschichte II* S. 44; Easton, *Lk* S. 81.

[2] *Ἐγένετο*-Einleitung wie 6,1. 6; das Bergmotiv ist aus Mk V 13 vorgegeben; zum Gebetsmotiv vgl. oben S. 93f. Anm. 5; zu der luk Formulierung im einzelnen die Kommentare z. St., bes. Easton; Plummer; Klostermann.

der Tatsache, daß die Einsetzung der Apostel diff Mk bereits berichtet war. V 17b.18.19 sind an Mk angelehnt, während 17a luk Verknüpfung mit der vorangehenden Bergszene ist, wobei in ὄχλος πολὺς μαθητῶν αὐτοῦ ein vorgegebenes Element zum Zuge kommt. Auch das Motiv der Seepredigt dürfte im Anschluß an die Überlieferungsvariante getilgt sein.[1]

Ergebnis: Lk 6,12—19 steht unter dem Einfluß einer Traditionsvariante.

Lk 8,4—15

1. Neben unbedeutenderen Übereinstimmungen (a) stehen einige gewichtige (b):

(*a*) Lk 8,4: ὄχλου πολλοῦ (ὄχλοι πολλοί);[2] Lk 8,5: τοῦ σπεῖραι (σπείρειν); καὶ ἐν τῷ σπείρειν αὐτόν; das mk ἐγένετο[3] ist getilgt, αὐτόν eingefügt; Lk 8,8: ὁ ἔχων . . .; 8,9: καὶ ὅτε ἐγένετο κατὰ μόνας (Mk 4,10) fällt aus; οἱ μαθηταί tritt an die Stelle einer ausführlicheren Angabe bei Mk.

(*b*) Lk 8,7: ἀπέπνιξαν; καὶ καρπὸν οὐκ ἔδωκεν (Mk 4,7) fehlt, was deswegen erstaunlich ist, weil die Seitenreferenten durch die Rezeption der allegorischen Deutung des Gleichnisses nach Mk 4,13ff. zeigen, daß auch sie das καρπός-Motiv in dem übertragenen Sinne betont wissen wollen. Die Bildhälfte bleibt, jedenfalls hier, bei ihnen von Verdeutli-

---

[1] Vgl. Kapitel II B. zu Lk 5,1ff.

[2] Mk: ὄχλος πλεῖστος: für Lk wäre die auch sonst zu beobachtende Tendenz, Übertreibungen zu meiden, eine mögliche Erklärung (vgl. Cadbury, *Style* S. 118f.), während Mt hier untypisch bearbeitet haben müßte; er fügt sonst gern steigernde Ausdrücke ein, vgl. z. B. Mk 11,8 mit Mt 21,8. Einfluß einer Traditionsvariante ist daher plausibler.

[3] N. Turner, The Minor Verbal Agreements of Mt and Lk against Mk, *StEv*, 1959, S. 223ff., bes. S. 226, verzichtet auf Differenzierung, wenn er bemerkt, die καὶ-ἐγένετο-Konstruktion sei 'very characteristic of his (scil.: Lk) style'. Die von Lk (und Mt) ignorierte Einleitungsformel Mk 4,4 gehört zu dem unluk Typ aa (s. oben zu Lk 5,12).

chungen im Blick auf die Allegorese frei. Daß sie das von Mk gebotene ἀναβαίνοντα καὶ αὐξανόμενα (Mk 4,8; vgl. Kol 1,6.10) übergehen, ist ähnlich zu beurteilen.

Lk 8,8: ἑκατονταπλασίονα (Mt 13,8: ἑκατόν gegen Mk an erster Stelle): Als hypothetische, vielleicht aber nicht unwahrscheinliche Erklärung für die von Mk abweichende Stellung des ἑκατόν in Mt 13,8b sei folgende Vermutung geäußert: Mt könnte deswegen die ansonsten völlig unmotivierte 'Umstellung' in V 8b vorgenommen haben — die mk Klimax: 30fach, 60fach, 100fach wird in eine Antiklimax verkehrt —, weil er aus einer Nebentradition den ursprünglichen Schluß des Gleichnisses kannte, aber aus verständlichen Gründen lieber der paränetisierten Mk-Fassung das Wort gab. Die gute Erde trägt, so ursprünglich bei Lk, gleichmäßig 100fältig. Mt hätte diesen auch ihm bekannten Schluß dann um Angaben aus Mk erweitert. Die Voranstellung des ἑκατόν wäre Rudiment der ursprünglichen Fassung, das Übrige Nachtrag aus Mk.[1] Die erheblichen Übereinstimmungen zwischen Mt und Lk in den folgenden Versen können diese Vermutung stützen: *V 10:* ὑμῖν δέδοται γνῶναι τὰ μυστήρια τῆς βασιλείας (τῶν οὐρανῶν)[2],

---

[1] G. Barth, Das Gesetzesverständnis des Evangelisten Matthäus, in: *Überlieferung und Auslegung im Matthäusevangelium*, 1960, S. 54ff., bes. S. 56 Anm. 1, sucht nach einem spezifisch mat Redaktionsmotiv und findet es; allerdings nur mit Hilfe der schwerlich überzeugenden Eintragung, daß bei Mk 'die Pointe im ungeahnt reichen Ertrag' liege, während Mt durch die Umkehrung der Zahlenreihe 'bereits das Gleichnis paränetisch' deute. M. E. setzt die aufsteigende (Mk) ebenso wie die abfallende (Mt) Zahlenreihe paränetische Auswertung im Sinne einer Mahnung zum 'Fruchtbringen' voraus (gegen Barth, a. a. O. S. 109 Anm. 1). Die ursprüngliche Pointe des Gleichnisses wird nur in der Lk 8,4—8 durchscheinenden Traditionsvariante greifbar. Vgl. dazu weiter unten S. 121 und bes. S. 121f. Anm. 4.

[2] Vgl. Easton, *Lk* z. St.: 'This agreement is unusual!' Wie B. Weiß, *Quellen* z. St., rechnet auch Jülicher, *Gleichnisreden* I S. 130 Anm., hier mit der Einwirkung einer Nebentradition. Redaktionsgeschichtliche Arbeiten freilich 'beweisen' die spezifisch mat bzw. spezifisch luk Herkunft der Abweichungen von Mk, ohne das literarkritische Problem auch nur anzusprechen. So kann W. Wilkens, Die Redaktion des Gleichniskapitels Mark. 4 durch Matth., *ThZ* 20, 1964, S. 305ff., bes. S. 308—311 — Lk 8,10 wird nicht erwähnt — ausführ-

dazu die 'Kürzung'[1] des sehr ausführlichen V Mk 4,12.

2. (a) Bei der Schilderung der verschiedenen Schicksale des Samens heißt es bei Lk über Mk hinaus von dem, der auf[2] den Weg fiel: καὶ κατεπατήθη (8,5)[3] und dann mit Mk ... τὰ πετεινὰ ... κατέφαγεν αὐτό. Es treten damit zwei Aussagen nebeneinander, die jede für sich ausgereicht hätten. U. U. sind zwei Fassungen des Gleichnisses kombiniert, deren eine vom Zertreten des Samens, deren andere von der Vernichtung durch die Vögel (des Himmels) sprach.[4]

---

lich darlegen, wie charakteristisch das zusätzliche γνῶναι gerade für Mt sei, wie bezeichnend auch der Plural τὰ μυστήρια. Dieser sei 'pleophor' und meine 'das in der Himmelreichsbotschaft angezeigte Heil in seiner ganzen Fülle' (S. 309). Auf solche Pleophorie stoße man bei Mt immer wieder. — J. Dupont, La parabole du semeur dans la version du Luc, in: *Apophoreta, Festschrift E. Haenchen,* 1964, S. 97ff., dagegen führt — ohne auf Mt 13,11 einzugehen— dieselben Elemente auf spezifisch luk Redaktionsmotive zurück (S. 99 Anm. 7), im Anschluß an Conzelmann *(Mitte* S. 94f.), der die Mt-Parallele zwar nennt, aus dem eindeutigen Befund aber ebenfalls nicht auf eine bei Mt *und* Lk zum Zuge kommende Traditionsvariante und damit auf bereits *vorluk* Redaktionsleistung schließt. — Richtig Kümmel, *Einleitung* S. 31: Mt 13,11 und Lk 8,10 sind zu den MtLk-Übereinstimmungen gegen Mk zu zählen, 'die schwerlich als zufällig bezeichnet werden können.'

[1] Daß Lk Mk 4,12 von sich aus gekürzt habe, ist nicht so sicher. Eine Neigung zur Kürzung von Bibelzitaten darf man ihm jedenfalls nicht aufgrund von Lk 20,9 und 20,17 anlasten, so u. a. J. Gnilka, *Die Verstockung Israels,* 1961, S. 124 Anm. 17; vgl. auch A. Suhl, *Die Funktion der alttestamentlichen Zitate und Anspielungen im Markusevangelium,* 1965, S. 138. Vgl. dazu unten S. 151 Anm. 1 und 2.

[2] Vgl. Black, *Approach* S. 162f.; Schrage, *Th-Ev* S. 45.

[3] Daß dieses Element von Lk selbst gebildet und eingebaut wurde, erscheint ausgeschlossen (gegen Dupont, Parabole S. 100), denn dann hätte Lk auch in der Deutung Gebrauch davon gemacht. Daß es im Sinne der folgenden Allegorese sekundär und von vornherein in übertragener Bedeutung (= verachtet werden, vgl. Hebr. 10,29) eingefügt sei, ist ebenfalls wenig wahrscheinlich, vgl. dazu *ThW* IV S. 844 Anm. 56.

[4] Eine ähnliche sekundäre Doppelbegründung findet sich in Logion 8 des Th-Ev: '... und anderes fiel auf die Dornen. Sie erstickten den Samen und der Wurm fraß ihn.'

ANALYSE

(b) ἵνα μὴ πιστεύσαντες σωθῶσιν (8,12c): der Zusatz hat in der direkten Vorlage Mk 4,15 keine Parallele, ist aber dennoch — trotz luk Formulierung im einzelnen[1] — nicht einfach freie Bildung des Lk, sondern unschwer als Nachtrag aus Mk 4,12 zu erkennen, ein gutes Beispiel 'gebundener' Redaktion. Lk hat umgruppiert. 'Es ist nicht mehr der himmlische Vater wie bei Markus, der die Menschen das Heil nicht finden läßt, sondern der Teufel, dessen ganzes Trachten das Verderben der Menschen ist.'[2] Die Aussage als solche ist aus der Quelle vorgegeben.[3]

3. entfällt.

4. In dem Rahmenvers Lk 8,4 sieht man vielfach luk Komprimierung und Stilisierung der Mk-Vorlage (Mk 4,1).[4] Das ist weder zu beweisen noch mit letzter Sicherheit zu widerlegen. Es spricht allerdings vieles dafür, daß die Einleitung wie die unmittelbar vorausgehende Perikope und das Folgende mehr an einer Parallelüberlieferung als an Mk orientiert ist.[5] In συνιέναι, ἐπιπορεύομαι und εἰπεῖν διὰ παραβολῆς[6] enthält sie Wörter und Wendungen, die nur hier bei Lk begegnen, die aber doch so wenig speziell und an bestimmte Inhalte gebunden sind, daß man sie, falls es sich um luk Wortschatz handelte, im Ev und in den Act öfter finden müßte. Wenn das

---

[1] Vgl. Dupont, Parabole S. 101.
[2] Schmid, Lk z. St.; vgl. auch Conzelmann, Mitte S. 95 und 146.
[3] Vgl. unten S. 122 Anm. 2f.
[4] Vgl. nur Conzelmann, Mitte S. 41; Grundmann, Lk z. St.; Cadbury, Style S. 93; Dupont, Parabole S. 98 Anm. 1.
[5] Daher sollte man vielleicht die sog. kleine Einschaltung nicht mit Lk 8,3, sondern erst mit Lk 8,8 enden lassen, womit sich auch ein plausibler Grund für die Wiederaufnahme des Mk-Fadens gerade an dieser Stelle ergäbe. Lk brachte das Gleichnis noch nach seiner Sondervorlage. Auf die Deutung, die er nur bei Mk fand, wollte er aber nicht verzichten, daher ging er hier wieder zum Mk-Stoff über.
[6] Lk sagt sonst παραβολὴν εἰπεῖν bzw. λέγειν; auch der Singular παραβολή (Lk 8,4.9 diff Mk und Mt) ist im Blick auf Lk 8,10 und 16ff. bemerkenswert.

richtig ist, bedarf es keiner redaktionsgeschichtlichen Motivation für das Fehlen der Strandszenerie. Lk hat nicht etwa auf Grund einer bestimmten 'Seeideologie'[1] Mk bewußt korrigiert, sondern lediglich seiner Traditionsvariante den Vorrang gegeben.

Was nun das eigentliche Gleichnis betrifft, so fällt auf, daß die luk Fassung erheblich kürzer ist als die der Seitenreferenten. Das auf 'eine eigene, auch sonst beobachtbare künstlerisch beachtliche Gestaltung des Lukas' zurückführen zu wollen,[2] scheint aus mehreren Gründen verfehlt. Bei Lk fehlen nämlich gerade die Elemente, die bei Mk und Mt die Deutung vorbereitend unterstreichen und das Gleichnis selbst schon stark in die Nähe der Allegorie bringen.[3] Lk bietet wirklich ein Gleichnis,[4] was durch nichts deutlicher aufgezeigt werden kann als durch die Feststellung, daß die luk Fassung des Gleichnisses Lk 8,4—8 und die sich enger an Mk anschließende Deutung Lk 8,11—15 nicht wirklich zusammenpassen. Das gilt von dem Sonderelement in V 5 *(καὶ κατεπατήθη)*, das in der Deutung nicht berücksichtigt wird. Es gilt auch sonst: Bei Mk heißt es in V 5, daß die Saat, die auf felsigen Grund fällt, sogleich aufgeht *(εὐθὺς ἐξανέτειλεν)*, eine Angabe, die

---

[1] Gegen Conzelmann, Lukas-Analyse S. 23f.; vgl. oben S. 39f. Anm. 4.

[2] Grundmann, *Lk* S. 176.

[3] Vgl. B. Weiß, *Quellen* z. St.; Easton, *Lk* S. 112; W. C. Robinson Jr., On Preaching the Word of God (Luke 8:4—21), in: *Studies in Luke-Acts*, hrsg. v. L. E. Keck—J. L. Martyn, New York 1966, S. 131—138, bes. S. 134: 'The interpretation in Luke is directly dependent on that in Mark, not upon Luke's version of the parable itself.' — Nur V 5c dürfte nach Mk im Blick auf die Deutung eingefügt sein. Dabei ist die Wendung τὰ πετεινὰ τοῦ οὐρανοῦ (MkMt: τὰ πετεινά) als Reminiszenz des Lk an den Sprachgebrauch seiner Quellen (vgl. Lk 9,58 (Q); 13,19 (Q); Act 10,12; 11,6) zu werten.

[4] Sofern man 'das Wesen des Gleichnisses ... im Unterschied von der Allegorie' so formuliert, 'daß es die Übertragung eines (an neutralem Stoff gewonnenen) Urteils auf ein anderes zur Diskussion stehendes Gebiet' fordert. 'In der Allegorie handelt es sich nicht um Urteilsübertragung, sondern um geheimnisvoll und phantastisch spielende Verkleidung eines Sachverhaltes ...' Bultmann, *Tradition* S. 214; s. auch S. 199ff.; 203ff.

deutlich V 16 korrespondiert. Dem anfänglichen schnellen Wachstum entspricht die zunächst freudige Aufnahme des Wortes *(ὅταν ἀκούσωσιν τὸν λόγον εὐθὺς μετὰ χαρᾶς λαμβάνουσιν αὐτόν)*. Lk folgt in der Deutung der Mk-Vorlage, ohne im einzelnen für genaue Entsprechung zwischen Bildhälfte und Erklärung zu sorgen. Ähnlich auch Mk 4,6 par Mt 13,6: 'Und als die Sonne aufging, wurde es verbrannt, und weil es nicht Wurzel hatte, verdorrte es.' Die Sonnenglut ist Bild der in der Deutung V 17b beschriebenen Verfolgungssituation. Auch Lk spricht in der Erklärung vom *καιρὸς πειρασμοῦ* (8,13). Dieses Element der Deutung ist aber im Gleichnis ebensowenig vorbereitet wie die für das Versagen angesichts der Verfolgung im Anschluß an Mk gelieferte und nur aus Mk 4,6.17 verständliche Begründung. Nur bei einem Verzicht auf literarkritische Differenzierung kann man behaupten,[1] Lk habe aus einer gewissen Vorliebe für Variation im Ausdruck heraus das *ῥίζα* der Vorlage (Mk 4,6b) durch *ἰκμάς* (Lk 8,6) ersetzt. Das hieße nicht nur, daß Lk ohne ersichtlichen Anlaß einen Wortbezug zwischen Bild und Deutung durchbrochen und beseitigt hätte, sondern übersieht auch, daß doch die luk Fassung einleuchtender ist, durchaus im Bild bleibt und damit sehr gut Ursprünglichkeit beanspruchen kann,[2] während das mk-mat 'Nicht-Wurzel-Haben' schon in der Bildhälfte nicht buchstäblich an die Wurzel zu denken scheint,[3] sondern in metaphorischem Gebrauch das Nicht-

---

[1] Gegen Cadbury, *Style* S. 46; 186f.; vgl. oben S. 41 Anm. 1.

[2] Vgl. Jer 17,7f. (LXX): *καὶ εὐλογημένος ὁ ἄνθρωπος, ὃς πέποιθεν ἐπὶ τῷ κυρίῳ ... καὶ ἔσται ὡς ξύλον εὐθηνοῦν παρ' ὕδατα καὶ ἐπὶ ἰκμάδα βαλεῖ ῥίζας αὐτοῦ καὶ οὐ φοβηθήσεται ὅταν ἔλθῃ καῦμα ......, ... καὶ οὐ διαλείψει ποιῶν καρπόν.* — Beachte die ganz parallele Metaphorik *(ῥίζα:* Mk 4,6. 17; *καῦμα:* Mk 4,6 *ἐκαυματίσθη; καρπός:* Mk 4,7f.19) und vor allem die Lk 8,6 entsprechende sachlich richtige Angabe: *ἐπὶ ἰκμάδα βαλεῖ ῥίζας αὐτοῦ.*

[3] Vgl. Schlatter, *Lk* S. 75: '... die Formel des Mk' ist nicht 'im strengen Sinne richtig'. Offenbar nur, weil er jede Divergenz zu Mk aus der Redaktion letzter Hand erklären will, kommt Dupont (Parabole S. 102f.) zu dem entgegengesetzten Ergebnis: Die Bemerkung *(ἰκμάς* statt *ῥίζα)* sei vielleicht nicht sehr exakt, die angewendete Vokabel *(ἰκμάς)* aber sehr elegant. Der Vers 8,6 bezeuge die literarische

Festgewurzelt-Sein (so Mk 4,17 parr) anklingen lassen will.[1] *Ἕτερον* (vgl. V 7 und 8) anstelle des mk ἄλλο verrät wohl die Hand des Lk (Mt 9×, Mk 1×, Lk 33×, Act 17×), ebenso κατέπεσεν (im NT nur hier und 2× in den Act).[2] Neben dem durch Th Logion 8 als vorluk erwiesenen πέτρα (Mk: τὸ πετρῶδες) und dem ebenfalls der Nebenquelle zuzuweisenden φυέν (ebenso V 7: συμφυεῖσαι; V 8: φυέν)[3] könnten aber auch diese spezifisch luk anmutenden Wörter aus der Traditionsvariante stammen. Anstelle des von Mk 4,7 gebotenen εἰς τὰς ἀκάνθας (so *par* Mk Lk 8,14) schreibt Lk 8,7 ἐν μέσῳ τῶν ἀκανθῶν[4]; καὶ καρπὸν οὐκ ἔδωκεν übergeht er. Für V 14 — hier heißt es im Anschluß an Mk, wenn auch umformuliert: 'und sie bringen die Frucht nicht zur Reife' *(καὶ οὐ τελεσφοροῦσιν)* — fehlt es damit an einer Entsprechung im Bild. Weiter liest Lk gegen Mk 4,7 *ἀπέπνιξαν,* in

---

Sorgfalt des Verfassers und das mangelnde Verständnis und Interesse, das Lk als Städter den Landdingen zolle (sic!). Richtig Easton, *Lk* S. 112: 'Lk's abbreviations in V 6. 8. avoid the most highly allegorical elements in Mk, but Lk certainly had no dislike of allegory.'

[1] Vgl. nur noch Kol 2,7; Eph 3,17; dazu Bauer, *Wörterbuch* Sp. 1459; Chr. Maurer, Art. *ῥίζα, ThW* VI S. 985—991, speziell zum übertragenen Gebrauch. — Die einseitig redaktionsgeschichtlich orientierten Überlegungen Maurers zu Lk 8,13 überzeugen allerdings nicht: Lk scheine in 8,13 stärker als Mk und Mt betonen zu wollen, 'daß es nicht auf die Eigenständigkeit des Menschen, sondern auf die Verwurzelung in dem außerhalb der Person liegenden Boden' ankomme; deswegen lasse er in 8,13 ἐν ἑαυτοῖς aus, deswegen ersetze er schon in 8,6 *ῥίζα* durch *ἰκμάς*.

[2] Th hilft in diesem Fall nicht weiter, da die Entscheidung, ob der koptischen Übersetzung ein griechisches Simplex oder ein Kompositum zugrundeliegt, oft nicht möglich ist (so Schrage, *Th-Ev* S. 16 zu Lk 8,5; vgl. auch S. 42ff.).

[3] Vgl. dazu Black, *Approach* S. 63.

[4] Lk fügt nicht etwa von sich aus diff Mk diese semitisierende Wendung ein (gegen Sparks, vgl. oben S. 84 Anm. 2), sondern er folgt der Traditionsvariante. Vgl. Lk 9,47, wo diff Mk 9,36 ἐν μέσῳ αὐτῶν von Lk beseitigt ist (dazu unten S. 141). Πίπτειν ist sonst im dritten Ev und in den Act wie bei Mk und Mt auf die Frage 'wohin' immer mit einer den Acc. regierenden Präposition konstruiert; vgl. Schürmann, *Jesu Abschiedsrede* S. 88.

der Deutung mit Mk συμπνίγονται; in V 8 gegen Mk und Mt ἀγαθὴ γῆ, in V 15 mit ihnen καλὴ γῆ. D. h.: zahlreiche Elemente der Bildhälfte, in denen Lk von Mk abweicht, sind nicht kongruent mit der Deutung,[1] stammen demnach sehr wahrscheinlich aus einer anderen Tradition, die entweder gar keine oder eine anders formulierte Deutung enthielt. Daß Lk bei freier, ungebundener Bearbeitung der Mk-Vorlage Disharmonie zwischen Gleichnis und Deutung geschaffen, daß er vor allem das Gleichnis von sich aus — gleichsam im modernen Sinne kritisch — auf eine ursprünglichere Fassung zurückgeschraubt hätte, erscheint höchst unwahrscheinlich. Es ist vielmehr mit dem Einfluß einer Nicht-Mk-Quelle zu rechnen, die sich über das bisher Ausgeführte hinaus besonders deutlich im Schluß des Gleichnisses Lk 8,8, dem die Deutung angeglichen ist, verrät.[2] Der luk Schluß ist den Seitenreferenten, auch Th, entschieden überlegen.[3] Die von Lk rezipierte Parallelüberlieferung hat die ursprüngliche Fassung bewahrt: Gutes Land bringt einheitlich gute Frucht. Erhebliche Teile der Aussaat werden verloren gehen und vergeblich sein; davon reden die V Mk 4,3—7 parr. Der (kleine) Teil, der auf guten Boden fällt, wird durch eine jedes Maß übersteigende Fülle alle sonstigen Verluste und Rückschläge wettmachen, er wird hundertfältig Frucht bringen.[4]

---

[1] Vgl. als typisches Beispiel für Kongruenz zwischen Bild und Deutung Mt 13,24—30. 36—43, dazu Jeremias, *Gleichnisse* S. 79ff.

[2] Vgl. B. Weiß, *Quellen* S. 133f. Die Formulierung ἐποίησεν καρπόν (MkMt: ἐδίδου καρπόν) begegnet in den Act nicht, im Ev noch an 4 Stellen (3,8. 9; 6,43 (bis); 13,9), jeweils eindeutig aus der Tradition vorgegeben, so auch Lk 8,8.

[3] Gegen A. R. C. Leaney, *The Gospel according to St. Luke*, 1958, z. St.: 'By his compression Luke has avoided any apparent affinity with gnosticism.' Lk hat nicht komprimiert, sondern er hat — seiner zweiten 'Quelle' folgend — dem ursprünglichen Schluß zum Zuge verholfen.

[4] Gegen Jeremias *Gleichnisse*, dessen Interpretation von Mk 4,8 die sekundären Elemente bei Mk und Mt zu halten versucht. — Darüber, wie es bei Mk und Mt zu der sekundären Abwandlung des Schlusses gekommen ist, kann eine Vermutung geäußert werden:

Lk 8,9 f.: V 9 ist — an Mk 4,10 orientiert — komprimiert und gut luk formuliert. Der Optativ in der indirekten Frage[1] und die bewußte Entsprechung zu V 11a stellen das sicher. Zur Einwirkung einer Nicht-Mk-Tradition auf V 10 s. oben unter 1.

In *Lk 8,11—15* folgt der Verfasser, wie bereits bei der Analyse von 8,4—8 deutlich wurde, aufs engste der Mk-Vorlage. Alle Divergenzen sind als spezifisch luk[2] oder doch als luk gut möglich[3] zu erweisen. Wo Lk von Mk abweicht, ist er selbst dafür verantwortlich, eine Traditionsvariante zur Deutung des Gleichnisses vom Säemann war ihm nicht bekannt. Die in V 4—8 verwertete Parallelüberlieferung enthielt offenbar

---

Wenn man einmal dazu übergegangen war, das Gleichnis vom Säemann in der Weise, wie es Mk 4,13ff. geschehen ist, allegorisch zu deuten, so bedurfte es geradezu einer Erweiterung. Mit gutem Recht kann angenommen werden, daß dieses und ähnliche Gleichnisse ihre besondere Funktion in der Gemeinde in Predigt und Taufunterricht ('als Mahnung an die Konvertiten', Jeremias) hatten. Die Erfahrung der Gemeinde ging nun aber dahin, daß abgesehen von den Mk 4,15—19 parr beschriebenen Schicksalen auch die Mk 4,20 parr genannte eigentliche treue Gemeinde durch die Verschiedenheit der χαρίσματα geprägt war. Vgl. etwa 1. Kor 12,4ff.; auch 1. Kor 7,7b: ἕκαστος ἴδιον ἔχει χάρισμα ἐκ θεοῦ, ὁ μὲν οὕτως, ὁ δὲ οὕτως (eine Formulierung, die Mt 13,8 und 23 nicht fernsteht). Dieser Erfahrungstatsache sollte der Schluß, der von den Unterschieden und Differenzierungen auch der guten Christen redet, Rechnung tragen. Dabei ist die Mk-Fassung ebenso paränetisch ausgerichtet wie die des Mt, gegen Barth, Gesetzesverständnis des Evangelisten Matthäus (s. oben S. 115 Anm. 1).

[1] Vgl. S. 112 Anm. 3.
[2] Spezifisch luk: *V 11b:* ὁ λόγος τοῦ θεοῦ: Mt 1×, Mk 1×, Lk 4×, Act ca. 13×; vgl. dazu Dupont, Parabole S. 98f.; *V 13:* δέχεσθαι τὸν λόγον (vgl. Mk 4, 20, und bes. Act 8,14; 11,1; 17,11; vgl. dazu Schürmann, *Paschamahlbericht* S. 25ff.); πιστεύειν: wie 12c, vgl. Dupont, Parabole S. 101; ἀφιστάναι (Mt-, Mk-, Lk 4×; Act 6×).
[3] Luk gut möglich: *V 12:* διάβολος: Mt 6×, Mk-, Lk 5×, Act 2×; *V 14:* ἡδοναὶ τοῦ βίου: nur hier, sonst im NT noch Tit 3,3; Jak 4,1. 3; 2. Petr 2,13; d. h. frühkirchlicher Sprachgebrauch; τελεσφορεῖν: nur hier; + ἀγαθή: aus Lk 8,8; ὑπομονή: vgl. Lk 21,19; zum Ganzen Jeremias, *Gleichnisse* S. 75—77.

ANALYSE

nur das Gleichnis. Die literarkritische Untersuchung von Lk 8,4—8 bestätigt damit Ergebnisse der Gleichnisforschung, die die Deutung des Säemannsgleichnisses als sekundär und spät abgehoben hat.[1] Im Spiegel luk Quellenbenutzung wird ein Traditionsstrom sichtbar, der wohl das Gleichnis, nicht aber die Deutung kannte.

Ergebnis: Lk 8,4—8 und 9f. sind nicht als spezifisch luk Mk-Redaktion zu erklären; Lk steht hier deutlich unter dem Einfluß einer Traditionsvariante. Die Deutung des Säemannsgleichnisses dagegen kennt der Verfasser des dritten Ev nur aus Mk 4. Die Einwirkung einer Sonderüberlieferung auf Lk 8,11—15 läßt sich nicht nachweisen.

Lk 8,19—21[2]

Übereinstimmungen zwischen Mt und Lk gegen Mk, Lk-Sonderelemente und Semitismen fehlen. Die Abweichungen von Mk 3,31—35 sind spezifisch luk.[3] Lk holt die im Zuge der

---

[1] Vgl. Jeremias, *Gleichnisse* S. 75—77. — B. Gerhardsson, The Parable of the Sower, *NTS* 14, 1967/68, S. 165ff. hat dieser Auffassung widersprochen. Er versucht zu zeigen, 'that the parable and the interpretation fit each other as hand to glove', genauer: 'that the parable is constructed for the interpretation it receives in the gospels' (S. 187). 'If the parable... is from Jesus, then so is the interpretation. If the interpretation is secondary, then the parable is too' (S. 192). Die oben durchgeführte literarkritische Analyse spricht ebenso dagegen wie der von Jeremias überzeugend erbrachte Nachweis, daß diese Gleichnisdeutung, die schon aus sprachlichen Gründen der Urkirche zugeschrieben werden muß, dem Gleichnis sekundär zugewachsen ist.

[2] Zu Lk 8,16—18 vgl. oben Kapitel II A.

[3] παραγίνεσθαι: Mt 3×, Mk 1×, Lk 8×, Act 20×; συντυγχάνειν nur hier; ἀπαγγέλλειν: Mt 8×, Mk 5×, Lk 11×, Act 16×; vgl. bes. Lk 14,21; Act 5,25; 28,21; zu ἰδεῖν θέλοντες vgl. Lk 9,9; (19,3f.); 23,8; zu ὁ λόγος τοῦ θεοῦ vgl. oben S. 122 Anm. 2. Bezeichnenderweise fehlen die als spezifisch luk abgehobenen Züge in der Th-Parallele Logion 98.

kleinen Einschaltung nach Mk 3,19 ausgelassene Perikope einfach nach.[1] Einfluß einer Parallelüberlieferung liegt nicht vor.[2]

Lk 8,22—25

1. *V 22:* ἐνέβη εἰς πλοῖον καὶ οἱ μαθηταὶ αὐτοῦ *(καὶ ἐμβάντι αὐτῷ εἰς τὸ πλοῖον ἠκολούθησαν αὐτῷ οἱ μαθηταὶ αὐτοῦ):* die Auskunft, daß der Zusammenhang bei Mt und Lk diese (oder eine ähnliche) Rahmennotiz erforderte,[3] während Mk einfach an 4,1 anknüpfen konnte, erklärt nicht die Übereinstimmung in Wortwahl und Wortfolge. Ein weiteres sicheres Indiz für die Einwirkung einer Traditionsvariante ist darin zu sehen, daß Lk *οἱ μαθηταί* schreibt, obwohl er offensichtlich *οἱ δώδεκα* meint, was er bei freier, ungebundener Mk-Redaktion auch gewählt hätte. Er folgt seiner Nebenquelle (= Mt), 'selbst auf die Gefahr hin, daß seine eigene theologische Linie dadurch an Pointiertheit verliert'.[4]

V 23: εἰς τὴν λίμνην *(ἐν τῇ θαλάσσῃ):* dieses Zusammentreffen der Seitenreferenten ist deswegen von Belang, weil Mt und Lk sonst derartige 'überflüssige' Bemerkungen diff Mk übergehen[5].

V 24: προσελθόντες... διήγειραν *(ἤγειραν)* αὐτὸν λέγοντες; V 25: ἐθαύμασαν (Lk: φοβηθέντες ἐθαύμασαν, offensichtlich eine Kombination aus Mk 4,41 und dem Nebenquellenelement ἐθαύμασαν (= Mt!); τοῖς ἀνέμοις *(οἱ ἄνεμοι);* ὑπακούουσιν (plur.); die Mk eigene Detailzeichnung fehlt bei Mt und Lk, daher mehrere — literarkritisch unerhebliche — gemeinsame Auslassungen,[6] bemerkenswert allerdings das Fehlen des Befehlswortes Jesu an die Gewalten, u. U. durch

---

[1] Vgl. Hirsch, *Frühgeschichte* II S. 5f.; Jeremias, Perikopenumstellungen S. 115f.; zur redaktionsgeschichtlichen Auswertung Conzelmann, *Mitte* S. 41f.
[2] Gegen B. Weiß, *Quellen* S. 153ff.
[3] Schmid, *Mt und Lk* S. 108f.
[4] Roloff, *Apostolat* S. 181.
[5] Vgl. Easton, *Lk* S. 119.
[6] Vgl. Easton, *Lk* S. 119f.; Klostermann, *Lk* S. 99; Schmid, *Mt und Lk* S. 108—110.

ANALYSE

die bei Mt und Lk verwertete Sonderüberlieferung veranlaßt. Deren Pointe war nicht das Naturwunder — davon war möglicherweise überhaupt nicht die Rede[1] —, sondern die Jüngerschelte *während* des Sturmes (so noch bei Mt; Mk par Lk: 1. Wunder, 2. Jüngerschelte), d. h. die Mahnung zum Glauben — angesichts des Glaubens Jesu — inmitten der Gefahr.[2]

3. *V 22:* ἐγένετο-Satzeinleitung (Typ bb); ἐν μιᾷ τῶν ἡμερῶν; καὶ αὐτός; vgl. dazu oben zu Lk 5,12.

4. Bei den bisher nicht genannten Mk-Lk-Divergenzen ist luk Redaktion auf Grund des Sprachgebrauchs nicht auszuschließen;[3] da die Einwirkung einer Nebenquelle mit Sicherheit angenommen werden muß, könnte manches auch daher stammen. Sicher luk ist die Anrede ἐπιστάτα, ἐπιστάτα V 24.[4]

Ergebnis: Lk 8,22—25 steht unter dem Einfluß einer Traditionsvariante.

---

[1] Vgl. B. Weiß, *Quellen* S. 168 Anm. 1.
[2] Falls diese Vermutung das Richtige trifft, wären einige Korrekturen an G. Bornkamms Analyse von Mt 8, 23—27 (Die Sturmstillung im Matthäus-Evangelium, in: *Überlieferung und Auslegung im Matthäusevangelium*, 1960, S. 48—53) notwendig. Im Sinne einer genaueren Unterscheidung zwischen 'Überlieferung und Auslegung', speziell zwischen vormat Redaktionsleistungen und der Redaktion letzter Hand, wäre herauszustellen, daß sich Mt bei der Bearbeitung seiner Mk-Vorlage auf eine Traditionsvariante stützen konnte, die die beobachtete Akzentverschiebung gegenüber Mk — hier Mahnung zum Glauben, eine Nachfolgegeschichte, da ein novellistisch ausgestalteter Bericht von einem Naturwunder — nahelegte, wenn nicht überhaupt bereits enthielt. Die Leistung des Mt wäre damit nicht bestritten, aber doch modifiziert. 'Der Leitgedanke der interpretierenden Neuerzählung' war vorgegeben, Mt hat ihn aufgegriffen und unterstrichen. (Zu dieser für Mt charakteristischen Arbeitsweise vgl. Held, Matthäus als Interpret der Wundergeschichten S. 284ff.).
[3] Vgl. bes. Plummer, *Lk* z. St.
[4] Vgl. oben S. 92, bes. Anm. 4.

Lk 8,26—39

Die Perikope vom gerasenischen Besessenen war Lk offensichtlich nur aus Mk bekannt.[1] Positive[2] Übereinstimmungen der Seitenreferenten gegen Mk fehlen, ebenso literarkritisch relevante Lk-Sonderelemente und die sonst wiederholt diff Mk beobachteten Semitismen. Die Mk-Lk-Divergenzen sind Vers für Vers als spezifisch luk zu erweisen.[3]

Lk 8,26—39 stellt damit ein gutes Beispiel freier, ungebundener Redaktionstätigkeit des dritten Evangelisten dar, zugleich — e contrario — ein Beweis für die Unzulänglichkeit der starren Mk-Hypothese bei zahlreichen anderen Mk-Stoff-Perikopen.

Lk 8,40—56

1. *V 41:* καὶ ἰδού (ἰδού); ἄρχων; V 42: θυγάτηρ; V 44: προσελθοῦσα ὄπισθεν ἥψατο τοῦ κρασπέδου τοῦ ἱματίου αὐτοῦ; V 51: ἐλθών; εἰς τὴν οἰκίαν. Die Übereinstimmungen sind wenig beweiskräftig und könnten — abgesehen vielleicht von ἰδού V 41 und τοῦ κρασπέδου V 44[4] — zufällig entstanden sein.[5]

---

[1] Gegen B. Weiß, *Quellen* S. 169ff.

[2] Die negativen Übereinstimmungen entspringen bei Mt wie Lk dem Bestreben zu kürzen und sind — da andere literarkritische 'Indizien' fehlen — hier nicht auszuwerten. Vgl. Schmid, *Mt und Lk* S. 110; ders., Mk und der aram. Mt S. 163.

[3] Vgl. Klostermann, *Lk* S. 101f.; bes. Easton, *Lk* S. 124—126. Hingewiesen sei nur auf die folgenden Lukanismen: *V 27:* ἀνήρ τις; ἔχων δαιμόνια; χρόνῳ ἱκανῷ; *V 28:* δεῖσθαι; *V 29:* παραγγέλλειν; ἐξέρχεσθαι ἀπό (ebenso V 33. 35. 38); συναρπάζειν im NT nur hier und 3× in den Act; φυλάσσειν; *V 32:* ἱκανός; Abwandlung zur indirekten Rede wie V 29; *V 35:* εὑρίσκειν (vgl. oben zu Lk 5,19); *V 37:* ἐρωτᾶν; συνέχειν; pleonastisches ἄρχεσθαι entfällt; ebenso V 39 (vgl. oben zu Lk 5,21); *V 38:* δεῖσθαι; ἀνήρ; σύν (vgl. Schürmann, *Paschamahlbericht* S. 108); *V 39:* ὑποστρέφειν.

[4] Wenn nicht mit D it Marcion τοῦ κρασπέδου bei Lk überhaupt zu streichen ist, so Wellhausen, *Lk* z. St.; vgl. auch Streeter, *Gospels* S. 313; Kümmel, *Einleitung* S. 31.

[5] Easton, *Lk* S. 126—131; Schmid, Mk und der aram. Mt S. 163f.; gegen B. Weiß, der mit dem Einfluß seiner 'apostolischen' Quelle auf Lk rechnet.

2. entfällt.

3. ἦσαν γὰρ πάντες προσδοκῶντες V 40: coniugatio periphrastica, vgl. oben zu Lk 5,17f.; ἐν τῷ c. inf. V 40 und 42; καὶ ἰδού V 41: vgl. oben zu Lk 5,12. Die Belege stammen aus den ansonsten spezifisch luk formulierten Einleitungsversen (vgl. aber unter 4. zu V 42). Bei der coniugatio periphrastica und bei ἐν τῷ c. inf. handelt es sich zudem um Semitismen, die sich wiederholt[1] als luk möglich erwiesen haben. Neben anderen sicheren Nebenquellenindizien wären sie als zusätzliche Stütze der Argumentation brauchbar, hier sollten sie nicht überbewertet werden.[2]

4. Alle wichtigeren Abweichungen von Mk dürften auf Lk selbst zurückgehen.[3] Unluk und ausgesprochen untypisch ist lediglich das sonst von Lk bestenfalls übernommene, nach Möglichkeit beseitigte, nie — nur hier — selbständig eingebrachte ὑπάγειν[4] V 42 und die direkte Rede diff Mk in V 46.[5]

Ergebnis: Einfluß einer Traditionsvariante wenig wahrscheinlich.

---

[1] Vgl. S. 101 Anm. 6.
[2] Gegen Schweizer, der Lk 8,40—56 aufgrund der genannten Instanzen zur semitisierenden Sonderquelle rechnet.
[3] Vgl. nur die folgenden Lukanismen: *V 40*: ὑποστρέφειν, ἀποδέχεσθαι, προσδοκᾶν; *V 41*: ἀνήρ, ὑπάρχειν (V 41f.: indirekte Rede diff Mk); *V 42*: μονογενής (vgl. Hawkins, *Horae* S. 169); *V 43*: ἰσχύειν; *V 44*: παραχρῆμα; *V 45f.*: ἐπιστάτα, συνέχειν, ἐξέρχεσθαι ἀπό; *V 47*: ἀπαγγέλλειν, ἐνώπιον, λαός, ὡς, ἰᾶσθαι, παραχρῆμα; *V 50*: καὶ σωθήσεται wie Lk 8,12; hier aus Mk 5,23 nachgeholt; *V 51*: σύν; *V 55*: παραχρῆμα, διατάσσειν; *V 56*: παραγγέλλειν, τὸ γεγονός (vgl. Hawkins, *Horae* S. 36); zum Ganzen Hawkins, *Horae* S. 15ff.; Easton, *Lk* S. 126ff.; Klostermann, *Lk* S. 101—103.
[4] Zum luk Sprachgebrauch ausführlich Schürmann, *Paschamahlbericht* S. 86, bes. S. 93f.; auch *Jesu Abschiedsrede* S. 5.
[5] Die direkte Rede wird häufig gerade vom dritten Evangelisten beseitigt, vgl. den genauen Nachweis bei Schürmann, *Paschamahlbericht* S. 31.

Lk 9,7—9[1]

1. V 7: Ἡρῴδης ὁ τετραάρχης: Die Verbesserung des ungenauen Titels βασιλεύς (Mk 6,14) könnte unabhängig bei Mt und Lk vorgenommen worden sein; τετραάρχης bei Mt allerdings nur hier, 14,9 heißt es par Mk wieder βασιλεύς. ἠγέρθη: eine Übereinstimmung, die sich leicht, zumal angesichts von ἠγέρθη (Mk 6,16), zufällig einstellen konnte. Naheliegend war auch die Einfügung eines Objektes zu ἀκούειν. Lk und Mt ergänzen je verschieden, das spricht gegen die Benutzung einer gemeinsamen Überlieferungsvariante.[2]

2. und 3. entfallen.

4. Die Propria der Lk-Fassung entstammen luk Redaktion: V 7: διηπόρει (im NT überhaupt nur bei Lk, hier und Act 3×) dürfte durch ἠπόρει Mk 6,20 veranlaßt sein.[3] Διὰ τό c. inf. ist typisch für Lk.[4] Bei dem deutlich luk stilisierten Kontext wird man auch ἐφάνη (φαίνειν: Mt 13×, Mk 2×, Lk nur hier und 24,11; Act —) und προφήτης τις τῶν ἀρχαίων (im NT nur hier und Lk 9,19) Lk selbst zuschreiben, ebenso V 9b,[5] der — motivisch an 8,19—21 anknüpfend — Lk 23,8 vorbereitet.[6]

---

[1] Zu Lk 9,1—6 vgl. oben Kapitel II A. Ca. 12 wichtigere agreements der Seitenreferenten gegen Mk spiegeln das bereits formulierte Ergebnis wider. Der Einfluß einer Traditionsvariante ist schwerlich zu bestreiten.

[2] Diese vergleichsweise minimalen agreements spielen eine große Rolle in der — m. E. völlig unhaltbaren-Argumentation von Lindsay (s. oben S. 52f. Anm. 1), der Mk 6,14—16 für eine Kombination aus der von ihm postulierten vorsynoptischen Quelle (proto-narrative PN) und Lk 9,7—9 hält.

[3] So u. a. Easton, *Lk* S. 135; Schürmann, *Reminiszenzen* S. 196.

[4] Vgl. Bl.-Debr. § 402,1; Schürmann, *Paschamahlbericht* S. 13.

[5] Obwohl Lk sonst rhetorische Fragen gern meidet; vgl. Cadbury, *Style* S. 138f.; Larfeld, *Evangelien* S. 322; Schürmann, *Jesu Abschiedsrede* S. 11; 80f.

[6] Vgl. Conzelmann, *Mitte* S. 41f.

ANALYSE

Ergebnis: Einwirkung einer Parallelüberlieferung nicht nachweisbar.

Lk 9,10—17

1. V 10: ὑπεχώρησεν (ἀνεχώρησεν); V 11a: οἱ ... ὄχλοι ... ἠκολούθησαν αὐτῷ; V 11b: Heilungssummarium; V 12: τὸν ὄχλον (τοὺς ὄχλους); V 13: οὐκ εἰσὶν ... ἄρτοι πέντε καὶ ἰχθύες δύο ... (οὐκ ἔχομεν ... πέντε ἄρτους καὶ δύο ἰχθύας); V 13b: βρώματα (vgl. Mt V 15); V 14: ὡσεί; V 17: τὸ περισσεῦσαν (περισσεῦον) ... κλασμάτων; gemeinsame Auslassungen finden sich diff Mk 6,31.33. 34b. 37bf. 40.42f. Die Übereinstimmungen sind zu zahlreich, als daß sie zufällig sein könnten. Sie erklären sich aus der Einwirkung von Traditionsvarianten. Daß es solche gegeben hat, bedarf bei einem so zentralen Stück wie der Speisungsgeschichte keines Beweises, zumal in Mk 8,1ff. par Mt 15,32ff. und in Joh 6,1ff. Seitenstücke zu Mk 6,30ff. erhalten sind.[1] Bei Mt und Lk haben die verschiedenen Ausprägungen aufeinander Einfluß gewonnen. Von Mk 8,1.5.8 (περισσεύματα) und 9 (ὡς vor der Zahlenangabe) her erklärt sich ein Teil der agreements. Die hinter Joh 6 greifbare Tradition hat andere verursacht.[2] Die Seitenreferenten stehen hier nachweislich sowohl unter dem Einfluß einer Nicht-Mk-Traditionsvariante als auch unter dem von Mk 8,1ff.: auch Mk 8,1ff. war ihnen bei der Übernahme von Mk 6,30ff. präsent und blieb nicht ohne Einwir-

---

[1] Die Propria der Joh-Fassung sind nicht das Werk des Joh, sondern aus einer Quelle übernommen, die demnach nicht Mk gewesen sein kann. Vgl. R. Bultmann, *Das Evangelium des Johannes (MeyerK II, 14. Aufl.)*, Göttingen 1956, S. 155; E. D. Johnston, The Johannine Version of the Feeding of the Five Thousand — an Independent Tradition? *NTS* 8, 1961/62, S. 151ff.; Haenchen, *Weg Jesu* S. 277—284; ders., Johanneische Probleme S. 31—34; C. H. Dodd, *Historical Tradition in the Fourth Gospel*, 1963, S. 196ff.

[2] Übereinstimmend mit Mt/Lk (gegen Mk 6,33: προῆλθον) heißt es Joh 6,2, daß die Menge Jesus folgt; ebenso steht es mit dem Hinweis auf Heilungen (6,2). Auffällig und sicher aus der Tradition vorgegeben ist auch das bei Joh überhaupt nur hier begegnende ἀνεχώρησεν (6,15; vgl. Mt 14,13 par Lk 9,10).

kung, — ein Sonderfall der gebundenen Arbeitsweise, speziell des Lk, zugleich ein kontrollierbares Beispiel für die Richtigkeit der These, daß Übereinstimmungen zwischen Mt und Lk gegen Mk den Einfluß einer Traditionsvariante, die hier u. a. Mk selbst ist, widerspiegeln.

2. und 3. entfallen.

4. Nicht alle Mk-Lk-Divergenzen — abgesehen von den agreements — sind als Nebenquellenelemente zu betrachten. Lk hat — wie oft — Vorlagen kombiniert, dabei aber auf Prägung im Sinne des eigenen Stils nicht ganz verzichtet.[1]

Ergebnis: In Lk 9,10—17 kommen neben der unmittelbaren Vorlage Mk 6,30—44 verschiedene andere Ausprägungen der Speisungsgeschichte zum Zuge.

Lk 9,18—22. 43b—45; 18,31—34 [2]

1. Neben kleineren Übereinstimmungen fällt in *Lk 9,22* besonders auf: ἀποδοκιμασθῆναι ἀπό (Mt 16,21: παθεῖν ἀπό)[3] und καὶ τῇ τρίτῃ ἡμέρᾳ ἐγερθῆναι (gegen Mk: μετὰ τρεῖς ἡμέρας ἀναστῆναι). Streeter versucht nur eine Motivation für die Abwandlung der Zeitbestimmung, das Mt und Lk verbindende ἐγερθῆναι wird nicht erklärt.[4] Angesichts der ausgesprochenen Vorliebe des Lk für ἀναστῆναι[5] ist es doch bemerkenswert, daß er sich nicht Mk anschließt. *Lk 9,44* ist

---

[1] Vgl. die Lukanismen: *V 10:* ὑποστρέφειν, καλούμενος; *V 11:* ἀποδέχεσθαι; *V 13:* λαός; *V 14f.:* κατακλίνειν, s. dazu u. a. B. Weiß, *Quellen* S. 180ff.; Easton, *Lk* S. 138f.; Klostermann, *Lk* S. 105.

[2] Es empfiehlt sich, die Mk parallelen Leidensweissagungen zusammenzufassen.

[3] παθεῖν ist im NT nur hier mit ἀπό (+ handelnde Person beim Passiv) konstruiert, ein Rudiment der von Mt übergangenen Wendung ἀποδοκιμασθῆναι ἀπό?

[4] *Gospels* S. 299: 'since in strict Greek the former phrase (scil. μετά...) might seem to imply an extra day.'

[5] Lk 19×, Act 32×.

gegenüber Mk durch Kürze und durch den Verzicht auf alle konkreten Einzelheiten ausgezeichnet.[1] Mt und Lk treffen in der Verdeutlichung des mk παραδίδοται durch μέλλει παραδίδοσθαι (Mt + καὶ τῇ τρίτῃ ἡμέρᾳ ἐγερθήσεται) zusammen. Auf einen von Mk abweichenden Traditionsstrang weist auch *Lk 18,33:* καὶ τῇ ἡμέρᾳ τῇ τρίτῃ ἀναστήσεται (Mt: ἐγερθήσεται). Daß Mt und Lk ἤρξατο *(λέγειν)*, πάλιν und τὰ μέλλοντα αὐτῷ συμβαίνειν (Mk 10,32) streichen, wäre — für sich genommen — angesichts der pleonastischen Redeweise des Mk weniger bedeutsam, erhält hier allerdings neben den eindeutigen Indizien durchaus Gewicht. In allen Fällen scheint ein besonderer Nicht-Mk-Typ der Leidensweissagung Mt und Lk zu beeinflussen. Daß Lk neben den mk Leidensweissagungen (Mk 8,31—33; 9,30—32; 10,32—34), die sich durch ihre detaillierten Angaben deutlich als vaticinia ex eventu zu erkennen geben, andere weniger konkrete und von Mk unabhängige kannte, ist durch Lk 12,50; 13,32f. und 17,25 erwiesen.[2] Ἀποδοκιμασθῆναι ἀπό in Lk 9,22 diff Mk

---

[1] Vgl. Schweizer, Sonderquelle S. 174; J. Jeremias, Art. παῖς θεοῦ, *ThW* V, bes. S. 712: Mehrere der Leidensankündigungen, u. a. Lk 9,44 und 17,25, 'sind so allgemein gehalten, daß sie nicht wohl ex eventu stilisiert sein können.'

[2] Lk 17,25 ist sicher alt, auf jeden Fall aber vorluk, vgl. E. Lohmeyer, *Das Markusevangelium (MeyerK)* 12. Aufl., 1953, S. 165; W. G. Kümmel, *Verheißung und Erfüllung*, 1956, S. 64f. und Grundmann, *Mk* S. 169. H. E. Tödt, *Der Menschensohn in der synoptischen Überlieferung*, 1959, S. 98ff. und 151f., und G. Strecker, Die Leidens- und Auferstehungsvoraussagen im Markusevangelium, *ZThK* 64, 1967, S. 16ff., bes. S. 19—21, haben versucht, den Vers als spezifisch luk Redaktionsleistung zu verstehen. Sie stützen sich dabei vor allem auf die Beobachtung, daß eine Parallele zu Lk 17,25 bei Mt fehlt, und folgern, daß die Logiensammlung, der Mt und Lk hier folgen, dieses Element noch nicht enthalten habe. Abgesehen davon, daß Mt dasselbe ja auch übergangen haben könnte, ist zu fragen, ob die apokalyptischen Ausführungen Lk 17 par Mt 24 den Verfassern wirklich in gleicher Gestalt (=Q) vorlagen: die starken Divergenzen in der Formulierung im einzelnen sprechen dagegen und zeigen, daß Mt und Lk bereits nicht mehr kongruente Ausprägungen des Stoffes benutzten, womit Raum ist für vorluk Arbeit am Text, mit der

9,31 könnte unter dem Einfluß von Lk 17,25: ... καὶ ἀποδοκιμασθῆναι ἀπό ... formuliert sein. Lk 9,22 *(καὶ τῇ τρίτῃ ἡμέρᾳ ...)* und 18,33 *(καὶ τῇ ἡμέρᾳ τῇ τρίτῃ)* diff Mk *(μετὰ τρεῖς ἡμέρας:* 8,31; 9,31; 10,34) hat seinen Grund nicht darin, daß Lk μετά c. acc. meiden wollte. An der Formulierung nimmt er keinen Anstoß — vgl. nur Lk 2,46; Act 25,1; 28,(11).17; —, sondern: er gleicht den Mk-Stoff an die ihm zugänglichen Nicht-Mk-Leidensweissagungen an (vgl. Lk 24,7.46; auch 13,32; Act 10,40), die — was die Zeitangabe betrifft — 1. Kor 15,4 entsprechen.

2. Sowohl der Rahmen der zweiten Leidensverkündigung wie diese selbst *(Lk 9,43b—45)* entfernen sich weit von der Mk-Vorlage. Das ist nach der wortgetreuen Wiedergabe von Mk 8,31 (erste Leidensweissagung) in Lk 9,22 erstaunlich.[1] Warum hier völlige Neufassung, dort reine Kopie? Die emphatische Aufforderung θέσθε ὑμεῖς εἰς τὰ ὦτα ὑμῶν τοὺς λόγους τούτους V 44a (vgl. Lk 21,14) ist aus Mk nicht ableitbar und als Semitismus[2] schwerlich Lk selbst zuzumuten. Wenn Lk wirklich, wie behauptet worden ist,[3] diese auch der LXX bekannte Wendung besonders geschätzt hätte und septuagintisieren wollte, müßte man dieses feierliche Einleitungswort öfter, auch in der Apgsch, finden. Das ist nicht der Fall. V 45 betont darauf mit großem Nachdruck — 23 Wörter gegenüber 9 bei Mk — das Unverständnis der Jünger: οἱ δὲ

---

m. E. gerechnet werden muß. Denn daß Lk in freier Redaktion von Mk 8,31 die hier vorliegende Kurzform der Voraussage gebildet hätte, ist höchst unwahrscheinlich. Die Eliminierung des 'Getötetwerden' und des 'Auferstehen nach drei Tagen' ist redaktionstheologisch nicht motivierbar und mit dem Hinweis auf Lk 9,44, wo dasselbe zu beobachten sei (Strecker, a. a. O. S. 20), nicht zu erklären. Es zeigt sich nämlich, daß auch da Tradition, nicht spezifisch luk Redaktion zum Zuge kommt (s. o.); das beweist vor allem der unluk-semitisierende Sprachgebrauch eindeutig, ein Phänomen, das bei Tödt und Strecker bezeichnenderweise unberücksichtigt bleibt.

[1] Vgl. Bartlet, Sources S. 317ff.
[2] Vgl. Schweizer, Sonderquelle S. 174.
[3] Gegen Sparks, The Semitisms of St. Luke's Gospel, *JThSt* 44 S. 134; vgl. oben S. 84 Anm. 2.

ἠγνόουν τὸ ῥῆμα τοῦτο, καὶ ἦν παρακεκαλυμμένον ἀπ' αὐτῶν ἵνα μὴ αἴσθωνται αὐτό, καὶ ἐφοβοῦντο ἐρωτῆσαι αὐτὸν περὶ τοῦ ῥήματος τούτου.[1] Die Annahme, Lk habe von sich aus die Angaben des Mk aufgefüllt, widerspräche nicht nur seiner Tendenz, die Jünger nach Möglichkeit zu schonen und von Vorwürfen zu befreien,[2] sondern auch seinem Bemühen, mk Ausführlichkeit, insbesondere Doppelausdrücke, zu meiden.[3] Hier liegt zudem eine deutlich hebraisierend, im Parallelismus membrorum gestaltete Aussage vor: auch das spricht entschieden gegen spezifisch luk Redaktion.[4] Ganz ähnlich ist die Lage in *Lk 18,31—34*. In V 31b tritt eine unbestimmte Berufung auf die Schrift an die Stelle konkreter Angaben bei Mk — die 'Schilderung des jüdischen Anteils an der Passion'[5] (= Mk 10,33) wird übergangen —, während V 32f. in enger Anlehnung an Mk alle Einzelheiten des zweiten Teiles (Mk 10,33 Ende und 34) dieser ausführlichsten Leidensweissagung rezipieren. V 34 bringt — als Lk-Sonderelement — wie 9,45 im Parallelismus membrorum eine von Mk nicht vorgegebene dreifache Umschreibung des Jüngerunverständnisses. Daß dabei Tradition, nicht etwa spezifische Redaktion zum Zuge kommt, verraten Terminologie und Inhalt dieser Elemente; es wird darüberhinaus durch die von Lk überlieferten Nicht-Mk-Leidensweissagungen bestätigt.[6]

---

[1] Auffällige Hapaxlegomena sind παρακαλύπτομαι und αἰσθάνομαι; ἐρωτάω περί begegnet bei Lk nur hier und 4,38, wo es wahrscheinlich durch Mk 1,30 veranlaßt ist. Zum Ganzen vgl. Lk 2,50 und 18,34; zu ῥῆμα vgl. unten Anm. 6(4.) zu Lk 18,34b.

[2] Vgl. etwa Mk 4,13 mit Lk 8,11; Mk 4,38b mit Lk 8,24; wenn Lk Mk 10,24 übergeht, so einmal, um zu komprimieren, andererseits, um die Jünger vom Vorwurf mangelnden Verständnisses zu befreien.

[3] Vgl. die Beispielsammlung bei Hawkins, *Horae* S. 139ff.; vgl. auch Repo, *Rhema* II S. 50f., der zu Recht gegen R. Morgenthaler, *Die lukanische Geschichtsschreibung als Zeugnis*, Bd. I und II, 1949, bes. II S. 36ff., Stellung nimmt.

[4] Vgl. Bartlet, Sources S. 321.

[5] Grundmann, *Lk* S. 355. Die hier zum Zuge kommende Nebentradition stammt aus judenchristlichen Kreisen.

[6] *Zur Terminologie*: 1. Lk 18,31b: ... καὶ τελεσθήσεται πάντα τὰ γεγραμμένα...; Lk 12,50: ... πῶς συνέχομαι ἕως ὅτου τελεσθῇ; Lk 13,32: ... καὶ τῇ τρίτῃ τελειοῦμαι; Lk 22,37: ... τοῦτο τὸ γεγραμμένον

Bei Lk stehen damit — unter der Einwirkung verschiedener Traditionsstränge![1] — verschiedene Weissagungstraditionen

δεῖ τελεσθῆναι ἐν ἐμοί...; καὶ γὰρ τὸ περὶ ἐμοῦ τέλος ἔχει; vgl. auch Act 13,29: ὡς δὲ ἐτέλεσεν πάντα τὰ περὶ αὐτοῦ γεγραμμένα...;
2. Lk 18,34a: καὶ αὐτοὶ οὐδὲν τούτων συνῆκαν...; Lk 2,50: καὶ αὐτοὶ οὐ συνῆκαν τὸ ῥῆμα...; Lk 24,45: διήνοιξεν αὐτῶν τὸν νοῦν τοῦ συνιέναι τὰς γραφάς...; συνιέναι bei Lk sonst nur im Zitat Lk 8,10 par Mk; Act 28,26f., daneben noch Act 7,25 (2×), auch hier sicher von der Quelle vorgegeben, d. h. συνιέναι läßt sich als luk redaktionell nicht nachweisen.
3. Lk 18,34b: καὶ ἦν... κεκρυμμένον ἀπ' αὐτῶν, καὶ οὐκ ἐγίνωσκον; vgl. Lk 12,2 (und sekundär auch Lk 8,17, s. oben S. 25 f.) die gleiche von der Tradition vorgegebene Kombination (s. Mt 10,26) von κρύπτειν und γινώσκειν; Lk 9,45: καὶ ἦν παρακεκαλυμμένον ἀπ' αὐτῶν; Lk 19,42: νῦν δὲ ἐκρύβη ἀπὸ ὀφθαλμῶν σου; κρύπτειν, κρυπτός κτλ. begegnen nicht in den Act.
4. Lk 18,34b: ῥῆμα (vgl. 9,45a par Mk 9,32; 9,45c diff Mk): Mt 5×, Mk 2×, Lk 19×, Act 14×, ist entgegen dem ersten Eindruck aufgrund der Statistik ganz offensichtlich nicht luk Vorzugsvokabel, sondern Quellenwort. Im zweiten Teil der Act begegnet es nur 3×, von den 19 Belegen des Ev gehören 9 in die Kapitel 1 und 2, insgesamt 13 stehen im Lk-Sondergut, 'außerhalb des eigentlichen Quellenmaterials des Lk' (vgl. Repo, *Rhema* II S. 26—58, bes. S. 33) bleiben nur Lk 9,45c; 18,34b; 20,26a. Hier dürfte sich ebenfalls (Neben-) Quellensprachgebrauch durchsetzen (vgl. Repo, *Rhema* II S. 36 und 47; zu Lk 20,26a s. S. 170), eine Nicht-Mk-Tradition der Leidensweissagungen, die u. a. durch den Gebrauch von ῥῆμα (vgl. Lk 24,8 und 11) gekennzeichnet war.

Zum Inhalt: (vgl. neben den Kommentaren Bartlet, Sources S. 322ff.; Repo, *Rhema* II S. 36; Schmid, *Mt und Lk* S. 133f.).
1. Unbestimmte Berufung auf die Schrift, vgl. in Korrespondenz zu 18,31 Lk 24,25ff.44ff.
2. Fehlen der Detailschilderung, vgl. neben Lk 9,44; 18,31; 12,50; 13,32; 17,25 auch 9,31. Lk 24,7b *(καὶ σταυρωθῆναι καὶ τῇ τρίτῃ ἡμέρᾳ ἀναστῆναι)* und 24,46 (... καὶ ἀναστῆναι ἐκ νεκρῶν τῇ τρίτῃ ἡμέρᾳ) sind u. U. nachträgliche Auffüllung in Anlehnung an Lk 9,22 (vgl. Mk 8,31—33; 9,30—32; 10,32—34) im Sinne einer Kombination der verschiedenen Weissagungstraditionen (s. dazu Schweizer, Sonderquelle S. 174 Anm. 29).
3. Betonung des Jüngerunverständnisses, vgl. neben 9,45 und 18,34 Lk 24,8. 11a. 11b. 16. 45.

[1] Vgl. Schmid, *Mt und Lk* S. 134 Anm. 2; fragend Schlatter, *Lk* S. 106; B. Weiß, *Quellen* S. 235ff.; J. Weiß, *Schriften* z. St.; vgl. auch Rengstorf, *Lk* S. 126f.

ANALYSE

nebeneinander. Neben sehr detailliert-konkrete Angaben aus Mk treten Aussagen wie Lk 9,44 und 18,31b. Besonderes Kennzeichen dieser zweiten Tradition ist der betonte Hinweis auf das Unverständnis der Jünger, der hier — eben weil die Vaticinia so unbestimmt sind — verständlich und angebracht ist.[1] Da Lk nun aber in 18, 31—34 'Quellen' kombiniert und in V 32 und 33 wie Mk unmißverständliche Details referiert, stößt sich jetzt V 34, der zu V 31b gehört und nur dazu paßt,[2] mit dem Vorhergehenden. Das schematische Arbeitsverfahren des Lk führt zu dieser Schwierigkeit, die man weder verharmlosen[3] noch gar zur Tugend machen darf.[4] V 34 ist als 'pathe-

---

[1] Vgl. auch Lk 24,8: καὶ ἐμνήσθησαν τῶν ῥημάτων αὐτοῦ; ῥῆμα hier wie 9,45 und 18,34, dazu ausführlich in der vorletzten Anm.

[2] Mit allem Vorbehalt wäre die von Lk hier eingebrachte Nebentradition folgendermaßen zu rekonstruieren: εἶπεν πρὸς αὐτούς· ἰδοὺ ἀναβαίνομεν εἰς Ἱερουσαλήμ (!, MkMt: Ἱεροσόλυμα) καὶ τελεσθήσεται ... (V 34) καὶ αὐτοί ...

[3] So z. B. Grundmann, *Lk* S. 356: '... ihr (scil. der Jünger) Unverständnis bezieht sich nicht auf den Inhalt der an sich klaren Worte Jesu, sondern sie halten das Gesagte für unmöglich und unglaublich ...' Ähnlich Schlatter, *Lk* S. 114.

[4] Das tut Conzelmann, wenn er die Verse 9,45 und 18,34 für luk Bildungen hält und darauf seine 'Theorie vom Leidensgeheimnis' als luk Redaktionsleistung gründet: 'Die Jünger protestieren nicht gegen den Weg, den Jesus vor sich liegen hat — denn sie verstehen ihn gar nicht (9,45 und 18,34). Diese Theorie ist von Lk von außen an den Text herangebracht. Psychologisch ist es ja nicht begreiflich, wie sie diese klaren Äußerungen nicht verstehen sollen.' (*Mitte* S. 49; vgl. auch S. 67 und 185). Dagegen ist manches einzuwenden: der Protest des Petrus (Mk 8,32f.) wird gestrichen, weil er zum Petrusbild des Lk nicht paßt. Wenn nun aber Lk dieses an sich klassische Beispiel des Leidensmißverständnisses überging, warum hat er es nicht durch eine Notiz wie 9,45 etwa ersetzt? Warum taucht das Motiv überhaupt nur so selten auf? Warum tilgt Lk nicht neben Mk 10,33b auch 33c und 34? So hätte er die 'psychologische Unbegreiflichkeit' doch leicht beseitigen können. Der Sachverhalt ist mit der Annahme von Quellenkombination besser erklärt. Nur so wird auch verständlich, warum die Hinweise auf das 'Mißverständnis' nur da auftauchen, wo sich auch Rudimente bzw. Elemente jener zweiten unbestimmten Weissagungstradition finden. Conzelmann ist hier wiederum durch die starre Mk-Hypothese zu Fehlschlüssen verleitet worden.

tische Häufung gleichsinniger Redewendungen' eine genaue Parallele zu 9,45.[1] Die Argumente, die zu 9,45 angeführt sind und den V als im wesentlichen vorluk ausweisen, gelten auch hier.

3. Neben den bisher beigebrachten Gesichtspunkten erhärten auch folgende Semitismen die Auffassung, daß die Mk-Lk-Divergenzen der in Frage stehenden Einheiten spezifisch luk Redaktion *nicht* entstammen können: a) Rein parataktische Formulierung in 9,45 und 18,34; b) coniugatio periphrastica: 9,18.45; 18,34; c) ἐγένετο-Satzeinleitungsformel (Typ aa): 9,18a; d) καὶ αὐτοί in 18,34; e) ἐν τῷ c. inf.: 9,18; f) Zu dem krassen Semitismus in 9,44a vgl. oben unter 2.; g) παρακαλύπτειν ἀπό ist als Hebraismus zu buchen, ebenso κεκρυμμένον ἀπ' αὐτῶν (18,34),[2] die Sprache der V 9,45 und 18,34 insgesamt als 'schwerfällig hebraisierend'.[3]

4. Vgl. oben S. 133 f. Anm. 6.

Ergebnis: Einwirkung von Traditionsvarianten auf die Mk-Wiedergabe in Lk 9,18—22.43b—45; 18,31—34 ist sicher nachzuweisen.

Lk 9,28—36[4]

1. Die Übereinstimmungen sind hier wieder recht zahlreich. Sie verdienen Aufmerksamkeit auch deswegen, weil schon ein flüchtiger Blick in die Synopse einen erheblichen Überschuß an Material bei den Seitenreferenten zeigt, was ebenfalls literarkritisch auszuwerten sein dürfte.

V 29: τὸ εἶδος τοῦ προσώπου αὐτοῦ *(καὶ ἔλαμψεν τὸ πρόσωπον αὐτοῦ).* Die Überlieferung für Lk und Mt ist schwerlich

---
[1] Vgl. Hirsch, *Frühgeschichte* II S. 19.
[2] Vgl. Bl.-Debr. § 155,3; Easton, *Lk* z. St.
[3] Rengstorf, *Lk* S. 126.
[4] Zu Lk 9,23—27 s. oben S. 29 f. Anm. 4.

anfechtbar, Streeter will daher den Mk-Text im Sinne der Seitenreferenten emendieren: 'Is it possible that the original text of Mark was καὶ ἐγένετο στίλβον τὸ πρόσωπον, καὶ τὰ ἱμάτια αὐτοῦ λευκὰ λίαν?', kann allerdings überzeugende Gründe nicht beibringen.[1] Das Wörtchen λίαν und Mk 9,3b fehlen bei Mt und Lk. V 30: καὶ ἰδού; αὐτῷ (μετ' αὐτοῦ); Μωϋσῆς καὶ Ἠλίας (Mk: Ἠλίας σὺν Μωϋσεῖ); V 34: ταῦτα δὲ αὐτοῦ λέγοντος (ἔτι αὐτοῦ λαλοῦντος); ἐπισκιάζειν wird mit dem Akk. (Mk Dat.) verbunden,[2] ἐφοβήθησαν (vgl. Mt 17,6). V 35: φωνὴ ... λέγουσα. Daß alle diese gemeinsamen 'Änderungen am Mk-Text ... sprachliche oder sachliche Verbesserungen geringfügiger Art' sind, ist nicht zu bestreiten. Daß sie bei einer ohne jegliche zusätzliche Information erfolgten Bearbeitung der Mk-Vorlage unabhängig und zufällig zustande gekommen sein sollten,[3] erscheint ausgeschlossen.

2. Die luk Fassung der Verklärungsgeschichte weicht in vielem von der Mk-Vorlage ab, was am einleuchtendsten mit der Einwirkung einer zusätzlichen Quelle erklärt sein dürfte.[4] Diese Einschätzung des Tatbestandes ist allerdings durchaus nicht allgemein anerkannt. So schreibt z. B. Conzelmann die Besonderheiten, die den Bericht des Lk von dem des Mk trennen, spezifisch luk Redaktion zu. Lk habe sich offenbar die Schwierigkeiten der Mk-Form überlegt, er mache die Geschichte seiner besonderen Anschauung dienstbar.[5] Lk müßte demnach erhebliche Teile erfunden und frei formuliert

---

[1] *Gospels* S. 315f.
[2] Vgl. Bauer, *Wörterbuch* Sp. 590f.
[3] So Schmid, *Mt und Lk* S. 123.
[4] So B. Weiß, *Quellen* S. 183ff.; Schlatter, *Lk* S. 100; Hirsch, *Frühgeschichte* II S. 94ff.; Easton, *Lk* S. 142—146; Bartlet, Sources S. 322f.; Schweizer, Sonderquelle S. 173f.; Rengstorf, *Lk* S. 123f.; Grundmann, *Lk* S. 191f.
[5] Vgl. Conzelmann, *Mitte* S. 50. Bezeichnend die Anmerkung: 'Quellenfrage und traditionsgeschichtliches Problem ... können wir übergehen. ... Wir fragen nach der Redaktionsarbeit des Lukas.' Wie das eine ohne das andere möglich ist, bleibt unklar.

haben. Das erscheint problematisch. Nur Lk 9,33 und 35 lehnen sich eng an Mk (V 5 und 7) an, die V 28 und 29 zeigen bei inhaltlicher Nähe beträchtliche Unterschiede in der Formulierung (vgl. dazu unter 3. und 4.), V 30—32 und 36 schließlich sind ohne eigentliche Parallele bei Mk, d. h. in unserem Sinne Lk-Sonderelemente innerhalb eines Mk-Blockes. Die darin und dahinter sichtbare Traditionsvariante sprach von ἄνδρες δύο (V 30.32), ohne diese mit Namen zu belegen. Lk hat den Relativsatz V 30b *(οἵτινες ἦσαν Μωϋσῆς καὶ Ἠλίας)* eingefügt, um seine Sonderquelle mit der Mk-Vorlage zu harmonisieren.[1] V 31 bringt mit einer allgemein gehaltenen Weissagung ein inhaltlich wichtiges Plus gegenüber Mk. Das Geschehen in Jerusalem wird sehr zurückhaltend mit dem Stichwort ἔξοδος bezeichnet. V 31 gehört damit in die Reihe der für das Lk-Sondergut bezeichnenden undetaillierten Leidensweissagungen.[2] Der Sprachgebrauch auch der übrigen als Lk-Sonderelemente abgehobenen Verse spricht gegen spezifisch luk Herkunft.[3]

V 30: Der einleitende Mt und Lk diff Mk gemeinsame Semitismus καὶ ἰδού und das ἄνδρες δύο (vgl. V 32) stammen aus der Quelle. V 30b ist luk Nachtrag (s. oben). *V 31:* Der V enthält nichts spezifisch Lukanisches. Δόξα ist typisch für das Lk-Sondergut, ebenso πληροῦν (Lk 9×, bis auf 9,31 und 21,24 nur im Lk-S-Gut, Act 16×, davon nur 2× im zweiten Teil): das macht die Herleitung aus der Nebenquelle sehr wahrscheinlich. *V 32:* Zur coniugatio periphrastica in 32a vgl. unter 3.; δόξα ist wie in V 31 als Quellenwort zu werten. Die Hapaxlegomena διαγρηγορεῖν und συνιστάναι, auch das nur noch Lk 21,34, da ebenfalls aus Lk-S-Gut übernommen, begegnende βαρεῖσθαι, sind nicht geeignet, V 32 als Werk des Lk erscheinen zu lassen. *V 36:* Zur Einleitung und zu καὶ αὐτοί s. unter 3.; neben diesen vorluk Wendungen kommt in ἀπαγγέλλειν und in der Attraktion οὐδὲν ὧν die Hand des

---

[1] Vgl. Hirsch, *Frühgeschichte* I S. 94; Grundmann, *Lk* S. 191f.
[2] Vgl. oben S. 133 f. Anm. 6.
[3] Vgl. bes. Easton, *Lk* S. 145f.

Lk durch; vgl. auch Mk 9,9a.10b, Verse, die hier unverkennbar einwirken.

3. Die literarkritisch relevanten Semitismen sind in der Verklärungsgeschichte sehr zahlreich: a) ἐγένετο-Konstruktionen: 9,28.33 (Typ aa); 9,29 (Typ aa oder bb; s. oben S. 95 Anm. 1); b) ἐν τῷ c. inf.: 9,29.33.34.36; c) καὶ ἰδού: 9,30; d) coniugatio periphrastica: 9,32; e) καὶ αὐτοί: 9,36; f) Parataxe: 9,34.36.

4. Von den restlichen Mk-Lk-Divergenzen sind einige luk: etwa ὡσεί (V 28), die Umstellung der Namen Jakobus und Johannes (vgl. Lk 8,51), andere dagegen sicher von der Variante verursacht: so die ansonsten völlig unmotivierte Auswechslung des mk ἕξ durch ὀκτώ (V 28), die luk Sprachgebrauch zuwiderlaufende Umwandlung eines Partizips zu einem finiten Verb (V 34) und der abweichende Wortlaut der Himmelsstimme (vgl. Lk 23,35).

Ergebnis: Lk 9,28—36 verrät den Einfluß einer Traditionsvariante.

Lk 9,37—43a

1. Mt und Lk haben die ausführliche Schilderung des Mk gekürzt. Gemeinsame Auslassungen wird man nicht besonders auswerten dürfen. Es fehlt aber auch nicht an positiven Übereinstimmungen: V 40: οὐκ ἠδυνήθησαν; V 41: καὶ διεστραμμένη, eine Auffüllung, die an der Wendung γενεὰ σκολιὰ καὶ διεστραμμένη (Dt 32,5; Jes 59,8 u. ö., vgl. auch Phil 2,15) orientiert ist. V 41: ὧδε; V 42: τὸν παῖδα (ὁ παῖς).

2. entfällt.

3. (a) ἐγένετο-Einleitungsformel (Typ aa): 9,37; (b) rein parataktische Satzfolge: 9,38 ff.; (c) καὶ ἰδού: 9,38.39.

4. Einigen wenigen Lukanismen[1] stehen die agreements und die gehäuft auftretenden Semitismen — hinzu kommt die von Mk stark abweichende Beschreibung des epileptischen Knaben V 39[2] — als sichere Nebenquellenindizien gegenüber.[3]

Ergebnis: Lk 9,37—43a steht deutlich unter dem Einfluß einer Traditionsvariante.

Lk 9,46—50[4]

Mt-Lk-Übereinstimmungen gegen Mk (1.) und Semitismen (3.) fehlen.

2. Lk 9,48c *(ὁ γὰρ μικρότερος ἐν πᾶσιν ὑμῖν ὑπάρχων, οὗτός ἐστιν μέγας)* dürfte als pointierter Abschluß der Rangstreitperikope von Lk selbst formuliert sein,[5] der Sache nach ist das Logion vorgegeben, vgl. Mk 9,35b; 10,43 f. parr; Mt 23,11; Lk 22,26.

4. Lk hat Mk stark gekürzt. Alle Veränderungen, die sich dabei eingestellt haben, sind sein Werk:[6] V 46 gibt eine kurze Zusammenfassung von Mk 9,33 ff. Die Formulierungen, spe-

[1] Vgl. δεῖσθαι V 38. 40; möglicherweise προσάγειν (Mt 1×, Mk·, Lk nur hier; Act 2×); V 43a: 'a typically Lukan conclusion' (Easton, *Lk* z. St.).

[2] Diese ist schwerlich von Lk selbst geschaffen, aber auch aus Mk so nicht ableitbar, ergo: vorluk, d. h. aus der Sonderüberlieferung.

[3] Vgl. nur B. Weiß, *Quellen* S. 187ff.; Bartlet, Sources S. 323f.; Easton, *Lk* S. 146—148; Schweizer, Sonderquelle S. 172ff. Eine konsequent redaktionsgeschichtliche Analyse der Perikope auf dem Boden der Mk-Hypothese gibt Held, Matthäus als Interpret der Wundergeschichten S. 181f.

[4] Zu Lk 9,43b—45 vgl. oben S. 130 ff.

[5] ὑπάρχειν ist luk Vorzugsvokabel, die Wiederaufnahme des Relativums durch das Demonstrativum gut luk, vgl. Cadbury, *Style* S. 194.

[6] Vgl. R. Schnackenburg, Mk 9,33—50, in: *Synoptische Studien für A. Wikenhauser*, 1953, S. 184ff., bes. S. 189.

ziell διαλογισμός, τὸ τίς, Optativ in der indirekten Frage, sind typisch luk. Das Gleiche gilt von V 47, wobei besonders darauf hingewiesen sei, daß Lk das semitisierende ἐν μέσῳ αὐτῶν (Mk-Mt) durch παρ' ἑαυτῷ ersetzt, 'so schreibt der griechisch Geschulte'.[1] Vgl. noch das gut luk ἐπιστάτα (V 49). Diese vergleichsweise enge Anlehnung an Mk in Lk 9,46—50 kann — e contrario — wiederum zum Beweis dafür dienen, daß die tiefgreifenden Mk-Lk-Divergenzen in anderen Mk-Stoff-Perikopen durch Parallelüberlieferungen ausgelöst sind.

Ergebnis: Einfluß einer Traditionsvariante ist auszuschließen.[2]

Lk 18,15—17

Nach der großen Einschaltung nimmt Lk mit 18,15 den Mk-Faden wieder auf, den er in 9,50 (= Mk 9,40) verlassen hatte. Die erste Einheit, die Perikope von der Segnung der Kinder (Lk 18,15—17), ist wahrscheinlich als reiner Mk-Stoff zu beurteilen. Positive Übereinstimmungen mit Mt gegen Mk (1.), Lk-Sonderelemente (2.) und Semitismen (3.) diff Mk fehlen. Die Abweichungen von Mk (V 15: τὰ βρέφη; V 16: προσεκαλέσατο; Mk 10,16 wird ignoriert) sind Lk wohl zuzutrauen, wenn auch nicht eben typisch luk.[3]

---

[1] Schlatter, *Lk* S. 107; vgl. oben S. 120 Anm. 4.
[2] Gegen B. Weiß, *Quellen* S. 42; Rengstorf, *Lk* S. 127.
[3] Lk ist u. U. nicht unbeeinflußt von der Mt 18,1—4 (vgl. προσκαλεσάμενος Mt 18,2) greifbaren Tradition, wie ja überhaupt die Nähe von 'Rangstreit' und 'Segnung der Kinder' auffällt (s. nur noch das Mk 9,36 und 10,16 verbindende, im NT nur hier begegnende ἐναγκαλίζομαι). Nimmt man noch hinzu, daß auch die Auswechselung von παιδίον durch βρέφος luk Sprachgebrauch nicht entspricht (βρέφος ist typisches Quellenwort: neben Lk 18,15 nur noch Lk 1,41. 44; 2,12.16; Act 7,19), so gewinnt J. Jeremias' Vermutung, daß sich die Eigenheiten des Lk-Textes aus liturgischem Gebrauch des Abschnitts erklären könnten, an Wahrscheinlichkeit. Lk hätte dann doch eine 'Traditionsvariante' zur Verfügung gehabt, eben die liturgische Fassung des Stückes, durch die Umformulierung und Verkürzung der Mk-Vorlage motiviert worden wären. Vgl. J. Jeremias, *Die Kindertaufe in den ersten vier Jahrhunderten*, Göttingen 1958, S. 67 Anm. 4.

Ergebnis: Einwirkung einer Sonderüberlieferung ist nicht auszuschließen, angesichts der schmalen Argumentationsbasis aber nicht sicher nachzuweisen.

Lk 18,18—30

1. Lk 18,18—30 ist als Komposition klar von Mk 10,17—31 abhängig und in diesem Sinne reiner Mk-Stoff. Lediglich in den Logien treten Übereinstimmungen zwischen Mt und Lk gegen Mk auf, d. h. Lk kannte zwar die in 18,18—30 rezipierte Perikope als ganze so nur aus Mk, die in diesem Stück verarbeiteten Logien, die ursprünglich einzeln und auch unabhängig von Mk überliefert wurden,[1] aber auch in von Mk abweichenden Fassungen: V 22: ἐν οὐρανοῖς;[2] V 25: διὰ τρήματος... εἰσελθεῖν; V 30: πολλαπλασίονα; Mk 10,30b entfällt.

Lk-Sonderelemente (2.) und Semitismen diff Mk (3.) fehlen. Die ansonsten begegnenden Abweichungen von Mk (4.)[3] geben keinen Anlaß, die Einwirkung einer 'Nebenquelle' zu vermuten.

Ergebnis: Der Einfluß einer Nicht-Mk-Traditionsvariante auf Lk 18,18—30 läßt sich nicht nachweisen.

---

[1] Vgl. Bultmann, *Tradition* S. 66. 78. 115f.

[2] Lk hätte den Singular bei freier Redaktion nicht durch den Plural ersetzt, den er sehr selten und nur da verwendet, wo er vorgegeben ist: Lk 10,20; 11,2; 12,33; 18,22; 21,26; Act 1,34; 7,56; auf die Formulierung in 18,22 könnte Lk 12,33 einwirken, vgl. u. a. Schlatter, *Lk* S. 111; Schürmann, Reminiszenzen S. 198.

[3] Zu nennen sind: *V 18:* ἄρχων, bei Lk nicht ungewöhnlich (vgl. 12,58; 14,1; 23,13. 35; u. ö.), das hypotaktische ποιήσας (vgl. V 28: ἀφέντες) bedeutet stilistische Verbesserung. *V 21:* Die Notiz über die Gemütsbewegung Jesu (Mk 10,21) wird — wie oft — (s. Schmid, *Mt und Lk* S. 126 Anm. 3) unterdrückt. *V 22:* λείπει, bei Lk nur hier; πάντα ὅσα (Mk einfach ὅσα) entspricht luk Redaktion, vgl. Kapitel II B. zu Lk 5,11, dürfte hier dazu aus Mk 10, 28 antezipiert sein. *V 23f.:* Umstilisierung und Meiden mk Doppelung sind Werk des Lk. *V 29b:* εἵνεκεν τῆς βασιλείας τοῦ θεοῦ ist unter dem Einfluß einer Traditionsvariante eingefügt, s. Bultmann, *Tradition* S. 115f. Mk 10,31 wird im Sinne der Dublettenvermeidung (vgl. Lk 13,30) übergangen.

ANALYSE

Lk 18,35—43[1]

1. An agreements ist nur κύριε V 41 bemerkenswert,[2] aber schwerlich auf den Einfluß einer möglichen Parallelüberlieferung zurückzuführen; für eine solche finden sich sonst keine überzeugenden Indizien. κύριε dürfte vielmehr durch den weiteren Kontext (vgl. Lk 19,8) veranlaßt sein.

2. entfällt.

3. Nur V 35a ist diff Mk durch literarkritisch relevante Semitismen ausgezeichnet: ἐγένετο-Einleitungsformel (Typ aa) und ἐν τῷ c. inf. Mit V 35b mündet Lk in die Mk-Fassung ein. Wo er von dieser abweicht, ist er selbst dafür verantwortlich (4.).[3] Dieser ungewöhnliche Tatbestand — unluk hebraisierende Einleitung, ansonsten keinerlei Nebenquellenindizien — ist im Zusammenhang mit Lk 19,1f. zu klären. 19,1 ist typisch luk formuliert, eine die Heilungsgeschichte und die Zakchäusperikope verknüpfende endredaktionelle

---

[1] Zu Lk 18,31—34 s. oben S. 130 ff.
[2] Vgl. oben zu Lk 5,12; das mk ῥαββουνί muß entfallen; Lk beseitigt konsequent alle aramäischen Wörter, die Mk bietet; vgl. die Liste bei Schmid, *Mt und Lk* S. 35 Anm. 1.
[3] *V 36f.:* Kleine Ergänzungen dienen der Verdeutlichung — ein charakteristisches Merkmal luk Nacherzählung, vgl. Hirsch, *Frühgeschichte* II S. 14f. Folgende Lukanismen (vgl. dazu bes. Easton, *Lk* S. 276f.; Klostermann, *Lk* S. 183) sind zu nennen: διαπορεύεσθαι (Mt-, Mk-, Lk 3×, Act 1×); πυνθάνεσθαι (Mt 1×, Mk-, Lk 2×, Act 7×); τί εἴη τοῦτο: Optativ in der indirekten Frage ist typisch luk, s. Hawkins, *Horae* S. 38; ἀπαγγέλλειν (Mt 8×, Mk 5×, Lk 11×, Act 16×); Ναζωραῖος (Mt 2×, Mk-, Lk 1×, Act 7×; Ναζαρηνός: Lk 2×, Act-); *V 38:* Zur Vermeidung der Wiederholung: βοᾶν (Mt 1×, Mk 2×, Lk 4×, Act 3×); pleonastisches ἄρχεσθαι entfällt; οἱ προάγοντες ist aus Mk 11,9 par Mt antezipiert (vgl. Schürmann, Reminiszenzen S. 196); *V 39:* σιγᾶν (Mt-, Mk-, Lk 3×, Act 3×) ist Lk lieber als σιωπᾶν (Mt 2×, Mk 5×, Lk 2×, Act 1×); *V 40:* σταθείς (vgl. Hawkins, *Horae* S. 51); indirekte Rede; κελεύειν (Mt 7×, Mk-, Lk 1×, Act 17×); ἄγειν (Mt 4×, Mk 3×, Lk 13×, Act 26×); *V 43:* παραχρῆμα; typisch luk Abschlußbildung in 43b, vgl. nur Lk 5,25f.; 7,29; 9,43a.

Rahmennotiz.[1] Ab 19,2 folgt Lk seiner Sonderquelle. Der unluk Semitismus καὶ ἰδού markiert jetzt den Einsatz, ursprünglich hat die Einheit sicher nicht so begonnen, sondern — wie andere Sondergutperikopen auch[2] — mit der ἐγένετο-Formel. Offenbar gehören die Verse Lk 18,35a und 19,2 von Hause aus unmittelbar zusammen:[3] ᾽Εγένετο δὲ ἐν τῷ ἐγγίζειν αὐτὸν εἰς ᾽Ιεριχὼ καὶ ἰδού ... Das Nebeneinander der Jerichogeschichten Mk 10,46ff. (= Mk-Stoff) und Lk 18,35a; 19,2ff. (= LkS) scheint den Verfasser zu der hier zu beobachtenden 'Zerdehnung' veranlaßt zu haben. Es sieht so aus, als habe Lk sich im Anschluß an 18,31—34 zunächst seinem Sondergut zugewandt; das Stichwort Jericho ließ ihn dann aber zu Mk überspringen. Damit wurde, wenn die Zakchäusgeschichte nicht unter den Tisch fallen sollte, das 19,1 vorliegende, beide Episoden zueinander in Beziehung setzende redaktionelle Verbindungsstück erforderlich.[4] Für die Beurteilung von Lk 18,35—43 ergibt sich damit: Die Semitismen in Lk 18,35a beweisen nicht, daß der Verfasser eine Parallelüberlieferung zu Mk 10,46—52 gekannt und benutzt hat.[5]

[1] εἰσέρχεσθαι: Mt 36×, Mk 30×, Lk 50×, Act 32×; διέρχεσθαι: Mt 1×, Mk 2×, Lk 10×, Act 21×.

[2] Vgl. Lk 7,11f.; 14,1f.; 24,4; ebenso unter Einfluß von Überlieferungsvarianten im Mk-Stoff: Lk 5,12. 17f.; 9,29f.; 9,37f.; 19,29a. 37ff.; s. dazu jeweils oben im Text.

[3] So schon Easton, *Lk* S. 277: '... this clause (scil. 18,35a) must have been followed by 19,2 originally.' Anders (19,1 = vorluk Rahmen der Zakchäusgeschichte) und wenig überzeugend Schmidt, *Rahmen* S. 264f.

[4] Das übrigens wenig geschickt ist, denn: '19,1 widerspricht dem Folgenden. Jesus befindet sich noch draußen vor der Stadt, nicht innerhalb derselben — sonst wäre Zachäus aufs Dach gestiegen und nicht auf einen Baum.' (Wellhausen, *Lk* S. 103) Neben der spezifisch luk Formulierung spricht auch diese sachliche Unstimmigkeit dafür, daß 19,1 sekundär hinzugekommen ist, ein weiteres Argument für die Zusammengehörigkeit von 18,35a und 19,2. Die ursprüngliche Einleitung 'placed the scene just before the entrance' (Easton, *Lk* S. 279).

[5] Gegen Schweizer, Sonderquelle S. 175, der die Zusammengehörigkeit von 18,35a und 19,2 nicht sieht und die Heilungsgeschichte daher seiner Sonderquelle zuordnet. Dabei stellt sich ein zweiter Fehlschluß ein: Die mit der Zerdehnung der S-Gut-Einleitung

ANALYSE

Ergebnis: Bei der Nacherzählung der Blindenheilung kann Lk auf eine Traditionsvariante nicht zurückgreifen, er folgt nur Mk.

Lk 19,28—38

1. Gewichtigere positive Übereinstimmungen der Seitenreferenten gegen Mk begegnen nicht; bemerkenswert ist, daß Mt und Lk Mk 11,10a, den Hinweis auf die Davidsherrschaft, übergehen, der übrigens auch in der von Joh rezipierten Einzugstradition (Joh 12,12 f.) fehlt. Wie Joh (12,13) spricht auch Lk 19,38 diff Mk/Mt vom (kommenden) βασιλεύς,[1] ein sicher nicht zufälliges Zusammentreffen: Der Wortlaut des Hosiannarufes war in verschiedenen Ausprägungen bekannt (vgl. noch Mt 21,9 diff Mk 11,9 f. und Did. 10,6), was bei einem Wort, das nachweislich Bestandteil der urchristlichen Liturgie war, nicht zu verwundern braucht.[2]

2. Als Lk-Sonderelement kann u. U. V 38b gelten, der nach Form (Parallelismus) und Formulierung stark an Lk 2,14 erinnert. Ob Lk selbst dafür verantwortlich oder Einfluß einer Nicht-Mk-Traditionsvariante vorauszusetzen ist, läßt sich nur im Zusammenhang mit weiteren Indizien entscheiden.

3. (*a*) Besonders akut wird die literarkritische Frage angesichts der ἐγένετο-Formel in 19,29: ein krasser Semitismus

---

gegebene Lokalisierung der Blindenheilung *vor* Jericho diff Mk ist Zufallsergebnis eben dieser Zerdehnung, nicht von einer Sondertradition der Heilungsgeschichte veranlaßt, wie Schweizer meint, der hier das luk Bemühen, 'genau und in der richtigen Reihenfolge' (Lk 1,3) zu berichten, am Werke sieht und bestätigt findet, daß Lk 'die Ortsangabe doch wohl nicht nach seiner Phantasie, sondern nach einer Sondertradition' ändert.

[1] Die Nähe zur joh Tradition wird besonders von Rengstorf, *Lk* S. 219, herausgestellt. Vgl. auch J. A. Bailey, *The Traditions Common to the Gospels of Luke and John*, Leiden 1963, S. 22—28.

[2] Vgl. Koester, *Apostolische Väter* S. 196ff.; E. Lohse, Hosianna, *NovT* 6, 1963, S. 113ff.

(Typ aa), der schwerlich als spezifisch luk Redaktionsleistung angesehen werden darf.[1] Hier kommt ein Element zum Zuge, das aus Mk nicht ableitbar ist noch von Lk selber gebildet sein kann, demnach einer 'Nebenquelle' entstammen muß. Es wäre voreilig, schon jetzt zu schließen, Lk habe eine Parallelüberlieferung zu Mk 11,1ff. besessen. In Analogie zu dem Befund Lk 18,35a; 19,2ff. wäre auch denkbar, daß die semitisierende Formel in dem hier von Lk zugunsten des Mk verlassenen Nicht-Mk-Block zur nächsten Einheit überleitete. Die Frage muß zunächst noch offen bleiben; zu entscheiden ist sie erst nach einer literarkritischen Bewertung aller sonstigen Mk-Lk-Divergenzen der in Frage stehenden Perikope.

(*b*) Ἄρχεσθαι V 37 (vgl. oben zu Lk 5,21).

4. *V 28* ist luk redaktionell, wobei die Formulierung von Mk 10,32 mitbestimmt sein dürfte.[2] Die luk Sprachgebrauch möglicherweise weniger entsprechende[3] Namensform Ἱεροσόλυμα erklärt sich leicht als Übernahme aus Mk 11,1. Zu *V 29a* s. oben unter 3. Alle Mk-Lk-Divergenzen in den *V 29b—34* sind als stilistische Verbesserungen der Endredaktion zuzuschreiben;[4] ebenso doch wohl auch die bei engster Anlehnung in der Sache leicht abgewandelten Formulierungen in den V 35f.[5] Dann ändert sich das Bild. Die V 37 und 38 beschreiben zwar wie die Parallele Mk 11,9f. die messianische Ovation, entfernen sich aber von Mk so weit, daß man erwägen kann, ob sie überhaupt als Mk-Stoff anzusehen sind und nicht vielmehr mit dem unmittelbar folgenden S-Gut (19,39—

---

[1] Vgl. Easton, *Lk* S. 287; καὶ ἐγένετο ὡς kommt außer LkS (1,23. 41; 2,15) im ganzen NT nicht wieder vor; die Formulierung entspricht dem Hebräischen 'ganz und gar' (Beyer, *Syntax* S. 60).
[2] Grundmann, *Lk* S. 366.
[3] Vgl. E. Lohse, Art. Σιών, *ThW* VII, S. 318. 326f.
[4] Lk glättet, seine Hand verrät sich besonders in folgenden Lukanismen: *V 29*: καλούμενος; *V 30*: Hypotaxe; ἄγειν (Mk 3×, Lk 13×, Act 26×) statt φέρειν (Mk 15×, Lk 4×); *V 31*: ἐρωτᾶν; διὰ τί; *V 33f*. ist kunstvoller als bei Mk in genauer Parallele zu V 31 erzählt.
[5] *V 35*: ἄγειν; ἐπιβιβάζειν (Mt-, Mk-, Lk 2×, Act 1×), vgl. dazu Grundmann, *Lk* S. 366f.; *V 36*: πορεύεσθαι ist typisch luk.

ANALYSE

44)¹ zusammengehören, mit dem sie in der Tat fest verknüpft sind.² Für diese Auffassung sprechen neben den oben genannten Indizien (s. unter 1., 2. und 3.b) noch folgende: *V 37:* ἐγγίζειν πρός begegnet nur hier im NT, luk wäre c. dat.: Lk 4×; Act 3×; Mk/Mt — ! Die Angabe πρὸς τῇ καταβάσει ... bedeutet gegenüber Mk eine deutliche Präzisierung und scheint eigene Lokalkenntnis zu verraten;³ auch die seltene, im Doppelwerk des Lk nur hier belegte Konstruktion πρός c. dat. spricht gegen spezifisch luk Redaktion. Unluk ist weiter τὸ ὄρος τῶν ἐλαιῶν; Lk schreibt τὸ ὄρος τὸ καλούμενον ἐλαιῶν: vgl. Lk 19,29 diff Mk; 21,37 (luk Summarium!); Act 1,12; die einzige Ausnahme neben unserer Stelle ist Lk 22,39, wo τὸ ὄρος τῶν ἐλαιῶν unverändert aus Mk 14,26 übernommen wurde. Ἅπαν τὸ πλῆθος τῶν μαθητῶν ist luk gut möglich, angesichts des unluk Kontextes aber wohl ebenfalls vorgegeben. Αἰνεῖν τὸν θεόν (in Lk/Act immer in dieser Verbindung) ist nicht luk, sondern bezeichnend für das Sondergut (im Ev nur 2,13.20; 19,37; in den Act auf die Anfangskapitel (2,47; 3,8f.) beschränkt).⁴ V 37b β bezieht diff Mk den Jubelruf der Jünger ausdrücklich auf die δυνάμεις Jesu;

---

¹ Darum handelt es sich (vgl. zu Lk 19,39f. noch Mt 21,15f.) und nicht, wie Conzelmann, *Mitte* S. 66ff., behauptet, um 'konsequente redaktionelle Gestaltung durch den Verfasser', andere Vorlagen als Mk brauche man nicht anzunehmen (S. 69). Dieses Urteil ist mit dem Hinweis darauf zu widerlegen, daß Lk 19,37—44 von vorluk Stil gekennzeichnet ist. Vgl. nur noch *V 39:* διδάσκαλε (s. oben zu Lk 5,12); *V 40:* σιωπᾶν, in freier Redaktion hätte Lk σιγᾶν geschrieben, s. oben S. 143 Anm. 3 zu Lk 18,39; *V 41:* κλαίειν ἐπί ist Formulierung des S-Gutes, nur noch 23,28 (2×); *V 42:* ὅτι-recitativum hätte Lk in freier Redaktion gemieden (vgl. Bl.-Debr. § 470,1), ebenso semitisierendes κρύπτεσθαι ἀπό (s. dazu S. 133f. Anm. 6 zu Lk 18,34); *V 43:* hebraisierende Voranstellung der Verben, sicher nicht von Lk vorgenommen, vgl. Bl.-Debr. § 472,1; Moulton, *Grammar* II S. 416—418.
² Vgl. die Kommentare, bes. Easton, *Lk* S. 287; Schlatter, *Lk* S. 408ff.; s. auch Rehkopf, *Sonderquelle* S. 1 Anm. 2.
³ Vgl. B. Weiß, *Quellen* S. 211; Schlatter, *Lk* S. 408.
⁴ Schlatter, *Lk* S. 411, verweist auf die Parallele Hiob 38,7.

dieses inhaltliche Plus erinnert in der Formulierung stark an Lk 2,20 und gibt sich damit wie der Kontext, in dem es steht (vgl. noch V 38b mit Lk 2,14), als zum S-Gut gehörig zu erkennen.

Überschaut man die zusammengetragenen Indizien, so fällt ihre unterschiedliche Streuung ins Auge: V 29aα und 37f. heben sich deutlich ab, während die V 28.29b—36 gut als luk Mk-Stoff-Redaktion zu erklären sind. Die m. E. richtige Folgerung aus diesen — hier erweiterten — Beobachtungen wurde bereits von B. Weiß gezogen:[1] Lk hatte eine Traditionsvariante zur Verfügung, der die V 19,29aα.37aβff. zuzuteilen sind. Mit allem Vorbehalt läßt sich deren Wortlaut etwa folgendermaßen wiedergeben: καὶ ἐγένετο ὡς ἤγγισεν πρὸς τῇ καταβάσει τοῦ ὄρους τῶν ἐλαιῶν ἤρξαντο ἅπαν τὸ πλῆθος τῶν μαθητῶν χαίροντες αἰνεῖν τὸν θεόν... Auf die Nähe dieser Lk zugänglichen Sonderüberlieferung zu Joh 12 war bereits mehrfach hinzuweisen. Wenn die vorgeschlagene Rekonstruktion richtig ist, enthielt dieser — im Spiegel luk Quellenbenutzung greifbare — Strang der Tradition ebenso wie der hinter Joh 12 sichtbare doch wohl keine Nachrichten über das (wunderbare) Auffinden des Reittiers für den Einzug im Stile von Mk 11,1ff.[2] Lk wollte auf diese ihm nur in seiner Mk-Quelle vorliegende Episode offenbar nicht verzichten. Deswegen unterbrach er den fortlaufenden Erzählungsfaden seines S-Gutes und kombinierte die in seiner Hand zusammenlaufenden Quellen zu der aus Mk und S-Gut gespeisten Einheit Lk 19,28—44.[3]

---

[1] B. Weiß, *Quellen* S. 211 und 51f. — Die Ausführungen zu Lk 19,28—38 sind darüberhinaus hilfreichen Hinweisen von H. Patsch verpflichtet, der eine ausführliche Analyse des Einzugsberichtes vorzulegen beabsichtigt.

[2] Zu Joh 12,14f. *(εὑρὼν δὲ ὁ Ἰησοῦς ὀνάριον...)* vgl. Bultmann, *Joh* S. 319, 320 Anm. 2.

[3] Wenn dieses Ergebnis richtig ist, ergeben sich schwerwiegende Bedenken gegen Conzelmanns Analyse, *Mitte S.* 66ff., der man den Vorwurf nicht ersparen kann, daß sie die Literarkritik unerledigt beiseiteschiebt.

ANALYSE

Ergebnis: In Lk 19,28—38 sind Mk 11,1ff. und ein abweichendes, der joh Tradition nahestehendes Seitenstück zur Einzugsgeschichte kombiniert.

Lk 19,45—48

Agreements (1.), Lk-Sonderelemente (2.) und Semitismen (3.)[1] liegen nicht vor. Die Verfluchung des Feigenbaums und das daran geknüpfte Gespräch werden im Blick auf Lk 13,6—9 und 17,6 übergangen. Mk 11,11b entfällt, denn das mk Tageschema wird nicht übernommen.[2] Lk folgt nur Mk.[3]

Ergebnis: Keine Traditionsvariante

Lk 20,1—8

Nennenswerte Übereinstimmungen der Seitenreferenten gegen Mk (1.) und Lk-Sonderelemente (2.) begegnen nicht. Ab 20,1b folgt Lk aufs engste Mk, den er lediglich stilistisch leicht verbessert (4.)[4]. Die *Einwirkung* einer Traditionsvariante ist hier mit Sicherheit auszuschließen. Nicht auszuschließen ist freilich, daß es eine solche Parallelüberlieferung überhaupt gegeben hat. *Dafür* spricht vielleicht die stark semitisierende Einleitung in 20,1a (3.),[5] die auf dem Hintergrund der Beobachtungen zum luk Sprachgebrauch einerseits, zu Lk 18,35a und 19,29a andererseits als Rudiment aus den Lk verfügbaren Sondertraditionen zu bestimmen ist. Ob sie da aller-

---

[1] Die coniugatio periphrastica V 47 ist, da andere Indizien fehlen, als unerheblich beiseite zu lassen.

[2] Vgl. Conzelmann, *Mitte* S. 70.

[3] Vgl. die Lukanismen: *V 47:* τὸ καθ' ἡμέραν; οἱ πρῶτοι τοῦ λαοῦ, vgl. Act 13,50; 25,2; 28,17; *V 48:* εὑρίσκειν; τὸ τί ποιήσωσιν; λαός; ἅπας.

[4] Vgl. die Kommentare z. St., bes. Klostermann, *Lk* S. 192f.

[5] Ἐγένετο-Einleitungsformel (Typ aa); ἐν μιᾷ τῶν ἡμερῶν (s. oben zu Lk 5,12), im übrigen ist V 1 luk stilisiert: λαός; εὐαγγελίζεσθαι; ἐφιστάναι; σύν; vgl. Easton, *Lk* S. 292.

dings eine Parallelüberlieferung zu Mk 11,27—33 (die Lk dann im übrigen ignoriert hätte) einleitete (so Lk 19,29a. 37ff.) oder einer anderen Einheit zugehörte (so Lk 18,35a; 19,2ff.), ist nicht mehr zu erkennen.

Ergebnis: Daß Lk eine Traditionsvariante zu Mk 11,27—33 kannte, ist nicht ausgeschlossen. Sicher ist, daß er in Lk 20,1b—8 keinen Gebrauch davon gemacht hat.

Lk 20,9—19

1. *V 9:* Lk und Mt stellen das Subjekt *(ἄνθρωπος)* an den Anfang, das Objekt *(ἀμπελών)* folgt diff Mk erst nach dem Verb.[1] V 10: Die Zeitangabe *(καιρός)* erhält einen betonteren Platz; *οἱ γεωργοί;* V 14: *ἰδόντες δὲ αὐτόν (ἰδόντες τὸν υἱόν);* V 15: Nach dem Bericht der Seitenreferenten wird der Sohn zunächst aus dem Weinberg hinausgeworfen, erst dann getötet,[2] — eine besonders gewichtige Übereinstimmung gegen Mk.

2. Lk-Sonderelement ist das Steinwort (Lk 20,18), ein dem dritten Ev eigentümliches Logion. Mt und Mk überliefern es weder hier noch in einem anderen Zusammenhang.[3] Es steht außer Frage, daß in V 18 Tradition zum Zuge kommt,[4] auf

[1] Unerheblich ist der Mt und Lk gemeinsame Singular *παραβολή* diff Mk *ἐν παραβολαῖς.*
[2] Vgl. Joh 19,17; bes. Hebr 13,12: *'Ιησοῦς ... ἔξω τῆς πύλης ἔπαθεν,* dazu Jeremias, *Gleichnisse* S. 71.
[3] Mt 21,44 ist als sekundäre Eintragung aus Lk zu streichen; dazu sehr ausführlich Trilling, *Israel* S. 57 Anm. 15.
[4] Vgl. Klostermann, *Lk* S. 193; Easton, *Lk* S. 296; Wellhausen, *Lk* S. 112; Manson, *Sayings* S. 322. — Wie hier werden im NT und in der Literatur der nachneutestamentlichen Zeit 'wiederholt christologisch gedeutete Steinworte des AT zusammengestellt', 'weil die atlichen Stein-Christus-Aussagen zum festen Bestandteil des christologischen Schriftbeweises werden.' Vgl. neben Röm 9,32f.; 1. Petr 2,4—8 nur noch Barn 6,2—4. Weitere Belege bei J. Jeremias, Art. *λίθος κτλ., ThW* IV S. 272—283, speziell 282. Auch das spricht dafür, daß Lk in 20,17f. nicht frei redigiert, sondern geprägter Tradition folgt.

ANALYSE

deren Einfluß u. U. auch die Mk-Lk-Divergenzen im vorhergehenden Vers zurückzuführen sind. Das Wort vom Eckstein (Lk 20,17b) ist nämlich im Gegensatz zu den synoptischen Parallelen weniger ausführlich zitiert; der Nachsatz παρὰ κυρίου ἐγένετο αὕτη, καὶ ἔστιν θαυμαστὴ ἐν ὀφθαλμοῖς ἡμῶν (Ps 118,23 LXX) fehlt.[1] Lk müßte, falls er nur Mk benutzt hätte, von *sich aus* eine Zitatverkürzung vorgenommen haben, was ungewöhnlich wäre.[2] Wahrscheinlicher ist, daß die Verse 17b und 18 — in Stichwortverbindung ad vocem λίθος verknüpft[3] — bereits vorluk zusammengehören und hier im Zuge einer Quellenkombination als Nicht-Mk-Einheit eingesprengt sind. Lk hätte demnach das Mk-Zitat (Mk 12,10b und 11) nicht aus freien Stücken, sondern im Blick auf eine Nebenüberlieferung gekürzt, wenn nicht Mk überhaupt völlig ignoriert und sich einfach seiner Sondertradition angeschlossen.[4]

3. Literarkritisch relevante Semitismen wie ἐγένετο-Einleitungsformel etc. fehlen. Zu προστίθημι Lk 20,11 und 12 vgl. unten S. 161f.

---

[1] Von Act 4,11 her, wo dieser Nachsatz ebenfalls fehlt, darf nicht argumentiert werden (gegen Suhl, *Zitate* S. 160), denn da liegt eine andere Tradition und das Zitat selbst in anderer Fassung vor, vgl. Conzelmann, *Apgsch* z. St.; Haenchen, *Apgsch* z. St.; bes. Holtz, *Zitate* S. 160—163.

[2] In Lk 20,9 liegt eine solche nicht vor (s. S. 156ff.), in 8,10; 18,20. 38; 19,46 (vgl. jeweils die Mt-Parallele), auch 21,22. 24. 25ff., sind die Abweichungen von Mk durch Parallelüberlieferungen veranlaßt. Die Zitate in Lk 20,28. 37. 42f.; 21,9f. sind mit der Mk-Vorlage so gut wie identisch; hier hält der dritte Evangelist sich, da er keine abweichende Version zur Verfügung hat, exakt an Mk.

[3] Vgl. den ganz analogen Sachverhalt Lk 5,36ff. (s. oben S. 105ff.), wo Lk die Mk-Vorlage mit einer Parallelüberlieferung kombiniert, aus der das Lk-Sonderelement V 39 — ad vocem *(οἶνος) παλαιός* — νέος da bereits angefügt — übernommen ist.

[4] In seiner minutiösen Untersuchung z. St. spricht auch Holtz (*Zitate* S. 161 Anm. 1) die Vermutung aus, daß nicht Lk, sondern die ihm vorausliegende Tradition für diese 'Streichung' verantwortlich ist.

4. Bei der Behandlung der Mk-Lk-Divergenzen ist etwas weiter auszuholen, da das literarkritische Problem für die Frage nach der Authentizität des Winzergleichnisses von erheblicher Relevanz ist. Die Beurteilung des Gleichnisses von den bösen Winzern ist nach wie vor strittig. Mit Jülicher ist man vielfach der Meinung, es handele sich hier um eine sekundäre allegorische Erzählung. 'Das Urchristentum, nicht Jesus selber scheint Mk 12,1—12 das Wort zu führen.' Der Versuch, eine hinter Mk 12,1ff. parr liegende mögliche 'Gleichnisrede Jesu von den bösen Weinbergpächtern' rekonstruieren zu wollen, sei aussichtslos, 'da unsere einzige Quelle Mk 12 bis auf den letzten Rest als Produkt urchristlicher Theologie, um so weniger als authentisches Protokoll einer Kampfrede Jesu verständlich' sei.[1]

Dem ist begreiflicherweise widersprochen worden: C. H. Dodd und J. Jeremias etwa behaupten die Authentizität einer Kurzfassung des Gleichnisses, die von der tradierenden Gemeinde verdeutlichend erweitert worden sei, durch den synoptischen Vergleich aber zurückgewonnen werden könne.[2] Die jeweils ursprünglicheren Elemente werden im Sinne

---

[1] Jülicher, *Gleichnisreden* II S. 385—406, bes. S. 406. Dieser Beurteilung hat man sich weithin angeschlossen und dabei oft — über Jülicher hinaus — auch noch die Möglichkeit ausdrücklich bestritten, daß hinter der Allegorie Rudimente eines echten Gleichnisses Jesu stehen könnten: Vgl. u. a. Bultmann, *Tradition* S. 191; Hirsch, *Frühgeschichte* I S. 128ff.; Kümmel, *Verheißung* S. 75f.; ders., Das Gleichnis von den bösen Winzern, in: *Aux sources de la tradition chrétienne, Goguel-Festschrift*, 1950, S. 120ff.; E. Grässer, *Das Problem der Parusieverzögerung in den synoptischen Evangelien und in der Apostelgeschichte*, 1957, S. 33f.; Hahn, *Hoheitstitel* S. 316 Anm. 1; Haenchen, *Weg Jesu* S. 396ff.; O. H. Steck, *Israel und das gewaltsame Geschick der Propheten*, 1967, S. 269—273, bes. S. 269 Anm. 3: 'Eine von allegorischen Zügen freie Vorform von Mk 12,1bff. hat es m. E. nie gegeben.'

[2] Vgl. C. H. Dodd, *The Parables of the Kingdom*, 1936, S. 124ff.; Jeremias, *Gleichnisse* S. 67ff.; einen Überblick über die Forschungsgeschichte gibt M. Hengel, Das Gleichnis von den Weingärtnern Mc 12,1—12 im Lichte der Zenonpapyri und der rabbinischen Gleichnisse, *ZNW* 59, 1968, S. 1—39, bes. S. 1ff.

einer 'Substraktionsmethode' zu einer vorsynoptischen Form zusammengefügt. Das ist methodisch nur dann legitim, wenn zuvor eine literarkritische Untersuchung erbracht hat, daß die Seitenreferenten zusätzliche, von Mk unabhängige Information zur Verfügung hatten. Falls Mk wirklich die einzige Quelle wäre, Mt und Lk also nur aus dem zweiten Ev geschöpft haben könnten, dann wäre den ursprünglich anmutenden Zügen in den Fassungen der Seitenreferenten bestenfalls sekundäre 'Ursprünglichkeit' zuzugestehen. Diese wäre als Beispiel für das Redaktionsverfahren der Großevangelisten interessant, für die Gewinnung einer vor-mk Fassung aber wertlos.[1]

Wir versuchen mit Hilfe der bereitgestellten Beobachtungen auf dem Wege über die Literarkritik eine Lösung des Problems

---

[1] Diese Problematik wird oft nicht beachtet. So findet man auf der einen Seite (vgl. nur Trilling, *Israel* S. 55ff.) für jede Abweichung der Seitenreferenten von Mk ein redaktionelles Motiv, in der Meinung, Mt und Lk hätten außer Mk eine zusätzliche Überlieferung nicht benutzt. In diesem Sinne konnte schon Schlatter zu Lk 20,9ff. bemerken: 'Das Gleichnis ist nach demselben sparsamen Verfahren gekürzt, das die aus Mk genommenen Texte oft zeigen.' (*Lk* S. 119.) Der Rekonstruktionsversuch von Dodd und Jeremias dagegen geht, ohne literarkritisch abgesichert zu sein, von der entgegengesetzten Auffassung aus, wird allerdings in Frage gestellt, wenn es bei Jeremias, *Gleichnisse* S. 69, zu den ursprünglicher anmutenden Teilen der Lk-Fassung heißt: 'Ob er (scil.: Lk) bei dieser nüchternen Zurückhaltung nur von seinem Stilempfinden oder auch von der mündlichen Tradition geleitet wurde, können wir nicht mehr sagen.' Ähnlich S. 70 zu Mt: Mt 'ist den Weg der Allegorisierung konsequent zu Ende gegangen. Die Klimax, die wir bei Mk finden, ist völlig vernichtet'. Falls wirklich individuelles Stilempfinden Lk zu seinen Änderungen geführt hätte, falls Mt in spezifischer Redaktion den 'Weg der Allegorisierung zu Ende gegangen' wäre, müßte es als ungerechtfertigt betrachtet werden, aus Mt und Lk Elemente in die vorsynoptische Fassung einzubringen. — Die hier geäußerten Bedenken gelten verstärkt für den m. E. methodisch unhaltbaren Ansatz B. M. F. van Iersels (*'Der Sohn' in den synoptischen Jesusworten*, 1964, S. 126ff., bes. 132–140), dem sich F. Mussner, Die bösen Winzer nach Matthäus 21,33–46, in: *Antijudaismus im Neuen Testament?*, hrsg. von W. Eckert–N. P. Levinson–M. Stöhr, München 1967, S. 129ff., anschließt.

und fragen mit besonderem Blick auf das dritte Ev: Kann Lk 20,9—19 als spezifisch luk Mk-Stoff-Bearbeitung erwiesen oder muß zur Erklärung eine 'Quelle' neben Mk angenommen werden? Der synoptische Vergleich wird uns auf die Divergenzen zwischen den verschiedenen Fassungen aufmerksam werden lassen. Es geht um die Analyse von Lk 20,9 ff. Mt wird nur hier und da berücksichtigt.

(a) Die Rahmenverse (Mk 12,1a; Mt 21,33a; Lk 20,9a) zeigen die bei der Rahmung üblichen, z. T. spezifischen Unterschiede und Charakteristika. Lk 20,9a ist leicht als luk Überarbeitung von Mk 12,1a zu erweisen. Die parataktische Aneihung wird aufgelockert, καί wie oft durch δέ ersetzt, das verbum dicendi typisch luk mit πρός konstruiert.[1] Als Adressat wird das Volk ausdrücklich wieder (vgl. 20,1) genannt.[2] Die Wendung λέγειν (εἰπεῖν) παραβολήν ist nicht spezifisch luk, wohl aber luk möglich; da sie wiederholt durch Traditionsvarianten verursacht zu sein scheint,[3] könnte auch hier indirekter oder direkter Einfluß einer Nebenüberlieferung vorliegen. Angesichts des nachgestellten Demonstrativums ist es allerdings wahrscheinlicher, daß Lk selbst verantwortlich ist.

(b) Mt und Lk lassen das eigentliche Gleichnis wie Mk als reine Erzählung beginnen: 'Ein Mann pflanzte einen Weinberg.' Als auffallend ist zu vermerken, daß Mk das Objekt ἀμπελών an den Anfang des Satzes stellt, während die Seitenreferenten mit dem Subjekt ἄνθρωπος beginnen[4] und in gleicher Wortstellung mit ἐφύτευσεν ἀμπελῶνα fortfahren, eine schwerlich zufällige Übereinstimmung gegen die Mk-Vorlage. Gerade die sachliche Belanglosigkeit der Abweichung, die

---

[1] Vgl. Cadbury, *Style* S. 142 und 203f.
[2] ὁ λαός: Mt 14×, Mk 2×, Lk 36×, Act 48×; vgl. dazu Bartlet, Sources S. 337f. Anm. 9.
[3] Vgl. oben S. 107 Anm. 2.
[4] Vgl. Bartlet, Sources S. 348. — Mt fügt ἦν οἰκοδεσπότης, ὅστις ... ein, ein sicher endredaktioneller Zusatz, wie Trilling, *Israel* S. 56, gezeigt hat. Lk bereichert den Nachsatz καὶ ἀπεδήμησεν eindeutig sekundär um χρόνους ἱκανούς: χρόνοι (plur. !) nur bei Lk, ebenso temporales ἱκανός (Lk 3×, Act 8×).

damit aber auch jeglichen Motivs entbehrt,[1] verbietet es, vorschnell anzunehmen, Mt und Lk seien unabhängig von sich aus zu dieser Änderung gekommen. Im Zusammenhang mit weiteren Gesichtspunkten, die es unmöglich erscheinen lassen, daß Mt und besonders Lk nur aus Mk schöpfen, sind darin Rudimente einer anderen, Mt und Lk neben Mk bekannten Ausprägung des Gleichnisses zu sehen. Ein Blick auf die Gleichnisanfänge der synoptischen Gleichnisse insgesamt zeigt, daß die ἄνθρωπός- (τις)-Einleitung[2] besonderes Kennzeichen der Gleichnisse des luk Sondergutes ist. Da taucht sie geradezu stereotyp auf,[3] sonst selten,[4] in Nicht-Lk-Gleichnissen überhaupt nicht.[5] Daß es sich dabei nicht um ein

---

[1] Gegen Cadbury, *Style* S. 152.

[2] Dazu ist auch 20,9 zu zählen, obwohl τις fehlt, das Lk in Anlehnung an Mk getilgt haben könnte; vgl. das sicher sekundäre ἄνθρωπός τις in den Textzeugen A W Θ Φ al, in späten Zeugen ebenso für Mk 12,1 und Mt 21, 33. Entscheidend für alle diese Gleichnisse ist das pointiert am Anfang stehende ἄνθρωπος, so ebenfalls ohne τις noch Mt 21,28, ähnlich Mt 25,14.

[3] Vgl. Lk 10,30; 12,16; 15,11; 16,1. 19; vgl. auch 18,2. 10.

[4] Lk 14,16 und 19,12; die entsprechenden Mt-Fassungen (Mt 22,2—10 und 25,14—30) kennen die ἄνθρωπός-τις-Einleitung nicht, was zu dem Schluß führen könnte, Lk 14,16 und 19,12 liege spezifisch luk Redaktion vor. Das ist nun aber sicher nicht der Fall, denn die Perikopen unterscheiden sich in der Fassung des ersten und dritten Ev so sehr, das man schwerlich annehmen kann, Mt und Lk hätten dieselbe Vorlage (=Q) benutzt. Der literarkritische Befund dürfte vielmehr ähnlich sein wie z. B. bei Bergpredigt und Feldrede. Im Hintergrund steht hier wie da eine Q-Fassung, die sich aber auf dem Weg zu Mt einerseits, zu Lk andererseits in je verschiedener Richtung entwickelt hat. Lk 14,16ff. und 19,12ff. sind dabei, was Formulierung (u. a. eben die ἄνθρωπός-τις-Einleitung) und theologische Ausrichtung anbelangt, offensichtlich in demselben Traditionsbereich weiter geprägt worden, dem auch das luk Sondergut entstammt. Vgl. dazu bes. W. Trilling, Zur Überlieferungsgeschichte des Gleichnisses vom Hochzeitsmahl (s. oben S. 77 Anm. 1), der nachweist, daß die paränetische Erweiterung Mt 22,11—14 eine bereits vormat Redaktionsleistung darstellt, während in der gegenüber Lk 'neuen' polemischen Akzentuierung (bes. Mt 22,6f.) spezifisch mat Endredaktion zum Zuge kommt.

[5] Wenn nicht Mt 21,28 ein τις einzufügen ist.

spezifisch luk Redaktionselement handelt, erweist darüberhinaus das Th-Ev. Gerade die Gleichnisse des Kopten, die — ohne von Lk abhängig zu sein — den entsprechenden Texten des dritten Ev besonders nahestehen (Th 64,65,66), beginnen mit der ἄνθρωπός-(τις)-Einleitung.[1] In der genannten Einleitungsformel fassen wir offenbar ein charakteristisches Merkmal jenes Traditionsstromes, aus dem Lk und Th unabhängig voneinander geschöpft haben, und der — wie Th 66 bestätigt — auch das Gleichnis von den bösen Winzern enthielt. Die zunächst bedeutungslos erscheinende Variante in der Einleitung wird so zum ersten Indiz dafür, daß die Erzählung von den Weingärtnern den Seitenreferenten nicht nur aus Mk bekannt gewesen sein dürfte. Bei dem Nebeneinander verschiedener Ausprägungen des Gleichnisses haben Lk und Mt hier also die Wortstellung der Nebenüberlieferung beibehalten.

(c) Mk und ihm folgend Mt geben, anknüpfend an das Stichwort ἀμπελών, eine detaillierte Beschreibung der Anlage des Weinbergs im Anschluß an Jes 5,1ff. Es ist wiederholt beobachtet und betont worden, daß diese Ausmalung 'für die Fortsetzung ohne Bedeutung' ist.[2] Die Tatsache, daß nach dem Text der LXX zitiert wird, der deutlich von dem hebräischen abweicht, macht das Zitat im Munde Jesu ohnehin unmöglich.[3] Hinzu kommt ein schwerwiegendes inhaltliches Bedenken: Die für Jes 5 konstitutive Gleichsetzung des Weinbergs mit Israel geht hier nicht auf und paßt nicht. Der Weinberg ist nicht mit Israel gleichzusetzen, bestenfalls die Pächter könnten Israel verkörpern, aber auch dann gibt es noch Schwierigkeiten, denn es soll ja nicht das ganze Israel verklagt werden, sondern nur seine Führerschaft.[4] Angesichts

---

[1] Vgl. die Rückübersetzungen bei Kasser, *Thomas*, zu Logion 64, 65, 66.
[2] Vgl. nur Kümmel, Gleichnis S. 121.
[3] Vgl. Jeremias, *Gleichnisse* S. 68 Anm. 1.
[4] Gegen Jeremias, *Gleichnisse* S. 68ff., bes. S. 74f., der eine einheitliche und schlüssige Deutung des Weinbergs nicht durchhält. Bemerkenswert ist die Analyse von S. Pedersen, Zum Problem der vaticinia ex eventu, *StTh* 19, 1965, S. 167ff., bes. S. 170—176 zu Mk 12,1—12

dieser Unstimmigkeiten wird man nicht zögern, jeglichen Zusammenhang zwischen der ursprünglichen Fassung des Gleichnisses von den Weinbergpächtern und Jes 5,1ff. zu leugnen. Das Gleichnis hat von Haus aus mit Jes 5 nichts zu tun. Auch der wahrscheinliche Anknüpfungs- bzw. Haftpunkt für die Eintragung des alttestamentlichen Zitats, das ἐφύτευσεν ἀμπελῶνα, stammt nicht aus Jes 5, ist kein Zitat,[1] sondern ganz gebräuchliche Umschreibung der Anlage eines Weinbergs.[2] Bei Lk fehlt die als sekundär erkannte, nicht recht passende Ausmalung. Irgendeinen Anklang an Jes 5 gibt es in seiner Fassung nicht.[3] Hat sein Stilempfinden ihn zur Tilgung veranlaßt?[4] Oder folgt er einer Parallelüber-

---

parr, der erkennt, 'daß eine metaphorische Deutung des Wortes "Weinberg" nicht durchgeführt werden kann, ein Anzeichen dafür, dass eine solche Deutung in der ursprünglichen Fassung nicht beabsichtigt gewesen ist.' — Vgl. zur Weinbergmetapher jetzt ausführlich Steck, *Israel* S. 270f. Anm. 7.

[1] Jes 5,1 (LXX): ἀμπελὼν ἐγγενήθη τῷ ἠγαπημένῳ ...; Jes 5,2 (LXX): ... ἐφύτευσα ἄμπελον ...; die Lk mit Mk und Mt gemeinsame Wendung ἐφύτευσεν ἀμπελῶνα ist durch Jes 5, wo zwar V 1 von einem Weinberg, V 2 aber von dem Pflanzen eines *Weinstocks* die Rede ist, nicht gedeckt und demnach sowohl im Nestle-Text als auch in der Alandschen Synopse zu unrecht durch den Druck als Zitat abgehoben.

[2] Vgl. neben Gen 9,20; Deut 28,30. 39; Am 5,11; 9,14; Jes 37,30; Jer 38,5; Ez 28,26; Ps 106 (107), 37 bes. Deut 20,6a *(καὶ τίς ὁ ἄνθρωπος, ὅστις ἐφύτευσεν ἀμπελῶνα καὶ οὐκ εὐφράνθη ἐξ αὐτοῦ;)* und 1. Kor 9,7 *(τίς φυτεύει ἀμπελῶνα καὶ τὸν καρπὸν αὐτοῦ οὐκ ἐσθίει;)*. S. auch Bauer, *Wörterbuch* Sp. 93.

[3] Das wird allerdings immer wieder — im Banne der sekundären Eintragung bei Mk und Mt — behauptet, vgl. Easton, *Lk* z. St.: 'The narrative begins ... with an obvious reference to Isa 5,1—7.' Schrage, *Th-Ev* S. 139: 'Wie Lk verkürzt Th das Zitat aus Jes 5,2.' Lk verkürzt nicht, sondern er 'beseitigt' vollständig, richtiger: er übergeht im Blick auf die auch bei Th zu Wort kommende Traditionsvariante, die einen Bereich der Überlieferung repräsentiert, der von der sekundären Überarbeitung im Anschluß an Jes 5 (LXX) frei geblieben ist. Vgl. dazu Pedersen, Zum Problem der vaticinia ex eventu S. 170ff.

[4] Das wird durchweg angenommen; s. nur W. Michaelis, *Die Gleichnisse Jesu*, 1956, S. 122; Trilling, *Israel* S. 63 Anm. 52; Schlatter, *Lk* S. 119; vgl. oben S. 153 Anm. 1.

lieferung, die das Zitat nicht kannte? Eine Entscheidung ist schwierig, vieles spricht aber für die letztgenannte Möglichkeit. Lk schätzt nämlich Verweise auf die Schrift und Anklänge an alttestamentliche Perikopen. Es läßt sich jedenfalls nicht zeigen, daß er Zitate von sich aus tilgt.[1] Wenn man davon ausgeht, daß sich redaktionelle Eingriffe meistens im unmittelbaren Kontext 'verraten', so würde auch von da her die Entscheidung hier negativ ausfallen. Spuren eines Eingriffes sind nicht sichtbar. Schwerwiegender ist schließlich die Beobachtung, daß Lk 20,9 nahezu identisch ist mit Th 66. Th beweist, daß es eine Tradition ohne das Zitat und ohne überhaupt jeden Anklang an Jes 5 gegeben hat.[2] Dieser ist auch Lk gefolgt. D. h. Lk bietet die nicht-allegorische Exposition einer Gleichniserzählung. Seine Fassung ist ursprünglicher als die des Mk und Mt. Die 'Auslassung' ist nicht Ergebnis seines redaktionellen Eingriffs, sondern von der Nebenüberlieferung vorgegeben. Er hat also nicht etwa die Mk-Fassung gestrafft, sondern — vom Einfluß einer in ursprünglicherem Stadium erhaltenen Version bestimmt — sekundäre Elemente der Mk-Vorlage übergangen.

(*d*) Erhebliche Unterschiede kennzeichnen die drei Fassungen des folgenden Berichts von den Botensendungen: Mt und Lk stellen gegen Mk die Angabe des Zeitpunktes der ersten Aussendung an den Anfang, wobei Mt, u. U. in Anlehnung an Mt 3,2 (vgl. Mk 1,15), 'theologisch geladen' formuliert.[3]

[1] Vgl. oben S. 151 Anm. 2.
[2] G. Quispel, Das Thomas-Evangelium und das AT, in: *Festschrift für O. Cullmann*, Leiden 1962, S. 243ff., bes. S. 245, findet — offensichtlich unter dem Eindruck der sekundären Elemente bei Mt und Mk — selbst im Anfang des Logions 66 des Th-Ev ('Ein rechtschaffener Mann hatte einen Weinberg, er gab ihn Winzern'.) eine Anspielung auf Jes 5. Montefiore, Parables S. 228, behauptet, 'all three synoptic gospels have at least some allusions to Isa 5,1f. . . .', und hält es für möglich, daß das ursprüngliche Gleichnis diesen Anklang enthalten habe; daher dann die abwegige Deutung der Tatsache, daß Th das Zitat nicht bietet: 'Thomas' attitude to the Old Testament tends to be negative.' Richtig Jeremias, *Gleichnisse* S. 68.
[3] Er weist allegorisierend über die der Bildhälfte angemessene sachliche Zeitangabe hinaus; $\dot{\varepsilon}\gamma\gamma i\zeta\varepsilon\iota\nu$ scheint für ihn theologischer

ANALYSE

Bei *Mt* ist die Rede von zwei Aussendungen einer Mehrzahl von Knechten, die z. T. mißhandelt, z. T. gesteinigt und getötet werden. Beide Gruppen erfahren dieselbe Behandlung. Eine gewisse Klimax liegt darin, daß die zweite Gruppe zahlreicher ist *(πλείονας τῶν πρώτων)*. Schließlich in einer dritten Sendung wird der Sohn zu den Pächtern geschickt; er wird wie die Knechte getötet.

Mk spricht von der dreimaligen Aussendung je eines Knechtes. Der erste wird geschlagen, der zweite mißhandelt, der dritte getötet. V 5b stört nicht nur als Antiklimax den Zusammenhang, sondern fällt auch aus der Konstruktion heraus, ist somit ohne Frage als sekundäre Erweiterung auszuklammern.[1] Hier ist bis zur absoluten Unwahrscheinlichkeit gesteigert im Sinne der Deutung, die auch in V 6 (der Sohn ist durch *ἀγαπητός* unmißverständlich als Jesus identifiziert) zum Zuge kommt.[2]

Bevor wir uns *Lk* zuwenden, fragen wir nach dem literarkritischen Verhältnis zwischen Mt und Mk. Zweierlei ist hier an der Fassung des ersten Evangelisten bemerkenswert: Die Zahl der Sendungen vor dem Auftreten des Sohnes wird auf zwei 'reduziert'[3], und: das Erscheinen des Sohnes wird im Vergleich zu Mk zurückhaltender und weniger allegorisch beschrieben, was im Blick auf die bewußte Allegorisierung sonst, bes. in V 34, erstaunlich ist. Ein redaktionelles Motiv

---

terminus technicus zu sein; vgl. H. Preisker, Art. *ἐγγύς κτλ.*, *ThW* II S. 329ff., bes. S. 330; das für Mt selbstverständliche metaphorische Verständnis von *καρπός* (vgl. F. Hauck, Art. *καρπός κτλ.*, *ThW* III S. 617f.), das auch sonst begegnet, legte die redaktionelle Erweiterung nahe. Zum Ganzen s. noch Trilling, *Israel* S. 57ff.

[1] Vgl. Jeremias, *Gleichnisse* S. 69.
[2] Jeremias, *Gleichnisse* S. 70—72; Koester, *Apostolische Väter* S. 243f. verweist auf Herm. Sim. V, 2,6: *προσκαλεσάμενος οὖν τὸν αὑτοῦ ἀγαπητόν, ὃν εἶχε κληρονόμον.*
[3] Wenn — was nicht mit letzter Sicherheit ausgeschlossen werden kann — Mt nur Mk nacherzählte, läge darin eine endredaktionelle Abwandlung im Dienste der allegorischen Deutung auf Propheten und Apostel (wie Mt 22,1ff.). Das ist aber wenig wahrscheinlich, weil mit der Schwierigkeit belastet, daß der Sohn erst nach der zweiten Gruppe von Knechten (= Apostel) auftritt.

für die Auslassung der bei Mk vorgefundenen, vorzüglich in die Allegorie passenden Züge ist nicht faßbar. Wenn Mt nur Mk gekannt und ausgeschrieben hätte, wäre er ihm hier doch wohl Wort für Wort gefolgt. Der Einfluß einer Parallelüberlieferung scheint mir daher — stellt man auch die oben genannten Mt-Lk-Übereinstimmungen noch gebührend in Rechnung — nicht unwahrscheinlich. Diese hätte dann von zwei Sendungen je eines Knechtes und von der des Sohnes gesprochen. Lk berichtet in den Versen 10—13 von drei Aussendungen je eines Knechtes, dann von der Sendung des Sohnes. Im Sinne einer echten Klimax werden jene nur mißhandelt, erst dieser wird getötet. Der Verfasser bietet damit, Mk und Mt überlegen, 'eine tadellose Symmetrie'.[1] Ist diese von ihm selbst geschaffen? Oder hat er sie in einer Traditionsvariante vorgefunden?

Dazu ist zunächst ganz allgemein zu bedenken, daß 'Symmetrie' sehr wohl, wie etwa die volkstümliche regel-de-tri, das Anfangsstadium der Tradition widerspiegeln kann. Wie sich an der synoptischen Tradition beobachten läßt, ist es Kennzeichen gerade der gut erhaltenen Überlieferungsstücke, daß sie den Gesetzen der Klein- und Volkspoesie genügen.[2] Was nun Lk 20,10 ff. speziell betrifft, so läßt sich nicht bestreiten, daß hier mehrere luk Spracheigentümlichkeiten[3] auftauchen, was aber nicht mehr zu heißen braucht, als daß Lk überarbeitend eingegriffen hat. Das mußte er tun nicht nur, wenn er Mk selbständig änderte, sondern auch, wenn er Mk mit einer Nebenüberlieferung kombinieren wollte.[4] Das

---

[1] Jeremias, *Gleichnisse* S. 69.

[2] Vgl. Dibelius, *Formgeschichte* S. 251; speziell zu der rekonstruierten Kurzfassung des Winzergleichnisses vgl. den überzeugenden Nachweis bei Hengel, Gleichnis S. 32f.: 'Auch die seinerzeit von A. Olrik herausgearbeiten "Gesetze" der Volksdichtung lassen sich fast alle in ihr nachweisen.'

[3] Vgl. Jeremias, *Gleichnisse* S. 69f. Anm. 4. προστίθημι ist, wie Jeremias zu Lk 19,11 (S. 98f. Anm. 5 und S. 92 Anm. 3) selbst andeutet, sicher nicht luk, hier also auszunehmen. Vgl. dazu unten S. 161f.

[4] Eine Möglichkeit, die von Morgenthaler, *Geschichtsschreibung* I S. 75, weder bei diesem noch bei ähnlichen Texten des dritten Ev bedacht wird.

Urteil über den literarkritischen Sachverhalt darf sich also nicht nur auf den sprachlich-stilistischen Befund berufen. Die besondere Qualität der Abwandlungen und Korrekturen ist abzuwägen. Unter diesem Gesichtspunkt legen folgende Beobachtungen auch hier die Annahme der Einwirkung einer Traditionsvariante nahe:

Die luk Fassung ist, abgesehen von V 13, wo wie bei Mk allegorisiert wird, einfacher, zurückhaltender, von der Einsichtigkeit und Evidenz, die für die Bildhälfte analoger synoptischer Gleichnisse typisch ist,[1] kurz: ursprünglicher!

V 10b macht die γεωργοί zum Subjekt *(ἵνα . . . δώσουσι)* gegen Mk *(ἵνα . . . λάβῃ)*, eine sachlich belanglose Abwandlung, der deswegen Bedeutung zukommt, weil sie durch Th als Traditionselement erwiesen ist. Th 66 heißt es: 'Er sandte seinen Knecht, damit die Landarbeiter ihm die Frucht des Weinbergs gäben!'[2] Die Parallelüberlieferung setzt sich hier unmittelbar durch![3]

Nach hebräischem Sprachgebrauch ist in V 11 und 12 die Wiederholung einer Handlung durch προστίθημι (mit Infinitiv) umschrieben.[4] Hawkins rechnet dieses Verb zu den luk Vorzugswörtern.[5]

Dagegen erheben sich Bedenken: Es muß doch zwischen dem geläufigen griechischen Sprachgebrauch *(προστίθημι =* hinzufügen) und dem Semitismus *(προστίθημι* zur Umschreibung eines *πάλιν)* unterschieden werden. Bei dieser Differenzierung ergibt sich ein anderes Bild: Der Semitismus findet sich im Ev nur hier und leicht variiert 19,11; in den Act nur 12,3,

---

[1] Vgl. Bultmann, *Tradition* S. 179ff.

[2] Vgl. Mt 21,41b: οἵτινες ἀποδώσουσιν αὐτῷ τοὺς καρπούς . . . ; ein Rudiment der postulierten Überlieferungsvariante?

[3] Gegen Schrage, *Th-Ev* S. 139, der in der von Th gebotenen Form des Gleichnisses eine Mischform sieht, 'die sich mosaikartig aus Elementen aller Synoptiker zusammensetzt.' δώσουσιν αὐτῷ sei 'stilistische Verbesserung des Lk', Th von Lk abhängig (S. 140).

[4] Vgl. Bauer, *Wörterbuch* Sp. 1426; Bl.-Debr. § 392,2; 419,4; 435a; Moulton, *Grammar* II S. 445. προσέθετο . . . πέμψαι = הוֹסִיף לִשְׁלֹחַ; D 'verbessert' in beiden Versen zu ἔπεμψεν.

[5] Mt 2×, Mk 1×, Lk 7×, Act 6×; vgl. Hawkins, *Horae* S. 21; auch Sparks (s. oben S. 84 Anm. 2) sieht hier die Hand des Lk.

ist also schwerlich Lk selbst zuzuschreiben. Nimmt man noch hinzu, daß der Verfasser des dritten Ev mk πάλιν sonst nie durch die προστίθημι-Konstruktion ersetzt — an unserer Stelle müßte ihn einfaches πάλιν (Mk 12,4) gleich zweimal (V 11 und 12) dazu bewegt haben —, so erscheint es unumgänglich, darin vorluk Sprachgebrauch zu sehen. Auch für V 11 f. sind damit Spuren der Parallelüberlieferung nachgewiesen. Es liegt nahe, nicht nur in den genannten Semitismen, sondern auch in den sachlichen Differenzen zu Mk ihren Einfluß zu vermuten. Ob sie u. U. ebenfalls wie Mt und Th nur von zwei Botensendungen vor der Aussendung des Sohnes gesprochen hat, bleibt unsicher, ist allerdings angesichts des προσέθετο in V 12 wenig wahrscheinlich. Damit ist ein Hinweis darauf gegeben, daß die Vorlage des Lk der des Th (bzw. des Mt) wohl ähnlich, nicht aber kongruent gewesen ist.

Während Mt und Mk von der Sendung des Sohnes berichten — nur ἐντραπήσονται τὸν υἱόν μου (Mt 21,37; Mk 12,6) ist als Rede gedacht —, werden bei Lk nach einer Einleitungsformel *(εἶπεν δέ)* Überlegung und Entschluß des Weinbergbesitzers in direkter Rede als Selbstgespräch formuliert, was bei der Vorliebe des Lk für die indirekte Rede[1] sicher nicht der Endredaktion entstammt. Es handelt sich dabei ganz entschieden nicht um ein Charakteristikum der Darstellungsweise des Lk,[2] sondern um ein für die Gleichnisse des Lk-S-Gutes typisches Stilmittel[3] und damit neben der ἄνθρωπός-*(τις)*-Einleitung und den Semitismen V 11 f. um ein weiteres Indiz dafür, daß die von Lk herangezogene Überlieferungsvariante aus demselben Traditionsbereich wie dieses zu stammen scheint; die Nähe der genannten Züge zum Lk-S-Gut ist jedenfalls unübersehbar. In dieselbe Richtung weist das Lk mit Th gemeinsame ἴσως (vielleicht werden sie Scheu haben vor meinem Sohn V 13), das bei Lk überhaupt nur hier

[1] Vgl. nur Schmid, *Mt und Lk* S. 46; 54; 109 Anm. 5; 114; 263.
[2] So u. a. van Iersel, '*Der Sohn*' S. 137 ('unverkennbares Psychologisieren' des Lk); Schmid, *Lk* S. 296.
[3] Vgl. Lk 12,17 *(τί ποιήσω ...);* 15,17—19; 16,3 *(τί ποιήσω ...);* 18,4f.

vorkommt und ebenfalls aus der Paralleltradition stammen dürfte.[1] In der Schilderung der Reaktion der Pächter (Lk 20,14f.) stimmen die Seitenreferenten zweimal gegen Mk überein. Vgl. oben unter 1.). Daß diese Übereinstimmungen unabhängig von zusätzlicher gemeinsamer Information und zufällig sein sollten, ist unwahrscheinlich.[2]

Mit dem letztgenannten Vers (Mk 12,8 parr) bricht die reine, im Präteritum gehaltene Erzählung ab. Der Erzählende wendet sich mit einer Frage an die Zuhörer, die nach Mt von diesen, nach Mk und Lk von jenem selber beantwortet wird.[3] Das bisher Berichtete liegt in der Vergangenheit; der letzte Bote ist getötet. Mk 12,9 parr gibt den Standpunkt des Erzählers. Mit der Frage ändert sich die Perspektive. Von dem bereits Geschehenen wendet sich der Blick auf das, was sich erst ereignen wird. Darin liegt zweifellos eine gewisse Zäsur zwischen Mk 12,8 und 9. Andererseits ist V 9 dadurch an das Vorhergehende gebunden, daß die Frage durchaus im Rahmen des Bildes bleibt. Daß dennoch Frage und Antwort als sekundär zu beurteilen sind und zum ursprünglichen Gleichnis nicht gehören, ist mit großer Sicherheit daraus zu

---

[1] Gegen Schrage, *Th-Ev* S. 140: Daß ἴσως Hapaxlegomenon im NT ist, spricht eher gegen als für luk Redaktion; daß Lk keine Traditionsvariante benutzt habe, wäre erst noch zu beweisen; daß schließlich die Einfügung des ἴσως auf ein 'theologisches Motiv' zurückzuführen ist, nämlich auf das Bestreben, 'ein ausdrückliches Irren von Gott fernzuhalten' (Schrage im Anschluß an Jülicher, *Gleichnisreden* II S. 391f.), ist nicht so sicher und deutlich von der sekundären allegorischen Deutung her gedacht. ἴσως gehört zur 'bildhafte(n) Ausmalung' (Hengel, Gleichnis S. 5 Anm. 23). Kurz: Daß ἴσως erst bei der Redaktion letzter Hand eingefügt und spezifisch luk sei, ist eine unbewiesene Behauptung. Lk dürfte, wenn er nur von Mk abhängig wäre, 1. die indirekte Rede beibehalten und 2. das 'Vielleicht' durch Optativ ausgedrückt haben. Vgl. etwa Lk 3,15 *(μήποτε εἴη)*, dazu Bl.-Debr. §§ 384—386. Der Schluß auf Abhängigkeit des Th von Lk ist also alles andere als 'unausweichlich' (so Schrage, *Th-Ev* S. 140).

[2] Gegen Jeremias, *Gleichnisse* S. 71; Michaelis, *Gleichnisse* S. 122.

[3] Vgl. Hawkins, *Horae* S. 71 ('The attribution of the same, or very similar, words to different speakers').

schließen, daß hier offensichtlich in Anlehnung an Jes 5[1] ein Schluß gestaltet ist. An die Ränder des Gleichnisses (Mk 12,1 und 9) haben sich in Anklang an einen alttestamentlichen Text sekundäre Elemente geheftet.[2] Wie Lk 20,9 — das AT-Zitat fehlt — darauf hindeutet, daß Lk eine Fassung ohne diese Erweiterung kannte, so zeigt die fast völlige Identität zwischen Mk 12,9 und Lk 20,15b.16a, daß der Verfasser des dritten Ev hier nur die Mk-Vorlage zur Verfügung hatte. Der unmittelbare und enge Anschluß an Mk spricht dafür, daß die Sondertradition, deren Einfluß in Lk 20,9—15a wiederholt nachgewiesen werden konnte, mit 15a abbrach. Aus der luk Fassung ist also, wenn man die Art, wie Lk sich zur Mk-Vorlage verhält, mit ins Auge faßt, eine ursprünglichere Form des Winzergleichnisses zu erschließen, ein Gleichnis, das pointiert mit der Ermordung des Sohnes schloß.[3]

Dafür spricht auch die Existenz eines zweiten Schlusses in Mk 12,10 f. parr. Als einen solchen haben die Evangelisten das Wort vom Eckstein offenbar verstanden. Während V 9 als Drohwort den Blick auf das weitere Geschick der Pächter, auf Strafe und Verwerfung lenkt, greift V 10f. parr als Auferstehungsweissagung über V 9 auf V 8 zurück. Ein ursprünglich

---

[1] Vgl. Jes 5,5 (LXX): $\nu\tilde{\upsilon}\nu$ $\delta\grave{\varepsilon}$ $\dot{\alpha}\nu\alpha\gamma\gamma\varepsilon\lambda\tilde{\omega}$ $\dot{\upsilon}\mu\tilde{\iota}\nu$ $\tau\acute{\iota}$ $\pi o\iota\acute{\eta}\sigma\omega$ $\tau\tilde{\omega}$ $\dot{\alpha}\mu\pi\varepsilon\lambda\tilde{\omega}\nu\acute{\iota}$ $\mu o\upsilon$.
[2] Diese Möglichkeit, für die es an Belegen nicht fehlt (vgl. dazu Larfeld, *Evangelien* S. 245ff.; D. Tabachovitz, *Die Septuaginta und das Neue Testament*, 1956, S. 98ff.), hat u.a. Haenchen bei seiner Analyse nicht berücksichtigt, wenn er konsequent davon ausgeht, daß Mk 12,1ff. parr — ein Produkt der nachösterlichen Gemeinde — aus Jes 5,1—7 und Ps 117 (118), 22f. herausentwickelt sei *(Weg Jesu* S. 396—404). — Die LXX-Benutzung in Mk 12,1b. 9a und die $\upsilon\dot{\iota}\acute{o}\varsigma$-Prädikation in 12,6 sind die Stützen für Stecks These, daß das Winzergleichnis 'in der hellenistischen Gemeinde entstanden' sei *(Israel* S. 271 Anm. 5). Mit der Einsicht, daß das Gleichnis in V 1 (vgl. Lk und Th) einen Anklang an Jes 5 ursprünglich nicht enthielt und mit V 8 schloß, daß zudem der Sohn sehr wohl auch 'unchristologisch' verstanden werden kann und ursprünglich so verstanden werden muß (vgl. unten S. 167ff. Anm. 2), ist auf Grund von Mk 12,1b. 6. 9a nicht mehr auf Entstehung, sondern lediglich auf Ausgestaltung und Umprägung der Tradition in der hellenistischen Gemeinde zu schließen.
[3] Vgl. zu Mk 12,9 parr Jeremias, *Gleichnisse* S. 72ff.

ANALYSE

selbständiges Logion[1] ist hier sekundär mit dem bereits allegorisch gedeuteten Gleichnis in Zusammenhang gebracht. Gleichnis und Wort vom Eckstein sind offenbar nicht als ursprüngliches Miteinander konzipiert, sondern erst nachträglich verknüpft. Das ergibt sich aus dem bereits Gesagten und ist vom Befund im Th-Ev her weiter zu begründen. Th kennt die Verbindung nämlich noch nicht — Gleichnis und Zitat stehen als Logion 66 und 67 isoliert nebeneinander — und repräsentiert damit ein vorsynoptisches Stadium, aus dem die synoptischen Fassungen leicht entstanden sein können, während eine sekundäre Trennung nicht einsichtig zu machen ist.[2] Daß Lk in 20,17f. auf zusätzliche Tradition zurückgreift, hatten wir bereits oben (s. unter 2.) gesehen. Daß diese sich in dem in Frage stehenden Punkt nur unwesentlich von Th unterschieden haben kann, zeigt die Tatsache, daß Lk V 17b und Th 67 übereinstimmend nur V 22 des 118. Ps zitieren (Mk und Mt bringen Ps 118,22 und 23). Dafür spricht weiter der Umstand, daß Lk sich veranlaßt sieht, mit V 16b und 17a *(ἀκούσαντες δὲ εἶπαν· μὴ γένοιτο. ὁ δὲ ἐμβλέψας αὐτοῖς εἶπεν· τί οὖν ἐστιν τὸ γεγραμμένον τοῦτο)*[3] in seiner Nebenüberlieferung etwa wie bei Th noch Isoliertes in Angleichung an Mk mit Nachdruck und besonders gründlich zu verbinden. Der Impuls zu dieser Übergangsbildung

[1] Vgl. die Verwendung von Ps 117 (118), 22f. in den verschiedenen Zusammenstellungen christologisch gedeuteter Steinworte, s. oben S. 150 Anm. 4. — Daß ein Logion im wesentlichen alttestamentliches Zitat ist, braucht nicht zu verwundern; vgl. etwa Lk 13,27. 29 (dazu Jeremias, *Gleichnisse* S. 27 Anm. 1).

[2] Auf dem Boden der Abhängigkeitshypothese erklärt Haenchen einerseits: 'Den christologischen Schluß aus Psalm 118 konnten die Gnostiker nicht gebrauchen'; andererseits spricht er im Anschluß an Schrage *(Th-Ev* S. 139f.; 145f.; vgl. auch J. Jeremias, Art. λίθος κτλ., *ThW* IV S. 282f.) über das (gut) gnostische Verständnis eben dieses christologischen Satzes aus Ps 118 *(Weg Jesu* S. 403f. Anm. 14 und 15).

[3] *Μὴ γένοιτο*, außerhalb der Paulusbriefe nur hier im NT, dürfte spezifisch luk sein; ἐμβλέψας (vgl. Lk 22,61; s. auch Mk 10,21. 27; Mt 19,26) ist auch den Quellen bekannt, aber wohl von Lk hierher gesetzt; τί οὖν wie V 15b; zu τὸ γεγραμμένον τοῦτο vgl. Lk 22,37; auch 18,31; 21,22; 24,44; Act 13,29; 24,14; s. oben S. 133f. Anm. 6.

dürfte von der Paralleltradition ausgegangen sein.[1] Der Schlußvers (Lk 20,19) schließlich ist etwas ausführlicher als die auch zugrundeliegende Mk-Parallele (Mk 12,12). Das Subjekt *(οἱ γραμματεῖς καὶ οἱ ἀρχιερεῖς)* dürfte Lk selbst aus 20,1 wieder aufgenommen haben. Die semitisierende Formulierung *ἐπιβάλλειν τὰς χεῖρας ἐπί* dagegen stammt wohl aus der ja auch sonst durch Semitismen (vgl. *προστιθέναι* V 11 f.) charakterisierten Parallelüberlieferung,[2] ebenso das gleich folgende *ἐν αὐτῇ τῇ ὥρᾳ*.[3]

Ergebnis: Zahlreiche Gründe erweisen, daß Lk im Gleichnis von den bösen Winzern (20,9—19) Mk 12,1 ff. in gebundener Arbeitsweise mit einer Überlieferungsvariante kombiniert hat. Diese ist durch den synoptischen Vergleich aus Lk selbst

[1] Zu den luk Einleitungen, Übergangsbildungen und Abschlüssen vgl. nur Bultmann, *Tradition* S. 361. Die Einwände, die Schürmann *(Paschamahlbericht* S. 3 Anm. 12) gegen Bultmann erhebt, treffen auch seine eigene Aufzählung von Lk 'sicher nachzuweisenden Übergangsbildungen' im Mk-Stoff. Bei einer differenzierten Mk-Stoff-Beurteilung sind von den zehn Beispielen, die Schürmann nennt, mindestens vier (Lk 5,36; 9,29. 34; 21,10) auszuschließen.

[2] Luk Redaktion ist natürlich nicht völlig auszuschließen. *'Επιβάλλειν τὰς χεῖρας ἐπί* begegnet im Ev noch in 21,12, wo aber ebenfalls zusätzliche Tradition zum Zuge kommt (vgl. L. Gaston, Sondergut und Mk-Stoff in Lk 21, *ThZ* 16, 1960, S. 161ff., bes. S. 169f. und unten S. 175f.), und viermal in den Act., davon 3 × im ersten Teil. Angesichts der Tatsache, daß Lk *κρατεῖν* (so Mk) offenbar nicht bewußt meidet (vgl. bes. Act 2,24; 3,11; 24,6; 27,13), dürfte die Abweichung von Mk in 20,19 unter dem Einfluß der Traditionsvariante stehen und unter diesem Einfluß erfolgt sein.

[3] *Αὐτὸς ὁ* ist typisch für das LkS-Gut (vgl. Rehkopf, *Sonderquelle* S. 92). Da sich nun aber speziell die Wendung *ἐν αὐτῇ τῇ ὥρᾳ* in den Synoptikern nur bei Lk findet, dazu noch 2 × in der Apgsch (16,18; 22,13) belegt ist, wird man für 20,19 luk Redaktion nicht sicher bestreiten können, wenngleich manches dafür spricht, daß hier nicht Lk, sondern seine zusätzliche Vorlage zu Wort kommt. Vgl. neben Moulton, *Grammar* II S. 432; Hawkins, *Horae* S. 16 besonders Black, *Approach* S. 108—112, der (gegen Moulton und Hawkins) schreibt: 'It is clearly a Lucan peculiarity, but it is not a coinage of the author of Luke-Acts.' (S. 109) und auch für Lk 20,19 nicht Lk selbst verantwortlich machen möchte (S. 112).

ANALYSE

zurückzugewinnen. Ihre besondere Nähe zu Th 66 ist unverkennbar. Die Rekonstruktion einer vorsynoptischen Fassung des Gleichnisses ist damit auch angesichts des literarkritischen Befundes als legitim erwiesen. Das Urteil, dem Gleichnis liege eine ursprüngliche Jesuserzählung zugrunde, ist neu zu prüfen.[1] Bei positiver Entscheidung dieser Frage ist eine konsequent von allen sekundären Zügen absehende Deutung zu versuchen.[2]

[1] Mit dem Nachweis einer Lk zugänglichen Überlieferungsvariante zu Mk 12,1ff. ist nicht auch schon die Frage nach der Authentizität des Gleichnisses positiv entschieden; so zu unrecht Quispel, The Gospel of Thomas and the NT, *VC* 11, 1957, S. 189ff., bes. S. 206f.

[2] Das ist bisher, soweit ich sehe, nicht geschehen. Die Literatur zum Th-Ev begnügt sich weithin mit dem Nachweis der Überlegenheit von Th 66, vgl. etwa Montefiore, Parables S. 230. 236f.; R. McL. Wilson, Thomas and the Growth of the Gospels, *HThR* 53, 1960, S. 231ff., bes. S. 239; R. M. Grant, Notes on the Gospel of Thomas, *VC* 13, 1959, S. 170ff., bes. S. 178; Quispel, Gospel of Thomas S. 206f.; A. J. B. Higgins, Non-Gnostic Sayings in the Gospel of Thomas, *NovT* 4, 1960, S. 292ff., bes. S. 299. — Einen Deutungsversuch im Sinne der Gnosis macht Schrage, *Th-Ev* S. 143ff.: 'Vielleicht soll also das Gleichnis das Schicksal des Erlösers symbolisieren, der vom Vater in die Welt "gesandt" wird, um die "Früchte" einzusammeln, die ihm als "Erbe" des Weinbergbesitzers zustehen' (S. 145). — Lediglich Jeremias, *Gleichnisse* S. 68ff., gibt eine Interpretation der rekonstruierten Kurzfassung, deren besondere Schwierigkeit darin liege, daß sie 'abrupt mit seiner (scil.: des Sohnes) Ermordung abschließt.' Seine Auslegung ist freilich nicht konsequent und darum nicht überzeugend. Jeremias meint, 'zwischen der Meinung Jesu und dem Verständnis der Hörer' bei der Bedeutung des Sohnes unterscheiden zu müssen (S. 70), was einer Wiedereinführung der als sekundär erkannten Parabeltheorie gleichkommt. Ähnlich van Iersel, *'Der Sohn'* S. 144: Jesus habe sich hier '— wenn auch indirekt und äußerst diskret — selbst als Sohn bezeichnet. Haben die Zuhörer das bemerkt? Die Menge wahrscheinlich nicht; wohl aber die Eingeweihten, auch wenn sie nicht alles verstanden.' Hengels Deutung, Gleichnis S. 31ff., in der allerdings wie bei van Iersel Mk 12,9 dem ursprünglichen Gleichnis zugezählt wird, scheint vor allem dadurch über Dodd und Jeremias hinauszuführen, daß sie den 'Sohn' ganz aus der Bildhälfte zu verstehen sich bemüht: 'Die Bezeichnung "Sohn" im Gleichnis muß ... durchaus nicht als expliziter "christologischer Hoheitstitel" verstanden werden, sondern gehört in die Konsequenz der Bildseite' (Gleichnis S. 37f.). Bei der Bestimmung der Pointe

Lk 20,20—26

1. Die Übereinstimmungen der Seitenreferenten gegen Mk sind kaum von Belang. V 21: *διδάσκεις;* Mt dürfte den Mk-Text einfach umgruppiert haben (vgl. *διδάσκεις* Mk 12,14),

---

des Gleichnisses bleibt diese m. E. richtige Einsicht dann leider weitgehend unberücksichtigt, wenn das Tertium nun doch in der 'heimtückischen Ermordung des Sohnes' gefunden wird, wobei die bisherige Klassifizierung des Winzergleichnisses als Kampf- und Gerichtswort und seine Zuordnung zu 'dem letzten dramatischen Geschehen um Jesu(s)' in Jerusalem, dessen Einmaligkeit die Einmaligkeit der hier vorliegenden Polemik erkläre, selbstverständlich übernommen wird, bei der von Hengel angenommenen Ursprünglichkeit von V 9 auch wohl schwer zu umgehen ist. In den genannten Deutungsversuchen wird, wie mir scheint, trotz Ausscheidung der sekundären Elemente nicht wirklich konsequent von eben diesen Elementen abgesehen. So wird z. B., vgl. nur Hengel, Gleichnis S. 37f., nicht Ernst gemacht mit der formgeschichtlichen Erkenntnis, daß der Rahmen, den die synoptischen Evangelien der Geschichte Jesu gegeben haben, prinzipiell als sekundär zu gelten hat und das Verständnis der ursprünglich isolierten Traditionsstücke (vgl. Th-Ev 66!) nicht beeinflussen darf. Besonders die Deutung des Sohnes auf Jesus bleibt ganz auf den alten Wegen allegorischer Auslegung. Der Sohn des Gleichnisses ist, wie andere Söhne synoptischer Gleichnisse auch, sicher nicht mit Jesus in Zusammenhang zu bringen, denn: 'Kein Jude konnte sich..., wenn er in unserem Gleichnis von der Sendung und Tötung des "Sohnes" hörte, dadurch veranlaßt sehen, an die Sendung des Messias zu denken und eine Vorhersage der Tötung des Messias Jesus aus dem Gleichnis heraushören.' (Kümmel, Gleichnis S. 130) — Ebensowenig wie man beim 'verlorenen Sohn' und bei dem älteren Bruder in Lk 15,11ff. oder bei den 'ungleichen Söhnen' von Mt 21,28ff. mit expliziter oder impliziter Christologie rechnet, sollte man es hier tun.

Falls hinter dem Winzergleichnis ein authentischer Kern vermutet werden darf, so könnte es sich dabei um eines jener anstößigen und daher schon sehr bald umgeprägten Gleichnisse handeln, wie sie etwa noch im Gleichnis vom ungerechten Haushalter (Lk 16,1ff.) und vom ungerechten Richter (Lk 18,1ff.) oder vom Attentäter (Th-Ev, Logion 97) von der Überlieferung bewahrt worden sind. Besonders das zuletzt genannte (vgl. dazu die eingehende Analyse von Hunzinger, Unbekannte Gleichnisse (s. oben S. 14 Anm. 4) S. 211—217) kann m. E. für die Deutung des Winzergleichnisses eine Hilfe sein. Hier wie da handelt es sich um ein außerordentlich hartes Gleichnis; — Jesus scheut sich nicht, den Bereich politischer Gewalttat als Bildmaterial

bei Lk aber steht διδάσκεις jetzt zweimal, was als unabhängige luk Redaktionsleistung ungewöhnlich wäre. V 24: δείξατε (ἐπιδείξατε); V 25: Voranstellung des ἀπόδοτε.

2. entfällt.

3. Der Hebraismus λαμβάνειν πρόσωπον ist schwerlich Lk selbst zuzutrauen.[1] Ansonsten fehlen literarkritisch relevante Semitismen.

---

aufzugreifen (vgl. Mk 3,27) —; hier wie da geht es in der Bildhälfte um einen Mord, der aber, wie mir scheint, im Winzergleichnis ebensowenig das Tertium darstellt wie im Gleichnis vom Attentäter, welches wie die Texte Lk 14,28ff. zu den Zuversichtsgleichnissen gehört. Es spricht von der βασιλεία und will sagen: 'Selbst dieser Attentäter geht nicht ans Werk, ohne sich darüber Klarheit verschafft zu haben, ob seine Hand auch stark genug sein wird. Sollte Gott etwas in Gang gesetzt haben, was durchzuführen seine Hand nicht stark genug wäre? Undenkbar! Gott weiß, was er tut, und wird sein Vorhaben (scil.: die βασιλεία) durchsetzen.' (Hunzinger, Unbekannte Gleichnisse S. 217). Analog dazu ist es vielleicht nicht ausgeschlossen, daß die ursprüngliche Intention, das übertragbare Tertium des Winzergleichnisses in Mk 12,7 parr zu suchen wäre. Die Pächter, deren Verhalten ansonsten ebensowenig wie das des Attentäters oder des ungerechten Haushalters beschönigt oder entschuldigt wird, sind in einem Punkte vorbildlich: sie jagen dem 'Erbe' nach: καὶ ἡμῶν ἔσται ἡ κληρονομία! D. h.: Entschlossenheit ist es, zu der das Gleichnis aufruft, eine Entschlossenheit, die hier wie Lk 16,1ff. an einem moralisch höchst verwerflichen Verhalten demonstriert wird.

(Daß sich vom rechts- und sozialgeschichtlichen Hintergrund keine Bedenken gegen diese Auslegung ergeben, hat nach E. Bammel, Das Gleichnis von den bösen Winzern (Mc 12,1 — 9) und das jüdische Erbrecht, *Revue Internationale de Droits de l'Antiquité* 6, 1959, S. 11 — 17; und J. D. M. Derrett, Fresh Light on the Parable of the wicked Winedressers, ebd. 10, 1963, S. 11 — 41; zuletzt bes. Hengel, Gleichnis S. 30, erwiesen: 'Die rabbinischen Quellen zeigen, daß die Pächter je und je versuchten, das von ihnen bearbeitete Land sich widerrechtlich anzueignen. Mk 12,7 καὶ ἡμῶν ἔσται ἡ κληρονομία war wohl der insgeheime Wunsch der meisten אֲרִסִים.')

[1] Wenn man nicht eine luk Verbesserung der mk Formulierung annehmen will, so Easton, *Lk* S. 298: '... the Hebraism in Lk is due to Mk's even more Hebraistic form.'

4. Nur in den Rahmenversen, besonders in der Einleitung (Lk 20,20f.), zeigen sich gewichtigere Abweichungen von Mk. Daraus ist allerdings nicht zu schließen, daß Lk die ganze Perikope aus einer Sonderquelle entnommen hat,[1] denn sprachliche Form und inhaltliche Ausrichtung des Rahmens sind wo nicht spezifisch luk, so doch luk gut möglich.[2]

Ergebnis: Einfluß einer Traditionsvariante nicht nachweisbar.

Lk 20,27—40

In Lk 20,27—40 kann man innerhalb einer Perikope im Kleinen ein Phänomen beobachten, das den Mk-Stoff bei Lk insgesamt kennzeichnet: Engste Anlehnung an die Vorlage wechselt mit großer Entfernung von derselben. Daß dieser Wechsel literarkritische Sachverhalte spiegelt und vielfach nur von daher motiviert werden kann, ist immer wieder deutlich geworden. Die vorliegende Einheit ist ein weiteres klares Beispiel: in den Versen 27—34a folgt Lk bei geringfügigen Änderungen sehr genau Mk.[3] Exposition und Formulierung der Frage der Sadduzäer sind mit Mk so gut wie identisch, ebenso auch V 37ff., wobei die V 39 und 40 Mk 12,28 und 34 wiedergeben. Umso erstaunlicher ist es, daß Mk 12,24b und 25, der erste Teil der Antwort Jesu, in Lk 20,34b—36 ignoriert und durch eine divergierende Tradition ersetzt werden. Um eine solche handelt es sich. Das stark semitisierende 'Sprachgepräge' der Verse[4] schließt spezifisch luk Mk-Redaktion aus. Das Stichwort 'Auferstehung' führt (V 37 f.) zu Mk zurück. In V 38b *(πάντες γὰρ αὐτῷ ζῶσιν)*

---

[1] Gegen B. Weiß, *Quellen* S. 212f.
[2] Vgl. die Kommentare, bes. Easton und Klostermann z. St.; dazu Conzelmann, *Mitte S.* 130.
[3] Vgl. nur Klostermann z. St.
[4] Hirsch, *Frühgeschichte* II S. 233; vgl. auch Plummer, *Lk* S. 162 und 469; Easton, *Lk* S. 302 ('technical Jewish phraseology'); Rengstorf, *Lk* S. 228; Klostermann, *Lk* S. 195; Black, *Approach* S. 226f.

kommt u. U. noch einmal die Nebenüberlieferung zu Wort.[1]

Ergebnis: Einfluß einer Traditionsvariante sicher nachweisbar.

Lk 20,41—47; 21,1—4

In Lk 20,41—44, in der folgenden 'Rede' gegen den Pharisäismus (20,45—47) und in der Perikope vom Scherflein der Witwe folgt Lk nur der Mk-Vorlage, was sich u. a. daran zeigt, daß es an agreements (1.), an Lk-Sonderelementen (2.) und an Semitismen (3.) fehlt. Die Abweichungen von Mk (4.) gehen über unerhebliche Kürzungen und geringfügige Abwandlungen nicht hinaus.[2] Lediglich in 20,46 setzt sich der Wortlaut einer Traditionsvariante eben dieses Logions gegen Mk durch.[3]

Lk 21,5—38

Die Lk-Fassung der sog. synoptischen Apokalypse nimmt im Gesamt des Mk-Stoffes eine Sonderstellung ein. Die Abweichungen von Mk sind erheblich, weitreichender als das Gros der Mk-Lk-Divergenzen sonst (wenn auch nicht singulär: vgl. etwa Lk 5,33 ff.; 9,28 ff.). Kommt es dazu, weil die Diskrepanz zwischen der theologischen Position des Endverfassers und der seiner Vorlage hier besonders groß war? Hat Lk dieses zweifellos zentrale Stück daher besonders gründlich überarbeitet? Und sind demzufolge alle Abweichungen von Mk luk 'Redaktionsarbeit, in welcher sich ein fester Plan zeigt', alle 'nicht-marcinischen Bestandteile typisch luka-

---

[1] Vgl. B. Weiß, *Quellen* S. 237ff.; Grundmann, *Lk* S. 374ff.
[2] Vgl. die Kommentare z. St.; bes. B. Weiß, *Quellen* S. 56ff.; Easton, *Lk* S. 304ff.; Klostermann, *Lk* S. 196f.; bemerkenswert ist allerdings das Fehlen des διδάσκων ἐν τῷ ἱερῷ in V 41 diff Mk 12,35, ein Element, das sich gut in das 'luk Schema' (vgl. Lk 21,37, dazu Conzelmann, *Mitte* S. 68ff.) der täglichen Tempelpredigt eingefügt hätte.
[3] Vgl. oben S. 29 zu Lk 11,43 und S. 49f. Anm. 1 zu Lk 12,1.

nisch'?[1] Das ist — als heute verbreitete Auffassung — die apodiktische Behauptung redaktionsgeschichtlicher Arbeiten.[2] Diese kommen auf dem Boden der starren Mk-Hypothese zu Ergebnissen, die mit der stark vereinfachenden Konstruktion eben dieser Hypothese wenn nicht stehen und fallen, so doch entscheidend davon bestimmt sind. In der Einzelanalyse ist zu klären, ob wirklich alle Nicht-Mk-Elemente typisch luk 'Interpretamente' sind[3] oder ob nicht auch hier mit dem Einfluß zusätzlichen Materials gerechnet werden muß. Das hat man wiederholt nachzuweisen versucht,[4] — eine Möglichkeit, gegen die sich grundsätzliche Bedenken nicht erheben, weder vom Arbeitsverfahren des Lk noch von den literarkritischen Voraussetzungen her. Denn daß Lk Quellen kombiniert und Traditionsvarianten, auch Sondergut, bei seiner Mk-Wiedergabe zum Zuge kommen läßt, war auf Schritt und Tritt zu beobachten, daß er apokalyptisches Material der vorliegenden Art aus verschiedenen Traditionskanälen zur Verfügung hatte, lehrt ein Blick auf Lk 17,20ff. etwa. Beide Gesichtspunkte sprechen nicht gerade für die Berechtigung, in Lk 21 von der starren Mk-Hypothese auszugehen.

---

[1] Conzelmann, *Mitte* S. 116f.
[2] Neben Conzelmann u. a. Marxsen, *Markus* S. 129ff.; Grässer, *Parusieverzögerung* S. 152ff.; G. Harder, Das eschatologische Geschichtsbild der sog. kleinen Apokalypse Mk 13, *Theologia Viatorum, Jahrbuch der Kirchlichen Hochschule Berlin* 4, 1952/53, S. 71ff.; N. Walter, Tempelzerstörung und synoptische Apokalypse, *ZNW* 57, 1966, S. 38ff., zu Lk bes. S. 48f.; früher schon Bultmann, *Tradition* S. 129 im Gefolge von Wellhausen, *Lk* S. 114ff. (Speziell zu Mk 13 vgl. die umfangreiche Untersuchung von J. Lambrecht, *Die Redaktion der Markus-Apokalypse (Analecta Biblica* 28), Rom 1967, eine weithin anstrengend formalistische und die 'Fehler' der älteren Literarkritik (s. oben S. 1 Anm. 3) nicht immer meidende Arbeit).
[3] Conzelmann, *Mitte* S. 120; Schmid, *Lk* S. 302.
[4] Vgl. V. Taylor, *Behind the Third Gospel*, 1926, S. 101ff.; Manson, *Sayings* S. 323ff.; P. Winter, The Treatment of his Sources by the Third Evangelist in Lk 21—24, *StTh* 8, 1954, S. 138ff.; Gaston, Sondergut S. 161ff.; Dodd, *Fall* S. 47ff.; s. auch B. Weiß, *Quellen* S. 271ff.; Easton, *Lk* S. 306ff.; Schlatter, *Lk* S. 130—134; 412—420; zuletzt: L. Hartman, *Prophecy interpreted*, 1966, S. 227ff.

ANALYSE

An dieser sollte man nicht nur deswegen festhalten, weil die Bedenken dagegen auf der Grundlage der — zu Recht abgelehnten — Proto-Lk-Theorie formuliert worden sind[1] und weil 'die Versuche..., neben Mk eine nicht-marcinische Vorlage zu rekonstruieren, welche ebenfalls einen geschlossenen eschatologischen Abriß geboten habe, ...nicht als geglückt angesehen werden können'.[2] Die literarkritische und redaktionsgeschichtliche Analyse von Lk 21, die Trennung zwischen Mk-Stoff, vorluk Nicht-Mk-Stoff und spezifisch luk Redaktionselementen, kann nämlich völlig unabhängig von der Proto-Lk-Theorie durchgeführt werden. Die Argumente sind am Einzeltext gewonnen, haben mit der Quellen-Theorie nicht unmittelbar zu tun; und die Unmöglichkeit, 'einen geschlossenen eschatologischen Abriß' neben Mk zu erstellen, spricht ganz entschieden nicht gegen den möglichen Einfluß zusätzlichen Materials. Schon der Nachweis, daß Lk parallelen, möglicherweise disparaten, jedenfalls vorgegebenen Stoff kannte und verwertete, würde eine neue Abgrenzung und damit eine andere Einschätzung seiner eigenen Redaktionsleistung erfordern. Dieser Nachweis ist jetzt zu führen.[3] Die Frage nach Mt/Lk-agreements (1.) diff Mk ist dabei angesichts der Eigenständigkeit der Lk-Fassung nicht zu stellen. Literarkritisch relevante Semitismen (3.) der oben S. 84f. genannten Art begegnen nicht. Die Divergenzen zwischen Mk und Lk sind so groß, daß es sich empfiehlt, jeweils die eindeutig aus Mk stammenden Elemente in Lk 21,5—38 abzuheben und die übrigen Stücke — in unserem Sinne Lk-Sonderelemente — auf ihre luk bzw. vorluk Herkunft zu untersuchen.

Lk 21,5—7

Die Szenerie ist entschieden umgestaltet,[4] das Gespräch in den Tempel verlegt. Daher die Änderungen in V 5: der Blick

[1] So bes. von Taylor, Manson, Gaston, vgl. auch Rengstorf.
[2] Conzelmann, *Mitte* S. 116.
[3] Die Argumente sind oft zusammengetragen worden, können daher hier im wesentlichen aus den genannten Arbeiten übernommen werden.
[4] Vgl. Conzelmann, *Mitte* S. 116f.; Schmid, *Lk* S. 304; Harder, Geschichtsbild S. 73.

richtet sich auf das Innere des Tempels, daher — nicht unter Nebenquelleneinfluß[1] — auch die Umstilisierung vom Jüngergespräch zur Aussprache mit dem Volk. Die Anrede διδάσκαλε (V 7) ist durch Mk 13,1 vorgegeben,[2] γίνεσθαι (Mk 13,4: συντελεῖσθαι) Angleichung an das Zitat Lk 21,9 par Mk und schon deswegen redaktionsgeschichtlich nicht überzubewerten, zumal συντελεῖν für Lk einen spezifisch eschatologischen Klang nicht zu haben scheint.[3] Schon die Mk-Vorlage denkt zudem weniger an die unmittelbare eschatologische Erfüllung, als man in forciertem Gegenüber zu Lk gern betont.

Lk 21,8—11

V 8a ist so gut wie identisch mit Mk 13,5 f. Das zusätzliche ὁ καιρὸς ἤγγικεν· μὴ πορευθῆτε ὀπίσω αὐτῶν (8b) ist von Lk eingefügt, in Anlehnung an die frühere apokalyptische Rede (vgl. Lk 17,23).[4] Auch V 9 folgt ganz Mk, wobei lediglich in der Vorlage bereits enthaltene Züge, speziell die zeitliche Gliederung des Geschehens, verdeutlicht werden, ohne größere Änderungen am Text.[5] In V 10a wird die Rede diff Mk durch den Neueinsatz τότε ἔλεγεν αὐτοῖς unterbrochen. Das

---

[1] Gegen Manson, *Sayings* S. 324f.; Easton, *Lk* S. 306 ('radical departure from Mk').

[2] Daraus sollte man also nicht allzu weitgehende Schlüsse über den Hörerkreis ziehen, vgl. etwa Grässer, *Parusieverzögerung* S. 155. Zu der Anrede s. auch oben S. 92f. zu Lk 5,12.

[3] Vgl. neben der wohl vorgegebenen Stelle Lk 4,2 auch die sicher luk-redaktionellen Belege 4,13 und Act 21,27.

[4] Die Formulierungen sind traditionell. Vgl. nur Mt 26,18: ὁ καιρός μου ἐγγύς ἐστιν; Apk 22,10: ὁ καιρὸς γὰρ ἐγγύς ἐστιν, s. auch Mt 21,34; Mk 1,15; 13,33; Lk 19,44; Joh 7,6. 8; (Act 1,7; 1. Thess 5,1; Apk 1,3). Man sollte nicht darauf abheben, daß hier καιρός, nicht βασιλεία steht. Lk hat βασιλεία sicher nicht bewußt 'gemieden' (gegen Conzelmann, *Mitte* S. 117), sondern ὁ καιρὸς ἤγγικεν war ihm vorgegeben, zudem handelt es sich dabei um eine Aussage, die nicht weniger eschatologisch orientiert ist als die andere von der Nähe der βασιλεία. — Zu dem hebraisierenden πορεύεσθαι ὀπίσω s. Easton, *Lk* S. 309.

[5] Vgl. Conzelmann, *Mitte* S. 118; Gaston, *Sondergut* S. 168f.; Easton, *Lk* S. 309f.

widerspricht sonstiger Bearbeitungstendenz des Lk, der z. B. in Kapitel 8 gerade gegen Mk eine zusammenhängende Rede gestaltet. Für eine Unterbrechung liegt hier auch keinerlei Grund vor.[1] Zudem ist die Formulierung nicht typisch luk, was man bei einer endredaktionellen Bemerkung erwarten sollte.[2] Es bleibt als einzig plausible Erklärung: die Zwischenbemerkung stammt aus einer Traditionsvariante, der Lk sich jetzt anschließt. V 10a markiert die Naht.[3] Der unmittelbare Kontext bestätigt das. In V 10 und 11 sind — nach der genauen Übereinstimmung mit Mk in V 8f. — 'die Unterschiede viel auffälliger als die Ähnlichkeiten'.[4] V 11b ist überschießendes Lk-Sonderelement, das mit dem Vorhergehenden eng verbunden und sicher nicht von Lk selbst gebildet ist. Eine verblüffende Parallele zu dem hier erkennbaren literarkritischen Sachverhalt stellt Lk 5,36ff. dar (vgl. oben S. 107ff.): Völlig analog und ebenfalls eindeutig unter Nebenquelleneinfluß wird auch da diff Mk ἔλεγεν δέ... (V 36) eingefügt; V 37f. entfernen sich erheblich von Mk; V 39 ist, wie V 11b hier, von der Tradition vorgegebenes Lk-Sonderelement.

Lk 21,12—19

Durchgängig völlig andere Formulierung bei inhaltlicher Nähe — nur V 16 und 17 sind mit der Mk-Parallele fast identisch (s. unten) — kennzeichnet Lk 21,12—19. Ist das Ergeb-

---

[1] Die Erklärungen im Sinne spezifisch luk Redaktion (neben Conzelmann, *Mitte* S. 118f. Marxsen, *Markus* S. 131 Anm. 5; Grässer, *Parusieverzögerung* S. 158) überzeugen nicht. In V 8f. werde 'der grundsätzliche Aspekt gezeigt', dann folge 'die gliedernde Ausführung' (Conzelmann), daher der Neueinsatz. Daß Lk 'gliedernde Ausführungen' mit einem die Rede unterbrechenden τότε ἔλεγεν eröffnen sollte, ist unbewiesenes Postulat und ohne jede Analogie, und wenn man schon zwischen dem 'grundsätzlichen Aspekt' und dem Folgenden unterscheiden will, dann wäre die Zäsur nach V 8, nicht nach V 9 zu setzen.

[2] Lk hätte in freier Redaktion καὶ εἶπεν πρὸς αὐτούς geschrieben, vgl. Hawkins, *Horae* S. 39. 45f.

[3] Easton, *Lk* S. 310 zu Lk 21,10a: ' "Then he said to them" marks a definite change of source...'

[4] Vgl. ausführlich Gaston, *Sondergut* S. 169.

nis luk Revision des Mk-Textes? Die literarkritische Frage ist von der Stilkritik her zu entscheiden. Redaktionsgeschichtliche Untersuchungen gehen mit Selbstverständlichkeit davon aus, daß 'die nicht-marcinischen Bestandteile ... typisch lukanisch' seien.[1] Der Beweis dieser Behauptung wird nicht angetreten — und ist auch nicht zu erbringen. Bei allem, was man vom Stil des Lk und von seinen 'literarischen' Ambitionen weiß, ist nicht anzunehmen, daß der Verfasser des dritten Ev, ganz auf sich gestellt und nur Mk 13,9ff. zugewandt, den V 12 in dieser Weise stilistisch 'verschlimm-bessert',[2] überhaupt V 12—15.18 f. mit stark semitisierenden Farben übermalt hätte.[3] Zu den stilkritischen Gesichtspunkten kommen sachliche, die die Auffassung, Lk habe hier frei redigiert, endgültig als unhaltbar ausschließen.

(a) Es ist schlechterdings undenkbar, daß Lk bei freier, ungebundener Redaktion Mk 13,10 (Hinweis auf die Heidenmission) ausgelassen hätte. Auf dem Boden der starren Mk-Hypothese muß man ihm eine Tilgung anlasten,[4] die Tendenzen zuwiderläuft, die sicher luk und als solche auch all-

---

[1] Vgl. Conzelmann, *Mitte* S. 116f. Anm. 5; s. auch Schmid, *Lk* S. 302: Die Abweichungen lassen 'den eigentümlichen Stil des Lk erkennen'. Richtig Easton, *Lk* S. 314: '... "Lukan" terms are extraordinarily scanty'.

[2] S. Manson, *Sayings* S. 327.

[3] *V 12:* Zu ἐπιβάλλειν τὰς χεῖρας ἐπί vgl. S. 84 Anm. 2 und S.166 Anm. 2. *V 13:* Vgl. die minutiösen Untersuchungen von L. Hartman: 1. *Participial Constructions* S. 74; 2. *Prophecy interpreted* S. 229f. Ergebnis: Lk 21,12ff. (bes. V 13) stammen aus einer Nicht-Mk-Tradition; ein besonders gewichtiges Argument gegen luk Mk-Redaktion: 'a somewhat more "Semitizing" style than Mark and Matthew'. *V 14:* θέτε οὖν ἐν ταῖς καρδίαις ὑμῶν ist ein vorluk Semitismus (vgl. Lk 1,66; 9,44 und Act 5,4) und in allen Fällen ganz sicher nicht auf Lk selbst zurückzuführen. *V 15:* 'Old Testament phraseology' charakterisiert auch diesen V (Easton, *Lk* S 310). ἀντικεῖσθαι (nur hier und Lk 13,17) ist ein Lk-S-Gut-Wort; στόμα metaphorisch (= Redegabe) bei Lk nur hier, sonst (Lk 9×, Act 12×) immer eigentlich, abgesehen von Lk 21,24: στόμα μαχαίρης.

[4] Wenn man das Problem nicht im Sinne der Ur-Mk-Hypothese lösen will, wonach Lk einen Mk-Text ohne V 10 gelesen hätte, so u. a. Harder, Geschichtsbild S. 78 (vgl. Conzelmann, *Mitte* S. 119 Anm. 1).

gemein anerkannt sind.[1] Einzig einleuchtende Erklärung: Lk ist dem fortlaufenden Faden einer im judenchristlichen Bereich geformten Traditionsvariante verpflichtet. Diese enthielt eine Ankündigung der Heidenmission offenbar nicht.

(b) In 21,14f. müßte Lk, falls er nur Mk zu berücksichtigen hätte, τὸ πνεῦμα τὸ ἅγιον gegen Mk 13,11, gegen die Dublette Lk 12,11f., vor allem gegen seine eigene Tendenz, wonach dem πνεῦμα ἅγιον 'eine ausgezeichnete Bedeutung' zukommt,[2] gestrichen haben. Das wäre nicht ausgeschlossen, doch dann dürfte man spezifisch luk, nicht semitisierend-unluk formulierten Ersatz erwarten.[3]

(c) V 16f. sind mit Mk 13,12f. so gut wie identisch und sicher aus Mk übernommen, ein krasser Fall von (schematischer) Quellenkombination. Die V stoßen sich inhaltlich hart mit dem Kontext:[4] Hier (V 14f.18) Verheißung der Bewahrung, ein Ausblick auf wunderbares Bestehen, da (V 16f. par Mk) Ankündigung von Haß, Verfolgung und Tod.[5] Lk hat, so ist zu folgern, in ein von eschatologischer Hoffnung geprägtes Traditionsstück, das ihm aus einem Nicht-Mk-Überlie-

---

[1] Nach Schmid (Lk S. 306f.; ähnlich Rengstorf, Lk S. 235; Conzelmann, Mitte S. 119) wird die Weissagung der Heidenmission ausgelassen, weil sie zur Zeit des Lk bereits 'verwirklicht' sei. Das leuchtet nicht ein: Lk unterscheidet doch sehr wohl zwischen der Zeit Jesu und der eigenen Zeit und hätte sich eine Heidenweissagung im Munde Jesu, deren Erfüllung (heute) jeder seiner Leser hätte überprüfen können, bestimmt nicht entgehen lassen.

[2] Vgl. Grässer, Parusieverzögerung S. 160 (da weitere Literatur), bes. auch Bultmann, Tradition S. 392.

[3] Conzelmann (Mitte S. 119) läßt den Text nicht zu seinem Recht kommen, wenn er aus V 14 von Lk vorgenommene Psychologisierung herausliest. Abgesehen davon, daß der Text gar nicht von Lk selbst formuliert ist, macht es sachlich nicht den geringsten Unterschied, ob es heißt: οὐ γάρ ἐστε ὑμεῖς οἱ λαλοῦντες, ἀλλὰ τὸ πνεῦμα τὸ ἅγιον (Mk 13,11) oder: ἐγὼ γὰρ δώσω ὑμῖν στόμα... (Lk 21,15).

[4] In den Kommentaren wird hier gern harmonisiert, so bes. Schmid, Lk S. 306ff.

[5] Lk schreibt diff Mk: θανατώσουσιν ἐξ ὑμῶν, ein vorsichtiger Versuch, zwischen V 14f. 18 einerseits und 16f. andererseits zu vermitteln.

ferungsstrom zufloß, im Sinne der Situation seiner Kirche, zugleich in Anlehung an Mk 13, realistische Vorbehalte eingebaut[1] und den Text korrigiert.

Die aufgezählten Schwierigkeiten wären, will man bei der Annahme freier luk Redaktion beharren, von Lk selbst geschaffen. Das ist undenkbar. Bei Quellenkombination dagegen sind Ungereimtheiten dieser Art und eine gewisse Inkongruenz nicht ungewöhnlich, zumal Lk — wie man weiß — die ihm zufließenden Traditionen mit einer gewissen Pietät behandelte und nur behutsam änderte.

Lk 21,20—24

Manson und vor allem Dodd[2] haben überzeugend nachgewiesen, daß *Lk 21,20—24* ganz entschieden nicht als spezifisch luk revidierter Mk-Text verstanden werden kann. Die wichtigsten Argumente seien kurz wiederholt:

(*a*) Lk 21,20—24 zeigt große Nähe zu der (ebenfalls) aus dem S-Gut stammenden Jerusalem-Weissagung 19,42—44.[3]

(*b*) 'Verses 20—24 have not the slightest verbal resemblance to Mark'[4] — bis auf die mit Mk identischen Elemente V 21a und 23a (und Anklänge in V 20 — gleiche Satzstruktur: ὅταν—τότε, die allerdings nicht aus Mk stammen dürften, sondern den Mk parallelen Anfang der Traditionsvariante darstellen). Man sollte hier also besser nicht von einer Bearbeitung des Mk-Textes durch Lk reden, 'denn entweder schreibt er ihn genau ab, oder er ignoriert ihn völlig'.[5]

---

[1] Nach Conzelmann *(Mitte* S. 119 und 121; ebenso Grässer, *Parusieverzögerung* S. 161) hätte Lk nach der Beschreibung der 'Situation der Gegenwart' 'das Trostwort' V 18 eingefügt, also umgekehrt einen 'pessimistischen' Text gemildert. Daß die Verfolgungssituation für die Zeit des Lk typisch ist (so U. Wilckens, *Die Missionsreden der Apostelgeschichte*, 1963, S. 199; anders Haenchen, *Apgsch* S. 94f.), darf vorausgesetzt werden.

[2] Vgl. Manson, *Sayings* S. 328ff.; Dodd, *Fall* S. 48ff. S. auch Gaston, Sondergut S. 162ff.; Winter, Sources S. 151f.

[3] Dodd, *Fall* S. 49f.; Gaston, Sondergut S. 162f.

[4] Dodd, *Fall* S. 48f.

[5] Gaston, Sondergut S. 164.

ANALYSE

(c) Die mit Mk verbatim übereinstimmenden Teilverse (21a, 23a) sind nachträglich eingebracht. Sie stören syntaktisch und inhaltlich. Die doppelte Apodosis — 'the τότε in asyndeton (scil. V 21a) hangs awkwardly in the air' — ist freier luk Redaktion unmöglich zuzumuten. Αὐτῆς und εἰς αὐτήν (V 21b) müssen jetzt auf 'Ιουδαίᾳ (V 21a) bezogen werden. Das gibt keinen Sinn und ist schwerlich freies Werk des Lk, sondern Quellenkombination.[1] Löst man diese eindeutig sekundären Mk-Einsprengsel heraus, so ergibt sich ein glatter sinnvoller Text, der zudem

(d) 'markedly Semitic'[2] und metrisch gegliedert ist. Bei einem Festhalten an der starren Mk-Hypothese hätte man hier also in Kauf zu nehmen, 'that Lk has succeeded in throwing his rewriting into poetic form',[3] was doch höchst unwahrscheinlich ist.

(e) Daß Lk 21,20—24 von Lk, der nach 70 schreibt, auf die Zerstörung Jerusalems durch die Römer bezogen wurde, wird man nicht bestreiten; daß der Text nur von Lk und nur nach 70, d. h. ex eventu, so gestaltet worden sein könne,[4] ist unbewiesenes Postulat. Dodd hat gezeigt, daß in Lk 19,42—44 und 21,20—24 alttestamentliches Vokabular aufgegriffen ist. Das Gros der Formulierungen ist in den prophetischen bzw. historischen Berichten über die Einnahme Jerusalems im Jahre 586 belegt. 'There is no single trait of the forecast which cannot be documented directly out of the Old Testament.' Die Verse geben 'a generalized picture of the fall of Jerusalem as imaginatively presented by the prophets. So far as any historical event has coloured the picture, it is not Titus' capture of Jerusalem in A. D. 70, but Nebuchadnezzar's capture in 586 B. C.'[5] Es spricht demnach nichts dage-

[1] Vgl. Dodd, Fall S. 48; s. auch Easton, Lk S. 311f.; Wellhausen, Lk S. 118.
[2] Dodd, Fall S. 52; Easton, Lk S. 312.
[3] Manson, Sayings S. 329; ausführlich dazu auch Gaston, Sondergut S. 166.
[4] So u. a. Conzelmann, Mitte S. 120. 124ff.; Marxsen, Markus S. 130; pointiert auch Schmid, Lk S. 308ff.
[5] Fall S. 52. Vgl. auch Hartman, Prophecy interpreted S. 230ff. (mit weiteren detaillierten Belegen).

gen, daß Lk eine bereits vor 70 entstandene, im judenchristlichen Überlieferungsbereich 'gepflegte' Traditionsvariante zu Mk 13,14ff. gekannt und diff Mk in 21,20—24 den Vorzug gegeben hat.[1]

Lk 21,25—28

Die literarkritische Lage ist hier ganz ähnlich wie in der vorausgehenden Einheit. Nur die V 26b und 27 haben eine genaue Parallele bei Mk (= Mk 13,25b.26). Wieder sind es gerade diese Mk-Stücke, die den Gedankengang unterbrechen bzw. erheblich stören. V 26b stellt 'eine unschöne stilistische Dublette zu V 25a dar'. V 27 steht 'in krassem Widerspruch' zu V 28. 'In der Tat kann sich das τούτων in V 28 nur auf die Zeichen von V 25—26a beziehen . . .'[2] Die Mk-Elemente sind nur unvollkommen eingeschmolzen, die V 25, 26a und 28 ohne Mühe als vorluk Stücke abzuheben. Das Urteil kann wieder nur lauten: Hier ist neben Mk eine Traditionsvariante berücksichtigt, die — wie die Nicht-Mk-Stücke in Lk 21

---

[1] Bei dieser — vom Text geforderten — Sicht der Dinge ergibt sich, daß die Trennung von Parusie und Zerstörung der Stadt (vgl. bes. Lk 21,20) Lk bereits vorgegeben war. Der Verfasser des dritten Ev hat diese Vorstellung aufgenommen, nicht selbst gebildet (gegen Conzelmann, *Mitte* S. 119. 126; Marxsen, *Markus* S. 129ff.; Schmid, *Lk* S. 309f.). (Diese m. E. gewichtige Differenzierung wird von G. Braumann, Die lukanische Interpretation der Zerstörung Jerusalems, *NovT* 6, 1962, S. 120ff., bes. S. 121 Anm. 5, zu Unrecht nivelliert, wenn behauptet wird: 'Methodisch ist es für die redaktionsgeschichtliche Fragestellung nicht entscheidend, ob Lukas oder eine ältere Vorlage dafür verantwortlich ist; denn auch bei der Annahme einer älteren Quelle hat sich der Evangelist dieser und nicht, wie zunächst zu erwarten wäre, dem Markusevangelium angeschlossen.') Lk steht bereits, auch was diesen Teilaspekt betrifft, in einer die Parusieverzögerung bewältigenden Tradition. Vgl. dazu Manson, *Sayings* S. 336f. und bes. Bultmann, *Tradition* S. 392, wo nachdrücklich auf die Verwurzelung des Lk in seinem Kreis und in seiner Zeit hingewiesen wird. Die literarkritischen Untersuchungen zum dritten Ev können diesen Gesichtspunkt untermauern: Was sich im Vergleich mit Mk auf den ersten Blick als luk darstellt, ist nicht auch gleich original luk.

[2] Gaston, Sondergut S. 165f.; Manson, *Sayings* S. 331: 'Lk 21,26b. 27 . . . is an insertion from Mk, which makes nonsense of the following verse (28) in Lk.'

insgesamt — durch semitisches Sprachkolorit und judenchristliche Tendenz ausgezeichnet ist und sich auch von daher zwingend als vorluk ausweist.[1]

Lk 21,29—33

Das Gleichnis vom sprossenden Feigenbaum[2] — bei Mt und Mk glatt in die apokalyptische Rede eingebaut — ist bei Lk von dem Vorhergehenden abgesetzt. Die Rede wird in καὶ εἶπεν παραβολὴν αὐτοῖς (V 29) durch eine Rahmennotiz unterbrochen, die sich wiederholt als von Traditionsvarianten vorgegeben erwies.[3] Auch hier hat der Verfasser sie nicht von sich aus, sondern unter dem 'Zwang' einer Parallelüberlieferung eingefügt. Wenn man das voraussetzt, lassen sich auch die Mk-Lk-Divergenzen[4] im Gleichnis selbst mühelos motivieren. Spezifisch luk Redaktion[5] ist nicht mit Sicherheit auszuschließen, aber wenig wahrscheinlich. Die V 32f. folgen wie der zweite Teil des Gleichnisses ganz Mk.

Lk 21,34—38

Im Sinne der Dublettenvermeidung übergeht Lk Mk 13, 33—37 (vgl. Lk 19,12f.; 12,40.38). Er beschließt die apokalyptische Rede mit den V 34—36, die zum Lk-S-Gut zu rechnen sind und als typisches 'Beispiel der eschatologischen Paränese der hellenistischen Gemeinde'[6] eine deutliche Paral-

---

[1] Vgl. den gründlichen Nachweis bei Easton, *Lk* S. 306ff., bes. zu V 25: 'The anti-Gentilic tone continues.' S. auch Black, *Approach* S. 127; 261 und 270.

[2] Vgl. C.-H. Hunzinger, Art. συκῆ κτλ., *ThW* VII S. 751ff., bes. S. 757.

[3] Vgl. Lk 5,36; 6,39; 21,10.

[4] V 29b: + καὶ πάντα τὰ δένδρα; V 30: ὅταν προβάλωσιν; βλέποντες ἀφ' ἑαυτῶν (vgl. 12,57); V 31: + ἡ βασιλεία τοῦ θεοῦ.

[5] So u.a. Wellhausen, *Lk*; Easton, *Lk*; Schmid, *Lk*; (jeweils z. St.); s. auch Manson, *Sayings* S. 332f.

[6] Gaston, *Sondergut* S. 167.

lele zu 1. Thess 5,1ff. darstellen,[1] 'daß man fast vermuten möchte, Lk habe ein Stück aus einem verlorenen Brief des Paulus oder seiner Richtung benutzt'.[2] Spezifisch luk Formulierungen fehlen. Lk bedient sich seiner vorgegebenen Tradition. Die Abschlußbildung Lk 21,37f. gilt allgemein und sicher zu recht als luk redaktionell,[3] eine 'aus der Feder des Lk stammende Sammelnotiz' als 'Klammer, die Jesu Tätigkeit vor seiner Verhaftung ausleitend überblickt und zugleich die Situation der folgenden Ereignisse einleitend vorbereitet'.[4]

Ergebnis: In Lk 21,5—38 ist Mk-Stoff und vorluk Nicht-Mk-Stoff kombiniert.

Lk 22,1—13

Lk 22,1—13 ist das letzte Stück luk Mk-Stoffs. Die Vorlage ist Mk 14,1f. 10—16.[5] Übereinstimmungen zwischen Mt und Lk (1.)[6] und Semitismen (3.) diff Mk fehlen.

2. Als Lk-Sonderelement ist lediglich Lk 22,3 zu nennen: Εἰσῆλθεν δὲ σατανᾶς εἰς Ἰούδαν... Lk liefert, im Gegensatz zu dem sehr knappen Mk-Bericht, eine Erklärung für das Verhalten des Judas, eine Erklärung, die er seiner Sondertradition entnehmen konnte. Die Vorstellung vom Verrat als satanischer Eingebung ist nämlich durch Joh 13,27 als traditionell erwiesen *(τότε εἰσῆλθεν εἰς ἐκεῖνον ὁ σατανᾶς).*[7]

---

[1] Dazu ausführlich Manson, *Sayings* S. 334ff.
[2] Bultmann, *Tradition* S. 126.
[3] U. a. Bultmann, *Tradition* S. 386; Conzelmann, *Mitte* S. 159.
[4] Schmidt, *Rahmen* S. 287.
[5] Die Perikope von der Salbung in Bethanien (Mk 14, 3—9) bleibt unberücksichtigt, da Lk darin offenbar eine Dublette zu 7,36ff. sah (s. oben S. 43ff., bes. S. 44 Anm. 1). Zu Lk 22,14ff. vgl. oben S. 5f. und S. 50f.
[6] Das Mt 26,16 und Lk 22,6 gemeinsame εὐκαιρία, Mk 14,11: εὐκαίρως, konnte sich leicht zufällig einstellen. Vgl. Hirsch, *Frühgeschichte* II S. 251.
[7] Vgl. Lk 22,31; auch Mk 8,27ff., bes. 32f. fällt dem 'Satan', hier in seinem Werkzeug Petrus, eine Rolle im 'Passionsgeschehen' zu;

ANALYSE

Das Zusammentreffen in der Formulierung (Lk wie Joh: σατανᾶς) ist ein zusätzliches Indiz, denn σατανᾶς ist Quellenwort, das weder von Lk noch von Joh in freier Redaktion benutzt worden wäre.[1]

4. 22,1 f. lehnt sich eng an Mk an. Lk glättet und kürzt, ist dabei aber nur von Mk abhängig, wie besonders V 2b (ἐφοβοῦντο γὰρ τὸν λαόν) beweist, eine Notiz, die nur auf dem Hintergrund der ausführlicheren Mk-Vorlage sinnvoll ist. Die Formulierungen sind, soweit sie differieren, typisch luk.[2]
V 3 ist der Sache nach (s. oben unter 2.) übernommen, dabei von luk Stilisierung nicht völlig frei: καλούμενος ist typisch luk,[3] die Formulierung ὄντα ἐκ τοῦ ἀριθμοῦ (Mt —, Mk —, Lk 1×, Act 5×) τῶν δώδεκα sicher von Lk.
V 4: καὶ στρατηγοῖς dürfte von Lk hinzugefügt sein,[4] τὸ πῶς ist wieder (s. V 2) typisch luk.
V 5 f.: συνέθεντο diff Mk (ἐπηγγείλαντο) ist durch Act 23,20 (sonst im NT nur noch Joh 9,22), ἐξωμολόγησεν durch Act 19,18 als luk möglich erwiesen, ἄτερ (vgl. Lk 22,35) luk Verdeutlichung in Blick auf V 2.
V 7—13 folgen 'getreu' Mk 14,12—16, 'mit nur unwesentlichen Änderungen'.[5] Jesus selbst übernimmt die Initiative

---

vgl. dazu W. Foerster, Art. σατανᾶς, ThW VII S. 151ff., bes. S. 158f.; auf Judas umgebogen und weiter konkretisiert auch Joh 6,64. 70f.
[1] Σατανᾶς entspricht nämlich nicht luk, sondern vorluk Sprachgebrauch (8,12 ist es diff Mk durch διάβολος ersetzt; vgl. den Nachweis bei Schürmann, *Jesu Abschiedsrede* S. 102; Rehkopf, *Sonderquelle* S. 96; Hirsch, *Frühgeschichte* II S. 251. Im Joh-Ev begegnet σατανᾶς nur hier, denn hier kommt Tradition zum Zuge. Wo Joh in eigenen Worten von derselben Sache spricht (6,70; 13,2), wählt er διάβολος. Vgl. noch Joh 8,44; 1. Joh 4×; Apk 5×; daneben in der Apk 8× σατανᾶς, im Gefolge der da rezipierten Quellen.
[2] Zu τὸ πῶς vgl. Hawkins, *Horae* S. 47; ἀναιρεῖν: Mt 1×, Mk-, Lk 2×, Act 19×.
[3] Vgl. Hawkins, *Horae* S. 42.
[4] Vgl. Lk 22,52; Act 4,1; 5,24. 26; dazu Haenchen, *Apgsch* S. 173 zu Act 4,1.
[5] Wellhausen, *Lk* S. 120.

V 8, die Boten werden identifiziert.[1] Das ist Werk des Lk, ebenso die übrigen Mk-Lk-Divergenzen, die nicht mehr sind als unbedeutende stilistische Verbesserungen.[2]

Ergebnis: In Lk 22,1—13 folgt Lk nur der Mk-Vorlage. Lediglich in V 3 bringt er ein Motiv seiner Sondertradition ein.

---

[1] Easton, *Lk* S. 318: ' "Peter and John" are doubtless named as the usual leaders (especially in Acts); it is needless to think of a special tradition'.
[2] Vgl. den minutiösen Nachweis bei Schürmann, *Paschamahlbericht* S. 75—104.

V ERGEBNIS

Ausgangspunkt der Arbeit war die Einsicht in die unabdingbare Notwendigkeit literarkritischer Analyse für die redaktionsgeschichtliche Forschung einerseits, in die besondere Problematik des 'Markus-Stoffs bei Lukas' andererseits (Kapitel I). Eine notwendigerweise recht ausführliche Untersuchung zum Redaktionsverfahren des Lk (Kapitel II) ergab sodann, daß der Verfasser des dritten Ev — mehr als gemeinhin angenommen — 'Quellen' kombiniert: Hauptvorlagen, deren Rahmen und Akoluthie er im wesentlichen folgt, werden im Blick auf Traditionsvarianten erweitert, abgewandelt oder auch gekürzt. Mit diesem Ergebnis, das speziell an den Dubletten (II A.) und an Mk parallelen oder verwandten Perikopen des Nicht-Mk-Stoffes (II B.) erbracht werden konnte, zeigte sich auch ein Weg zur Lösung der literarkritischen Probleme des luk Mk-Stoffes. Es galt, den eventuell vorhandenen Einfluß von Nebenüberlieferungen im luk Mk-Stoff herauszustellen, d. h. auf Elemente aufmerksam zu machen, die weder aus Mk entnommen noch von Lk selbst geschaffen sein konnten. Dazu war der gesamte Mk-Stoff einer literar- und redaktionskritischen Analyse zu unterziehen (Kapitel IV). Die Untersuchung stützte sich dabei im besonderen auf drei 'Nebenquellen'-Indikatoren, deren Relevanz, wie zunächst (IV A.) gezeigt werden konnte, außer Frage steht. Die Beobachtung und Auswertung der (gewichtigeren) Übereinstimmungen zwischen Mt und Lk gegen Mk (1.), der Lk-Sonderelemente in Mk-Stücken (2.) und der Semitismen diff Mk (3.), dazu die unter stilkritischen und inhaltlichen Gesichtspunkten vorgenommene Überprüfung aller sonstigen Mk-Lk-Divergenzen (4.) haben zu dem Ergebnis geführt, daß die starre Mk-Hypothese als Vereinfachung aufzugeben ist und einer differenzierenden Beurteilung Platz machen muß: *beim Mk-Stoff des dritten Ev ist zwischen reinem Mk-Stoff und von*

Traditionsvarianten beeinflußtem *Mk-Stoff* zu unterscheiden. Wie die Analyse ergeben hat, fußen die folgenden Stücke nur auf der jeweiligen Mk-Vorlage, sind demnach als reiner Mk-Stoff lediglich von Lk selbst in der Endredaktion überarbeitet. Alle Veränderungen gegenüber Mk sind Werk des Lk und dürfen als sicher faßbarer Grundbestand des 'Lukanischen bei Lukas' gebucht werden:

Lk 4,31—44; 5, 27—32; 6, (1—5). 6—11;
    8,11—15. 19—21. 26—39. 40—56;
    9,7 — 9. 46—50;
    18,15—17. 18—30. 35b—43;
    19,45—48;
    20,1b— 8. 20—26. 41—47;
    21,1 — 4. 37f.;
    22,1 —13;

Unter dem Einfluß von Traditionsvarianten dagegen stehen die folgenden Einheiten:

Lk 5,12—16. 17—26. 33—39; 6,12—19;
    8,4 — 8. (9f.). 16—18. 22—25;
    9,1 — 6. 10—17. 18—22. (23—27). 28—36;
    9,37—43a. 43b—45; 18,31—34. (35a);
    19,28—38; 20, (1a). 9—19. 27—40. (46);
    21,5 —36; (22,3)

Hier ist zwischen Mk-Elementen, vorluk aus der Tradition übernommenen Nicht-Mk-Elementen und der Endredaktion zu unterscheiden. Die Mk-Lk-Divergenzen in diesen Teilen des Mk-Stoffes sind nach Stil und Inhalt nicht ohne weiteres für den Endverfasser, d. h. den Evangelisten Lk, in Anspruch zu nehmen. Dieses Ergebnis hat — das liegt auf der Hand — erhebliche Konsequenzen für die Arbeit am dritten Ev. Besonders die Redaktionsgeschichte ist davon betroffen. Bei der Bestimmung des spezifisch luk Sprachgebrauchs, bei der Abgrenzung der Endredaktion im dritten Ev und damit in der 'lukanischen Frage' überhaupt werden Modifikationen erforderlich. Was am Mk-Stoff gezeigt werden konnte, sollte auch bei dem übrigen Stoff des Lk-Ev im Blick bleiben: die Literarkritik ist als Korrektiv redaktionsgeschichtlicher Arbeit in größerem Maße als bisher zu berücksichtigen.

LITERATUR

(in Auswahl)

Abbott, E. A. *The Corrections of Mark adopted by Matthew and Luke, Diatessarica* II, London 1901.

Allen, W. C. 'The Book of Sayings used by the Editor of the First Gospel', in: *OSt*, Oxford 1911, S. 234ff.

— 'The Aramaic Background of the Gospels', in: *OSt*, Oxford 1911, S. 287ff.

— *A Critical and Exegetical Commentary on the Gospel according to St. Matthew (ICC)*, 3. Aufl., Edinburgh 1912 (=1951).

Antoniadis, S. *L'Évangile de Luc. Esquisse de grammaire et de style*, Paris 1930.

Argyle, A. W. 'Agreements between Matthew and Luke', *ExpT* 73, 1961/62, S. 19ff.

Audet, J. P. *La Didaché: Instructions des Apôtres*, Paris 1958.

Bacon, B. W. *Studies in Matthew*, New York 1930.

Barth, G. 'Das Gesetzesverständnis des Evangelisten Matthäus', in: G. Bornkamm—G. Barth—H. J. Held, *Überlieferung und Auslegung im Matthäusevangelium*, *WMANT* 1, 3. Aufl., Neukirchen 1961, S. 54ff.

Bartlet, J. V. 'The Sources of St. Luke's Gospel', in: *OSt*, Oxford 1911, S. 313ff.

Bartsch, H. W. 'Das Thomasevangelium und die synoptischen Evangelien', *NTS* 6, 1959/60, S. 249ff.

Bauer, W. *Griechisch-deutsches Wörterbuch zu den Schriften des Neuen Testaments und der übrigen urchristlichen Literatur*, 5. Aufl., Berlin 1958.

Beyer, K. *Semitische Syntax im Neuen Testament*, Band I, Teil 1, *StUNT* 1, Göttingen 1962.

Björck, G. HN ΔΙΔΑΣΚΩΝ. *Die periphrastische Konstruktion im Griechischen*, Uppsala 1940.

Black, M. *An Aramaic Approach to the Gospels and Acts*, 3. Aufl., Oxford 1967.

Blass, F. und Debrunner, A. *Grammatik des neutestamentlichen Griechisch*, 10. Aufl., Göttingen 1959.

Bornkamm, G. 'Die Sturmstillung im Matthäus-Evangelium', in: G. Bornkamm—G. Barth—H. J. Held, *Überlieferung und Auslegung im Matthäusevangelium*, *WMANT* 1, 3. Aufl., Neukirchen 1961, S. 48ff.

LITERATUR

Braumann, G. 'Das Mittel der Zeit, Erwägungen zur Theologie des Lukasevangeliums', *ZNW* 54, 1963, S. 117ff.
— 'Die lukanische Interpretation der Zerstörung Jerusalems', *NovT* 6, 1962, S. 120ff.
Brown, J. P. 'An Early Revision of the Gospel of Mark', *JBL* 78, 1959, S. 215ff.
Bultmann, R. 'Zur Frage nach den Quellen der Apostelgeschichte', in: *NT-Essays in Memory of T. W. Manson*, Manchester 1959, S. 68ff.
— *Die Geschichte der synoptischen Tradition*, FRLANT 29, 5. Aufl., Göttingen 1961, mit Ergänzungsheft, 2. Aufl., Göttingen 1962.
— *Die Erforschung der synoptischen Evangelien*, 4. Aufl., Berlin 1961.
Burkitt, F. C. 'The Use of Mark in the Gospel according to Luke', in: *Beginnings* I, 2 S. 106ff.
Burney, C. F. *The Poetry of our Lord*, Oxford 1925.
Bussmann, W. *Synoptische Studien* I—III, Halle 1925—1931.
Cadbury, H. J. *The Style and Literary Method of Luke*, Harvard Theological Studies 6, Cambridge 1920.
— 'Commentary on the Preface of Luke', in: *Beginnings* I, 2 S. 489ff.
— 'Luke — Translator or Author?', *American Journal of Theology* 24, 1920, S. 436ff.
— *The Making of Luke-Acts*, London 1927.
Cherry, R. S. 'Agreements between Matthew and Luke', *ExpT* 74, 1962/63, Sp. 63.
Clarke, W. K. L. 'The Use of the Septuagint in Acts', in: *Beginnings* II S. 66ff.
Conzelmann, H. *Die geographischen Vorstellungen im Lukasevangelium*, Diss. Tübingen 1951.
— 'Zur Lukas-Analyse', *ZThK* 49, 1952, S. 16ff.
— 'Geschichte und Eschaton nach Mk 13', *ZNW* 50, 1959, S. 210ff.
— *Die Apostelgeschichte*, HNT 7, Tübingen 1963.
— *Die Mitte der Zeit, Studien zur Theologie des Lukas*, BHTh 17, 5. Aufl., Tübingen 1964.
Creed, J. M. *The Gospel according to St. Luke*, London 1930.
Cullmann, O. 'Das Thomasevangelium und die Frage nach dem Alter der in ihm enthaltenen Tradition', *ThLZ* 85, 1960, Sp. 321ff.
Dalman, G. *Die Worte Jesu*, 2. Aufl., Leipzig 1930.
Dibelius, M. *Aufsätze zur Apostelgeschichte*, hrsg. von H. Greeven, FRLANT 60, 3. Aufl., Göttingen 1957.
— *Die Formgeschichte des Evangeliums*, 4. Aufl., mit einem Nachtrag von G. Iber hrsg. von G. Bornkamm, Tübingen 1961.
Dibelius, M. und Kümmel, W. G. *Jesus (Sammlung Göschen* 1130), 3. Aufl., Berlin 1960.

LITERATUR

Dodd, C. H. *The Parables of the Kingdom*, Revised Edition, London 1936 (=1938).
— *Historical Tradition in the Fourth Gospel*, Cambridge 1963.
— *The Apostolic Preaching and its Developments*, 2. Aufl., London 1944.
— 'The Fall of Jerusalem and the "Abomination of Desolation"', *Journal of Roman Studies* 37, 1947, S. 47ff. (wieder abgedruckt in: C. H. Dodd, *More New Testament Studies*, Manchester 1968, S. 69ff.).
Dupont, J. *Les sources du livre des Actes*, Louvain 1960.
— 'La parabole du semeur dans la version du Luc', in: *Apophoreta, Festschrift E. Haenchen*, BZNW 30, Berlin 1964, S. 97ff.
Easton, B. S. *The Gospel According to St. Luke. A Critical and Exegetical Commentary*, New York 1926.
— 'Linguistic Evidence for the Lucan Source L', *JBL* 29, 1910, S. 139ff.
Ebeling, H. J. 'Die Fastenfrage (Mk 2,18—22)', *ThStKr* NF 3, 1937/38, S. 387ff.
Farmer, W. R. *The Synoptic Problem. A Critical Review of the Problem of the Literary Relationship between Matthew, Mark and Luke*, New York—London 1964.
Feine, P., Behm, J. und Kümmel, W. G. *Einleitung in das Neue Testament*, 14., völlig neu bearbeitete Auflage von W. G. Kümmel, Heidelberg 1965.
Filson, F. V. 'New Greek and Coptic Manuscripts', *BA* 24, 1961, S. 16ff.
Fitzmyer, J. A. 'The Oxyrhynchus Logoi and the Coptic Gospel According to Thomas', *ThSt* 20, 1959, S. 505ff.
Flender, H. *Heil und Geschichte in der Theologie des Lukas*, BEvTh 41, München 1965.
Gärtner, B. *The Theology of the Gospel of Thomas*, London 1961.
Gaston, L. 'Sondergut und Markusstoff in Lk 21', *ThZ* 16, 1960, S. 161ff.
Glover, R. 'The Didache's Quotations and the Synoptic Gospels', *NTS* 5, 1958/59, S. 12ff.
Gnilka, J. *Die Verstockung Israels. Isaias 6,9—10 in der Theologie der Synoptiker*, StANT 3, München 1961.
Grant, R. M. 'Notes on the Gospel of Thomas', *VC* 13, 1959, S. 170ff.
Grant, R. M. und Freedman, D. N. *Geheime Worte Jesu, das Thomasevangelium*, Frankfurt 1960.
Grässer, E. *Das Problem der Parusieverzögerung in den synoptischen Evangelien und in der Apostelgeschichte*, BZNW 22, 2. Aufl., Berlin 1960.
Grobel, K. *Formgeschichte und synoptische Quellenanalyse*, FRLANT 53, Göttingen 1937.

LITERATUR

Grundmann, W. *Das Evangelium nach Markus*, ThHK 2, 2. Aufl., Berlin 1959.
— *Das Evangelium nach Lukas*, ThHK 3, 2. Aufl., Berlin 1963.
Haardt, R. 'Das koptische Thomasevangelium und die außerbiblischen Herrenworte', in: *Der historische Jesus und der Christus unseres Glaubens*, hrsg. von K. Schubert, Wien—Freiburg—Basel 1962, S. 275ff.
Haenchen, E. 'Johanneische Probleme', ZThK 56, 1959, S. 19ff.
— *Die Botschaft des Thomasevangeliums*, Theologische Bibliothek Töpelmann 6, Berlin 1961.
— 'Literatur zum Thomasevangelium', ThR 27, 1961, S. 147ff.; 306ff.
— *Die Apostelgeschichte*, MeyerK, 14. Aufl., Göttingen 1965.
— *Der Weg Jesu. Eine Erklärung des Markusevangeliums und der kanonischen Parallelen*, Sammlung Töpelmann, 2. Reihe, 6, Berlin 1966.
Hahn, F. *Christologische Hoheitstitel. Ihre Geschichte im frühen Christentum*, FRLANT 83, Göttingen 1963.
— *Das Verständnis der Mission im Neuen Testament*, WMANT 13, Neukirchen 1963.
Harder, G. 'Das eschatologische Geschichtsbild der sog. kleinen Apokalypse Mk 13', *Theologia Viatorum, Jahrbuch der Kirchlichen Hochschule Berlin* 4, 1952/53, S. 71ff.
Harnack, A. *Sprüche und Reden Jesu (Beiträge zur Einleitung in das Neue Testament II)*, Leipzig 1907.
Hartman, L. *Testimonium Linguae. Participial Constructions in the Synoptic Gospels. A Linguistic Examination of Luke 21,13*, Coniectanea Neotestamentica XIX, Lund—Copenhagen 1963.
— *Prophecy interpreted. The Formation of some Jewish Apocalyptic Texts and of the Eschatological Discourse Mark 13 par.* Coniectanea Biblica, New Testament Series 1, Lund 1966.
Hauck, F. *Das Evangelium nach Markus*, ThHK 2, Leipzig 1934.
— *Das Evangelium nach Lukas*, ThHK 3, Leipzig 1934.
Hawkins, J. C. *Horae Synopticae. Contributions to the Study of the Synoptic Problem*, 2. Aufl., Oxford 1909.
— 'Three Limitations to St. Luke's Use of St. Mark's Gospel', in: *OSt*, Oxford 1911, S. 27ff.
— 'Probabilities as to the So-Called Double Tradition of St. Matthew and St. Luke', in: *OSt*, Oxford 1911, S. 95ff.
Held, H. J. 'Matthäus als Interpret der Wundergeschichten', in: G. Bornkamm—G. Barth—H. J. Held, *Überlieferung und Auslegung im Matthäusevangelium*, WMANT 1, 3. Aufl., Neukirchen 1961, S. 155ff.
Hengel, M. 'Das Gleichnis von den Weingärtnern Mc 12,1—12 im Lichte der Zenonpapyri und der rabbinischen Gleichnisse', ZNW 59, 1968, S. 1ff.

LITERATUR

— *Nachfolge und Charisma. Eine exegetisch-religionsgeschichtliche Studie zu Mt 8,21f. und Jesu Ruf in die Nachfolge*, BZNW 34, Berlin 1968.

Higgins, A. J. B. 'Non-Gnostic Sayings in the Gospel of Thomas', NovT 4, 1960, S. 292ff.

Hirsch, E. 'Fragestellung und Verfahren meiner Frühgeschichte des Evangeliums', ZNW 41, 1942, S. 106ff.

— *Frühgeschichte des Evangeliums*, Bd. I und II, 2. Aufl., Tübingen 1951.

Hofius, O. 'Das koptische Thomasevangelium und die Oxyrhynchus-Papyri Nr. 1, 654, 655', EvTh 20, 1960, S. 21ff. und S. 182ff.

Holtz, T. *Untersuchungen über die alttestamentlichen Zitate bei Lukas*, TU 104, Berlin 1968.

Holtzmann, H. J. *Die synoptischen Evangelien, ihr Ursprung und geschichtlicher Charakter*, Leipzig 1863.

Hunkin, J. W. 'Pleonastic ἄρχομαι in the New Testament', JThSt 25, 1923/24, S. 390ff.

Hunzinger, C.-H. 'Außersynoptisches Traditionsgut im Thomas-Evangelium', ThLZ 85, 1960, Sp. 843ff.

— 'Unbekannte Gleichnisse Jesu aus dem Thomasevangelium', in: *Judentum-Urchristentum-Kirche, Festschrift für J. Jeremias*, BZNW 26, 2. Aufl., Berlin 1964, S. 209ff.

Iersel, B. M. F. van *'Der Sohn' in den synoptischen Jesusworten*, Supplements to Novum Testamentum 3, 2. Aufl., Leiden 1964.

Jeremias, J. *Die Abendmahlsworte Jesu*, 3. Aufl., Göttingen 1960.

— *Unbekannte Jesusworte*, 3. Aufl., Gütersloh 1963.

— *Die Gleichnisse Jesu*, 7. Aufl., Göttingen 1965.

— 'Zur Hypothese einer schriftlichen Logienquelle Q', ZNW 19, 1930, S. 147ff.

— 'Zum Problem des Urmarkus', ZNW 35, 1936, S. 280ff.

— 'Untersuchungen zum Quellenproblem der Apostelgeschichte', ZNW 36, 1937, S. 205ff.

— 'Die Lampe unter dem Scheffel', ZNW 39, 1940, S. 237ff.

— 'Perikopenumstellungen bei Lukas?', NTS 4, 1957/58, S. 115ff.

Johannessohn, M. 'Das biblische καὶ ἐγένετο und seine Geschichte', Zeitschrift für vergleichende Sprachwissenschaft 53, 1926, S. 161ff.

Jülicher, A. *Die Gleichnisreden Jesu*, Bd. I (2. Aufl.) — II, Freiburg 1899.

Kasser, H. *L'Évangile selon Thomas*, Neuchâtel 1961.

Kilpatrick, G. D. *The Origins of the Gospel According to St. Matthew*, 2. Aufl., Oxford 1950.

Klein, G. 'Lukas 1,1—4 als theologisches Programm', in: *Zeit und Geschichte*, Tübingen 1964, S. 193ff.

LITERATUR

Klostermann, E. *Das Matthäusevangelium*, HNT 4, 2. Aufl., Tübingen 1927.
— *Das Lukasevangelium*, HNT 5, 2. Aufl., Tübingen 1929.
— *Das Markusevangelium*, HNT 3, 4. Aufl., Tübingen 1950.
Knox, W. L. *The Acts of the Apostles*, Cambridge 1948.
— *The Sources of the Synoptic Gospels*, Bd. I—II, Cambridge 1953, 1957.
Koester, H. *Synoptische Überlieferung bei den Apostolischen Vätern*, TU 65, Berlin 1957.
— 'ΓΝΩΜΑΙ ΔΙΑΦΟΡΟΙ. The Origin and Nature of Diversification in the History of Early Christianity', HThR 58, 1965, S. 279ff. (= ZThK 65, 1968, S. 160ff.).
Kümmel, W. G. *Verheißung und Erfüllung, Untersuchungen zur eschatologischen Verkündigung Jesu*, AThANT 6, 3. Aufl., Zürich 1956.
— *Das Neue Testament. Geschichte der Erforschung seiner Probleme*, Orbis Academicus III/3, Freiburg—München 1958.
— 'Futurische und präsentische Eschatologie im ältesten Christentum', NTS 5, 1958/59, S. 113ff.
— *Einleitung in das Neue Testament*, Heidelberg 1965 (s. P. Feine— J. Behm—W. G. Kümmel).
Kuhn, K. H. 'Some Observations on the Coptic Gospel According to Thomas', *Le Muséon* 73, 1960, S. 317ff.
Larfeld, W. *Die neutestamentlichen Evangelien nach ihrer Eigenart und Abhängigkeit*, Gütersloh 1925.
Leaney, A. R. C. *The Gospel according to St. Luke*, BNTC, London 1958.
Leipoldt, J. 'Ein neues Evangelium?', ThLZ 83, 1958, Sp. 481ff.
Leipoldt, J. und Schenke, H. M. *Koptisch-gnostische Schriften aus den Papyrus-Codices von Nag-Hamadi*, ThF 20, Hamburg— Bergstedt 1960.
— *Das Evangelium nach Thomas*, TU 101, Berlin 1967.
Lindeskog, G. 'Logia-Studien', StTh 4, 1950, S. 129ff.
Lohmeyer, E. 'Das Gleichnis von den bösen Weingärtnern (Mk 12,1— 12)', ZSTh 18, 1941, S. 243ff.
— *Das Evangelium des Markus*, MeyerK, 12. Aufl., Göttingen 1953.
Lohse, E. 'Lukas als Theologe der Heilsgeschichte', EvTh 14, 1954, S. 256ff.
McArthur, H. K. 'The Gospel According to Thomas', in: *NT-Sidelights, Essays in Honor of A.C.Purdy*, Hartford/Conn. 1960, S. 43ff.
McLoughlin, S. 'Les accords mineurs Mt-Lc contre Mc et le probleme synoptique. Vers la théorie des deux sources', in: *De Jésus aux Évangiles*, hrsg. von I. de la Potterie, Paris 1967, S. 17ff.

LITERATUR

Manson, T. W. 'The life of Jesus 3. The Work of St. Luke', *Bulletin of the John Rylands Library* 28, 1944, S. 382ff.
— *The Sayings of Jesus*, London 1954.
Martin, R. A. 'Syntactical Evidence of Aramaic Sources in Acts I—XV', *NTS* 11, 1964/65, S. 38ff.
Marxsen, W. 'Redaktionsgeschichtliche Erklärung der sogenannten Parabeltheorie des Markus', *ZThK* 52, 1955, S. 255ff.
— *Der Evangelist Markus. Studien zur Redaktionsgeschichte des Evangeliums*, *FRLANT* 67, Göttingen 1956.
— *Einleitung in das Neue Testament*, Gütersloh 1963.
Michaelis, W. *Die Gleichnisse Jesu*, 3. Aufl., Hamburg 1956.
— *Einleitung in das Neue Testament*, 3. Aufl., Bern 1961.
Moffatt, J. *An Introduction to the Literature of the NT*, 3. Aufl., London 1918.
Montefiore, C. G. *The Synoptic Gospels*, Bd. I—II, 2. Aufl., London 1927.
Montefiore, H. W. 'A Comparison of the Parables of the Gospel According to Thomas and of the Synoptic Gospels', *NTS* 7, 1960/61, S. 220ff.
Morgenthaler, R. *Die lukanische Geschichtsschreibung als Zeugnis*, Bd. I und II, Zürich 1949.
— *Statistik des Neutestamentlichen Wortschatzes*, Frankfurt 1958.
Moule, C. F. D. *An Idiom Book of New Testament Greek*, Cambridge 1953.
Moulton, J. H. und Howard, W. F. *A Grammar of New Testament Greek*, Bd. I und II, Edinburgh 1929.
— *Einleitung in die Sprache des Neuen Testaments*, Heidelberg 1911.
Moulton, W. F. und Geden, A. S. *A Concordance to the Greek Testament According to the Texts of Westcott and Hort, Tischendorf and the English Revisers*, 3. Aufl., Edinburgh 1953.
Plummer, A. *The Gospel According to St. Luke (ICC)*, 5. Aufl., Edinburgh 1922.
Quispel, G. 'The Gospel of Thomas and the New Testament', *VC* 11, 1957, S. 189ff.
— 'Some Remarks on the Gospel of Thomas', *NTS* 5, 1958/59, S. 276ff.
— 'Das Thomas-Evangelium und das Alte Testament', in: *Festschrift für O. Cullmann*, Leiden 1962, S. 243ff.
— 'The Gospel of Thomas' and 'the Gospel of the Hebrews', *NTS* 12, 1965/66, S. 371ff.
Radermacher, L. *Neutestamentliche Grammatik*, *HNT* 1, 2. Aufl., Tübingen 1925.
Rehkopf, F. *Die lukanische Sonderquelle. Ihr Umfang und Sprachgebrauch*, *WUNT* 5, Tübingen 1959.

LITERATUR

Rengstorf, K. H. *Das Evangelium nach Lukas*, NTD 3, 9. Aufl., Göttingen 1962.
Repo, E. *Der Begriff 'Rhema' im Biblisch-Griechischen*, Kopenhagen 1951.
Robinson, J. M. 'ΛΟΓΟΙ ΣΟΦΩΝ. Zur Gattung der Spruchquelle Q', in: *Zeit und Geschichte*, Tübingen 1964, S. 77ff.
Robinson, W. C. *Der Weg des Herrn. Studien zur Geschichte und Eschatologie im Lukas-Evangelium*, ThF 36, Hamburg—Bergstedt 1964.
Rohde, J. *Die redaktionsgeschichtliche Methode. Einführung und Sichtung des Forschungsstandes*, Hamburg 1966.
Roloff, J. *Apostolat-Verkündigung-Kirche. Ursprung, Inhalt und Funktion des kirchlichen Apostelamtes nach Paulus, Lukas und den Pastoralbriefen*, Gütersloh 1965.
Sanday, W. 'The Conditions under which the Gospels were written in their Bearing upon some Difficulties of the Synoptic Problem', in: *OSt*, Oxford 1911, S. 3ff.
Schäfer, K. Th. "... und dann werden sie fasten, an jenem Tage", in: *Synoptische Studien für A. Wikenhauser*, München 1953, S. 124ff.
Schippers, R. *Het evangelie van Thomas*, Kampen 1960.
Schlatter, A. *Der Evangelist Matthäus. Seine Sprache, sein Ziel, seine Selbständigkeit*, Stuttgart 1929.
— *Das Evangelium des Lukas aus seinen Quellen erklärt*, Stuttgart 1931.
— *Markus, der Evangelist für die Griechen*, Stuttgart 1935.
Schmid, J. *Matthäus und Lukas. Eine Untersuchung des Verhältnisses ihrer Evangelien*, BSt 23, Freiburg 1930.
— 'Markus und der aramäische Matthäus', in: *Synoptische Studien für A. Wikenhauser*, München 1953, S. 148ff.
— *Das Evangelium nach Lukas*, RNT 3, 4. Aufl., Regensburg 1960.
— *Das Evangelium nach Markus*, RNT 2, 5. Aufl., Regensburg 1963.
Schmidt, K. L. *Der Rahmen der Geschichte Jesu. Literarkritische Untersuchungen zur ältesten Jesusüberlieferung*, Berlin 1919.
Schnackenburg, R. 'Mk 9,33—50', in: *Synoptische Studien für A. Wikenhauser*, München 1953, S. 184ff.
Schniewind, J. *Die Parallelperikopen bei Lukas und Johannes*, Leipzig 1914.
— 'Zur Synoptiker-Exegese', ThR NF 2, 1930, S. 129ff.
Schrage, W. 'Evangelienzitate in den Oxyrhynchus-Logien und im koptischen Thomasevangelium', in: *Apophoreta, Festschrift E. Haenchen*, BZNW 30, Berlin 1964, S. 251ff.
— *Das Verhältnis des Thomas-Evangeliums zur synoptischen Tradition und zu den koptischen Evangelienübersetzungen. Zugleich ein*

LITERATUR

Beitrag zur gnostischen Synoptikerdeutung, BZNW 29, Berlin 1964.

chulz, S. 'Die Bedeutung neuer Gnosisfunde für die neutestamentliche Wissenschaft', *ThR* 26, 1960/61, S. 209ff. und S. 301ff.

chürmann, H. 'Lk 22,42a das älteste Zeugnis für Lk 22,20?', *MThZ* 3, 1952, S. 185ff. (= *Unterschungen* S. 193ff.).
- Der Paschamahlbericht Lk 22, (7—14). 15—18, *NTA* 19,5, Münster 1953.
- 'Die Dubletten im Lukas-Evangelium', *ZKTh* 75, 1953, S. 338ff. (= *Untersuchungen* S. 272ff.).
- 'Die Dublettenvermeidungen im Lukas-Evangelium', *ZKTh* 76, 1954, S. 83ff. (= *Untersuchungen* S. 279ff.).
- Der Einsetzungsbericht Lk 22,19—20, *NTA* 20,4, Münster 1955.
- Jesu Abschiedsrede Lk 22,21—38, *NTA* 20,5, Münster 1957.
- 'Sprachliche Reminiszenzen an abgeänderte oder ausgelassene Bestandteile der Spruchsammlung im Lukas- und Matthäusevangelium', *NTS* 6, 1959/60, S. 193ff. (= *Untersuchungen* S. 111ff.).
- 'Protolukanische Spracheigentümlichkeiten? Zu F. Rehkopf, Die lukanische Sonderquelle. Ihr Umfang und Sprachgebrauch', *BZ* 5, 1961, S. 266ff. (= *Untersuchungen* S. 209ff.).
- 'Das Thomas-Evangelium und das lukanische Sondergut', *BZ* 7, 1963, S. 236ff. (= *Untersuchungen* S. 228ff.).
- 'Mt 10,5b—6 und die Vorgeschichte des synoptischen Aussendungsberichtes', in: *Neutestamentliche Aufsätze, Festschrift für J. Schmid*, Regensburg 1963, S. 270ff. (= *Untersuchungen* S. 137ff.).
- 'Der "Bericht vom Anfang". Ein Rekonstruktionsversuch auf Grund von Lk 4, 14—16', *StEv* II, hrsg. von F. L. Cross, TU 87, Berlin 1964, S. 242ff. (= *Untersuchungen* S. 69ff.).

Schweizer, E. *Das Evangelium nach Markus*, NTD 1, Göttingen 1967.
- 'Eine hebraisierende Sonderquelle des Lukas?', *ThZ* 6, 1950, S. 161ff.

Simons, Ed. *Hat der dritte Evangelist den kanonischen Matthäus benutzt?*, Bonn 1881.

Soiron, Th. *Die Logia Jesu. Eine literarkritische und literargeschichtliche Untersuchung zum synoptischen Problem*, NTA 6, 4, Münster 1916.

Sparks, H. F. D. 'The Semitisms of St. Luke's Gospel', *JThSt* 44, 1943, S. 129ff.
- 'The Semitisms of the Acts', *JThSt* NS 1, 1950, S. 16ff.
- 'Some Observations on the Semitic Background of the New Testament', *SNTS* Bulletin 2, 1951, S. 33ff.
- 'St. Luke's Transpositions', *NTS* 3, 1957, S. 219ff.

Sperber, A. 'New Testament and Septuagint', *JBL* 59, 1940, S. 193ff.

LITERATUR

Steck, O. H. *Israel und das gewaltsame Geschick der Propheten. Untersuchungen zur Überlieferung des Deuteronomistischen Geschichtsbildes im Alten Testament, Spätjudentum und Urchristentum*, WMANT 23, Neukirchen 1967.

Strecker, G. *Der Weg der Gerechtigkeit. Untersuchungen zur Theologie des Matthäus*, FRLANT 82, 2. Aufl., Göttingen 1966.

— 'Die Leidens- und Auferstehungsvoraussagen im Markusevangelium', ZThK 64, 1967, S. 16ff.

Streeter, B. H. 'The Original Extent of Q', in: *OSt*, Oxford 1911, S. 185ff.

— 'St. Mark's Knowledge and Use of Q', in: *OSt*, Oxford 1911, S. 165ff.

— 'On the Original Order of Q', in: *OSt*, Oxford 1911, S. 141ff.

— 'The Literary Evolution of the Gospels', in: *OSt*, Oxford 1911, S. 209ff.

— *The Four Gospels. A Study of Origins*, 2. Aufl., London 1926.

Stuhlmacher, P. *Das paulinische Evangelium I*, FRLANT 95, Göttingen 1968.

Suhl, A. *Die Funktion der alttestamentlichen Zitate und Anspielungen im Markusevangelium*, Gütersloh 1965.

Tabachovitz, D. *Die Septuaginta und das Neue Testament*, Acta Instituti Atheniensis Regni Sueciae, Lund 1956.

Taylor, V. *Behind the Third Gospel*, Oxford 1926.

— *The Formation of the Gospel Tradition*, London 1933.

Thackeray, H. *A Grammar of the Old Testament in Greek according to the Septuagint*, Cambridge 1909.

Tödt, H. E. *Der Menschensohn in der synoptischen Überlieferung*, Gütersloh 1959.

Torrey, C. C. *The Composition and Date of Acts*, Harvard Theological Studies 1, Cambridge 1916.

Trilling, W. *Das wahre Israel. Studien zur Theologie des Matthäus-Evangeliums*, StANT 10, 3. Aufl., München 1964.

— 'Zur Überlieferungsgeschichte des Gleichnisses vom Hochzeitsmahl Mt 22,1—14', BZ NF 4, 1960, S. 251ff.

Turner, H. E. W. und Montefiore, H. *Thomas and the Evangelists*, London 1962.

Unnik, W. C. van *Evangelien aus dem Nilsand*, Frankfurt 1960.

Vogel, Th. *Zur Charakteristik des Lukas nach Sprache und Stil*, 2. Aufl., Leipzig 1899.

Weiß, B. 'Zur Entstehungsgeschichte der synoptischen Evangelien', ThStKr 34, 1861, S. 29ff. und 646ff.

— *Das Markusevangelium und seine synoptischen Parallelen*, Leipzig 1872.

— *Das Matthäusevangelium und seine Lukasparallelen*, Leipzig 1876.

— *Das Leben Jesu*, 2. Aufl., Berlin 1888.

LITERATUR

— *Die Evangelien des Markus und Lukas*, MeyerK, 9. Aufl., Göttingen 1901.
— *Die Quellen des Lukasevangeliums*, Stuttgart—Berlin 1907.
— *Die Quellen der synoptischen Überlieferung*, Leipzig 1908.
— *Das Matthäusevangelium*, MeyerK, 10. Aufl., Göttingen 1910.
Weiß, J. *Die drei älteren Evangelien*, SNT 1, Göttingen 1907.
— *Über die Absicht und den literarischen Charakter der Apostelgeschichte*, Marburg 1897.
Wellhausen, J. *Das Evangelium Lucae*, Berlin 1904.
— *Das Evangelium Matthaei*, Berlin 1904.
— *Das Evangelium Marci*, 2. Aufl., Berlin 1909.
— *Einleitung in die drei ersten Evangelien*, 2. Aufl., Berlin 1911.
Wernle, P. *Die synoptische Frage*, Freiburg 1899.
Wikenhauser, A. *Einleitung in das Neue Testament*, Freiburg—Basel—Wien, 5. Aufl., 1963.
Wilckens, U. *Die Missionsreden der Apostelgeschichte. Form- und traditionsgeschichtliche Untersuchungen*, WMANT 5, 2. Aufl., Neukirchen 1963.
Wilcox, M. *The Semitisms of Acts*, New York—Oxford 1965.
Wilkens, W. 'Die Redaktion des Gleichniskapitels Mark. 4 durch Matth.', ThZ 20, 1964, S. 305ff.
Wilson, R. McL. 'Thomas and the Growth of the Gospels', HThR 53, 1960, S. 231ff.
— *Studies in the Gopsel of Thomas*, London 1960.
Winter, P. 'The Treatment of his Sources by the Third Evangelist in Lk 21—24', StTh 8, 1954, S. 138ff.
— 'On Luke and Lucan Sources', ZNW 47, 1956, S. 217ff.
Wrede, W. *Das Messiasgeheimnis in den Evangelien*, 3. Aufl., Göttingen 1963.
Wrege, H.-Th. *Die Überlieferungsgeschichte der Bergpredigt*, WUNT 9, Tübingen 1968.
Wright, E. *Alterations of the Words of Jesus as quoted in the Literature of the Second Century*, Cambridge (USA) 1952.
Zwaan, J. de 'The Use of the Greek Language in the Acts', in: *Beginnings* I, 2 S. 30ff.

REGISTER

Neutestamentliche Stellen
(Zahlen in Kursivdruck verweisen auf ausführliche Analysen)

Matthäus			10,39	30
3,2		35. 158	11,10	35
3,5		34	11,15	18
3,11f.		36	11,27	15
4,1f.		36	12,1—8	*111f.*
4,13		90	12,9—14	*112*
4,25		113	12,38	47
5,1		113	12,39	31
5,15		23	12,46—50	*123f.*
5,29f.		30	13,1—23	*114—123*
5,32		30	13,9	18
6,20		18	13,24—30	121
7,16		109	13,31f.	31. 76
8,1—4		*91—99*	13,36—43	121
8,1—9,34		62	13,43	18
8,8f.		42	13,45f.	16
8,8—10		40	13,54	90
8,16		75	14,1—2	*128f.*
8,18		124	14,13—21	*129f.*
8,23—27		*124f.*	15,32—39	*129f.*
8,28—34		*126*	16,4	31
9,1—8		*99—103*	16,13—21	*130—136*
9,9—13		*104*	16,13—17,23	62
9,14—17		*105—111*	16,24—28	30
9,18—26		*126f.*	17,1—8	*136—139*
9,26		90	17,14—21	*139f.*
9,35ff.		26	17,22f.	*130—136*
10,1—4		*113f.*	18,1—4	*140f.*
10,5ff.		26	18,8f.	30
10,7f.		28	19,9	30
10,26		25	19,11	17
10,33		30	19,13—15	*141f.*
10,38		30	19,16—30	*142*

199

REGISTER

20,17—19	*130—136*	3,7—12	*113f.*
20,29—34	*143—145*	3,9	39
21,1—9	*145—149*	3,11	88
21,10—19	*149*	3,12	89
21,23—27	*149f.*	3,13—19	*113f.*
21,28	155	3,27	169
21,28ff.	168	3,28f.	46
21,33	154—156	3,30	46
21,33—46	*150—157*	3,31—35	*123f.*
21,37	162	4,1	39
21,44	150	4,1—20	*114—123*
22,1—14	16. 77	4,7	84
22,2	155	4,9	18
22,6f.	155	4,21	23f.
22,11—14	155	4,21f.	6. 78
22,15—22	*168—170*	4,22	25
22,23—33	*170f.*	4,30—32	76
23,6f.	29	4,35—41	*124f.*
25,14	155	5,1—20	*126*
26,1—5	*182—184*	5,21—43	*126f.*
26,14—19	*182—184*	5,35	42
26,16	182	6,1—6	37. 90
		6,6ff.	26
Markus		6,8	27
1,1—13	90	6,8—11	26
1,2	35	6,10	27
1,3	35	6,11	27
1,7	35	6,14—16	*128f.*
1,12f.	36	6,30—44	*129f.*
1,14—39	90	7,16	18
1,15	158	8,1—10	129f.
1,16—20	37. 86	8,11	47
1,18	40	8,14—21	*49*
1,19	39	8,15	84
1,20	40	8,27—33	*130—136*
1,21—34	*85—91*	8,32f.	135. 182
1,28	86	8,34—9,1	29
1,32	75	8,35	30
1,40—45	*91—99*	8,38	30
2,1—12	*99—103*	9,2—8	*136—139*
2,13—17	*104*	9,9f.	139
2,18—22	17. *105—111*	9,14—29	*139f.*
2,23—28	*111f.*	9,30—32	*130—136*
3,1—6	*112*	9,31	84
3,3	87	9,33—41	*140f.*

200

9,36	87	3,7	35
9,43ff.	30	3,16	*35f.*
10,11f.	30	4,1f.	*36*
10,13—16	*141f.*	4,12	84
10,17	48	4,14—16	66. 90
10,17—31	*142*	4,16—30	*37*
10,28—34	48	4,18	84
10,32	146	4,23	86
10,32—34	*130—136*	4,31	66
10,33f.	135	4,31—44	*85—91.* 186
10,46—52	*143—145*	4,36	84
11,1—10	*145—149*	4,40	75
11,11—19	*149*	4,41	66
11,17—33	*149f.*	4,42	66
12,1	*154—156.* 164	4,43	66
12,1—12	*150—167*	5,1—11	*37—40.* 62. 65
12,4	162	5,10	106
12,4f.	84	5,12	98
12,6	162. 164	5,12—16	*91—99.* 186
12,7	169	5,12—26	62
12,8f.	163	5,14	98
12,9	164	5,15f.	93
12,10f.	164	5,16	98
12,12	166	5,17	98
12,13—17	168—170	5,17—26	*99—103.* 186
12,14	84	5,19	87
12,18—27	*170f.*	5,21	98
12,28—34	47	5,24	98
12,35—37	47	5,26	98
12,35—40	*171*	5,27—32	*104.* 186
12,38	29. 84	5,33—39	*105—111.* 171.186
12,41—44	171	5,36—39	76
13,1—37	*171—182*	5,36	166
14,1f. 10—16	*182—184*	5,39	78
14,11	182	6,1	98
		6,1—5	*111f.* 186
Lukas		6,6	98
1,1—4	4f. 53	6,6—11	*112.* 186
1,3	145	6,8	87
2,14	145. 148	6,12	98
2,20	148	6,12—19	*113f.* 186
2,50	134	6,17—19	65
3,1—4,15	*34—36*	6,18f.	98
3,3f.	*34f.*	6,44	109
3,5f.	*35*	7,1—10	*40—43*

7,11—17	62	9,51—55	62
7,27	35	10,1ff.	*26ff.*
7,33f.	106	10,4	27
7,34	17	10,7	106
7,36—50	*43—45.* 62	10,8	27
8,3	6. 117	10,10	27
8,4—8	65. 186	10,11	28
8,4—15	*114—123*	10,22	15
8,7	84f.	10,25—28	*47—49*
8,8	6. 18. 117	10,27	49
8,9f.	186	10,30	155
8,11—15	186	10,37	48
8,16f.	*23ff.*	11,1	62
8,16	78. 107	11,14	62
8,16—18	186	11,14—16	46
8,17	134	11,15—23	*46f.*
8,18	107	11,27f.	62
8,19—21	65. *123f.* 186	11,29	31
8,22	98	11,29ff.	47
8,22—25	62. *124f.* 186	11,33	23. 25. 78
8,26—39	*126.* 186	11,43	29
8,40—56	62. *126f.* 186	12,1	49f. 84f.
8,49	42	12,2	25. 134
8,51	139	12,9	30
9,1ff.	26. 76	12,10	46
9,1—6	186	12,16	155
9,2	28	12,38	181
9,3	27	12,40	181
9,3—5	26	12,45	106
9,4	107	12,50	131. 133f.
9,7—9	*128f.* 186	13,6—9	149
9,10—17	76. 88. *129f.* 186	13,10—17	62
9,18—22	62. *130—136.* 186	13,18f.	31. 50. 76
9,23—27	*29f.* 186	13,32	133f.
9,28—36	*136—139.* 171. 186	13,32f.	131
9,28—45	62	14,1—5	62
9,29	166	14,16	155
9,34	166	14,16—24	16. 77. 155
9,36	98	14,27	30
9,37ff.	98	14,28ff.	169
9,37—43	*139f.* 186	14,35	18
9,43—45	*130—136.* 186	15,11	155
9,44	84f.	15,11ff.	168
9,45	98. 134	16,1	155
9,46—50	*140f.* 186	16,1ff.	168f.

REGISTER

16,19		155	20,27—40		*170f.* 186
17,6		149	20,34		98
17,11—19		62	20,36		98
17,20ff.		172	20,39		47
17,25		131f.	20,40		47
17,33		30	20,41—44		47. *171f.* 186
18,1ff.		168	20,46		29. 84f. 186
18,2		155	21,1—4		*171.* 186
18,10		155	21,5—38		*171—182*
18,15—17	*141f.*	186	21,5—36		65. 186
18,18		48	21,5—7		*173f.*
18,18—30	*142.*	186	21,7		92
18,31—34	*130—136.*	186	21,8—11		*174f.*
18,34		98	21,10		166
18,35—43	62. *143—145.*	186	21,12		166
18,41		92	21,12—19		*175—178*
19,1—10		62	21,14		132
19,1f.		143f.	21,20—24		*178—180*
19,5		62	21,20		180
19,8		143	21,25—28		*180f.*
19,11		160f.	21,29—33		*181*
19,12		155	21,34—38		*181f.*
19,12f.		181	21,27		147
19,12ff.		155	21,27f.		182. 186
19,28—38	*145—149.*	186	22,1—13	*182—184.*	186
19,29		62	22,3		182f. 186
19,39—44		146f.	22,5		98
19,42—44		179	22,6		182
19,42		134	22,14—24,11		*50f.*
19,45—48	*149.*	186	22,31		182
19,47f.		62	22,35		27
20,1	62.	186	22,37		133f.
20,1—8	*149f.*	186	22,47		29
20,9—19	16. 65. *150—167.*	186	23,35		139
20,9	*154—156*		23,50—24,53		62
20,11f.	84f. 151.	161f.	24,7		134
20,14f.		163	24,8		134f.
20,15f.		164	24,11		134
20,17f.	150f.	165	24,16		134
20,18		78	24,45		134
20,19	84f.	166	24,46		134
20,20—26	*168—170.*	186			
20,21	84f.	98	Johannes		
20,26		134	6,1—13		*129f.*
20,27ff.		47	12,12f.	145.	148

12,14f.	148	9,7	157
13,27	182	12,4ff.	122
19,17	150	15,4	132
Apostelgeschichte		Philipperbrief	
4,11	151	2,15	139
13,29	134		
16,10—17	80	Kolosserbrief	
20,5—15	80	1,6.10	115
21,1—18	80		
27,1—28,16	80	Hebräerbrief	
		13,12	150
Römerbrief			
9,32f.	150	1. Petrusbrief	
		2,4—8	150
1. Korintherbrief			
7,7	122		

Griechische Wörter

(zum luk bzw. vorluk Sprachgebrauch)

ἀγαπᾶν, 29
ἄγειν, 143. 146
αἰνεῖν (τὸν θεόν), 147
ἀλλήλων/πρὸς ἀλλήλους, 87
ἀμήν, 37
ἄν, 112
ἀναιρεῖν, 183
ἀναχωρεῖν, 129
ἀνήρ, 99. 126. 127
ἄνθρωπός τις, 155f.
ἀνιστάναι, 88. 103. 130
ἀντικεῖσθαι, 176
ἄξιος, 42
ἀξιοῦν, 42
ἀπαγγέλλειν, 123. 127. 138. 143
ἅπας, 149
ἀπέχειν, 41
ἀποδέχεσθαι, 127. 130
ἀποδοκιμάζειν (ἀπό), 131
ἀποπνίγειν, 41. 120f.
ἀριθμός, 183
ἄρχεσθαι, 44. 102f. 112. 126. 143
ἄρχων, 142
ἀσθενεῖν, 88
αὐτός, 166
καὶ αὐτός, 85. 94f. 96. 98
ἀφιστάναι, 122

βασιλεία (τοῦ θεοῦ), 89. 174. 181
βασιλεύς, 145

βλασφημεῖν (εἰς), 46
βλέπειν (ἀπό), 29. 49f. 84
βοᾶν, 143
βρέφος, 141
γίνεσθαι,
καὶ ἐγένετο, 85.94ff.
ἐγένετο δέ,
ἐγένετο ὡς (ὅτε), 146
ἐγένετο θάμβος, 84. 87
γενομένης δὲ ἡμέρας, 89
γογγύζειν, 104
γράφειν,
ὡς γέγραπται, 35
τὸ γεγραμμένον, 133f.

δέ / δὲ καί, 38. 88. 107
δεῖσθαι, 99. 126. 140
δέησις, 106
δέχεσθαι (τὸν λόγον), 122
διά / διὰ τί, 146
διὰ τό c. inf., 128
διάβολος, 122. 183
διαγογγύζειν, 104
διαλογισμός, 141
διαπορεῖν, 128
διαπορεύεσθαι, 143
διατάσσειν, 127
διδάσκαλος (als Anrede), 47f. 92f. 147. 174

διδάσκειν, 112. 168f.
διέρχεσθαι, 93. 144
διό, 42
δοῦλος, 40f.
δόξα, 138
δύναμις, 87. 90
δῶμα, 102

ἔα, 87
ἐᾶν, 89
ἐγγίζειν, 158f.
ἐ. πρός, 147
εἷς / ἐν μιᾷ τῶν ..., 85. 96f.
εἰσέρχεσθαι, 144
εἰσπορεύεσθαι, 86
εἰσφέρειν, 101
ἕκαστος, 88
ἐκπορεύεσθαι, 35. 87
ἔκστασις, 103
ἐμαυτοῦ, 42
ἐμβλέπειν, 165
ἐν / ἐν μιᾷ τῶν ..., 85. 96f.
ἐν τῷ c. inf., 85. 96
ἐνώπιον, 101. 103. 127
ἐξέρχεσθαι (ἀπό), 87f. 126f.
ἐξουσία, 87. 90
ἐπιβάλλειν (ἐπί), 84. 166. 176
ἐπιριβάζειν, 146
ἐπιπορεύεσθαι, 117
ἐπιστάτης (als Anrede), 92f. 125. 127. 141

205

REGISTER

ἐπιτιμᾶν, 88f.
ἔρχεσθαι (ἕως), 89
ἐ. πρός, 42
ἐρωτᾶν, 88. 126. 146
ἐσθίειν (καὶ πίνειν), 104. 106
ἕτερος, 89. 112. 120
εὐαγγελίζεσθαι, 89. 149
εὐθέως, 93
εὐθύς, 40. 86
εὑρίσκειν, 102. 112. 126. 149
ἐφιστάναι, 88. 149

ζητεῖν, 101

ἡδονή, 122
ἡμέρα, 89
ἦχος, 87

θεᾶσθαι, 104
θέλειν, 29. 123

ἰᾶσθαι, 127
ἰδεῖν, 123
ἰδού / καὶ ἰδού, 84f. 91f. 96. 97.
Ἱεροσόλυμα, 41. 135. 146
Ἰερουσαλήμ, 41. 135
ἱκανός, 126
ἰκμάς, 41. 119f.
ἰσχύειν, 127
ἴσως, 162f.

καθῆσθαι, 39. 101
καθώς, 99
καιρός, 174
καλεῖν / καλούμενος, 130. 146f. 183
καλύπτειν (ἀπό), 24. 134
κατακλίνειν, 130
καταπατεῖν, 116

κατέρχεσθαι, 86. 90
κατέχειν, 89
κελεύειν, 143
κλαίειν (ἐπί), 147
κλίνη, 24f. 100
κλινίδιον, 100
κράβατος, 100
κρατεῖν, 166
κρύπτεσθαι (ἀπό), 134. 136. 147
κύριος (als Anrede), 92f. 143

λαμβάνειν πρόσωπον, 169
λαός, 127. 130. 149
λέγειν (εἰπεῖν) πρός..., 107. 112. 175
λ. (ἐ.) παραβολήν, 107. 117. 154. 181
λ. (ἐ.) διὰ παραβολῆς, 117
λεπρός, 99
λόγος (τοῦ θεοῦ), 122f.

μακράν, 41
μετά c. acc., 132
μετὰ ταῦτα, 104
μετάνοια, 104
μέσος / ἐν μέσῳ, 84. 120. 141
εἰς τὸ μέσον, 87. 102
μόδιος, 24f.
Ναζαρηνός, 143
Ναζωραῖος, 143
νηστεύειν, 105
νομικός, 47

ὀλίγον, 39
ὁμοίως, 106
ὁ. δὲ καί, 38
ὁ. ποιεῖν, 48
ὄνομα / ὀνόματι, 104
ὁρᾶν (ἀπό), 49f.
ὅτι recit., 37. 147

οὖν, 24
ὄχλος, 89f. 113f.
ὀψία, 88

παῖς, 40f.
πάλιν, 161f.
παραγγέλλειν, 99. 126f.
παράδοξα, 103
παραχρῆμα, 88. 103. 127. 143
πειράζειν, 47
πειρᾶσθαι, 47
πενθεῖν, 105
πίνειν / ἐσθίειν καὶ π., 104. 106
πίπτειν, 120
π. ἐπὶ πρόσωπον, 99
πιστεύειν, 122
πλήθειν, 112
πλήρης, 99
πληροῦν, 138
πλησίον, 48
πλοιάριον, 39
πλοῖον, 39
ποιεῖν, 48. 162
π. δεήσεις, 106
π. δοχήν, 104
π. καρπόν, 121
πόλις, 27f.
π. τῆς Γαλιλαίας, 86
πορεύεσθαι, 45. 103. 146
προσάγειν, 140
προσδοκᾶν, 127
προσευχή, 89
προσεύχεσθαι, 106
προσέχειν (ἀπό), 29. 49f. 84
προσκαλεῖν, 141
προστιθέναι, 84. 160. 161f.
πυκνά, 106
πυνθάνεσθαι, 143

206

πῶς, 183

ῥαββουνί, 143
ῥῆμα, 133ff.
ῥίζα, 41. 119f.

σάββατον, 86. 112
σατανᾶς, 183
σήμερον, 103
σιγᾶν / σιωπᾶν, 143. 147
σκεῦος, 24
σκύλλειν, 42
σπλαγχνίζεσθαι, 93
στέγη, 102
στόμα, 176
συζητεῖν, 87
συλλαλεῖν, 87
συμπνίγειν, 41. 120f.

σύν, 126f. 149
συναρπάζειν, 126
συνέρχεσθαι, 93
συνέχειν, 88. 126f.
συνιέναι, 117. 134
συντελεῖν, 174
συντυγχάνειν, 123

τιθέναι, 84. 101. 132
τις: s. ἄνθρωπός τις, 155f.
τίς / τὸ τίς, 141
τόπος, 27
τοῦ c. inf., 89

ὑγιαίνειν, 104
ὑπάγειν, 45. 99. 127
ὑπάρχειν, 127. 140
ὑπομονή, 122

ὑποστρέφειν, 126f. 130
φαγεῖν / φ. καὶ πιεῖν, 106
φαίνειν, 128
φέρειν, 146
φήμη, 90
φιλεῖν, 29
φοβεῖσθαι (ἀπό), 50
φόβος, 100
φυλάσσειν (ἀπό), 50

χρόνος / χ. ἱκανός, 126

ψώχειν, 111

ὡς, 127
ὡσεί, 139
ὥστε, 87. 100

LIBRARY OF DAVIDSON COLLEGE

Books on regular loan may be checked out for **two weeks**. Books must be presented at the Circulation Desk in order to be renewed.

A fine of **five cents** a day is charged after date due.

Special books are subject to special regulations at the discretion of library staff.